“私募2.0时代”系列丛书

私募股权LP的法律探究

北京市道可特律师事务所　编著

中信出版集团 · 北京

图书在版编目（CIP）数据

私募股权LP的法律探究 / 北京市道可特律师事务所编著 . -- 北京：中信出版社，2018.10
ISBN 978-7-5086-9440-5

Ⅰ . ①私… Ⅱ . ①北… Ⅲ . ①股权 – 投资基金 – 证券投资基金法 – 研究 – 中国 Ⅳ . ① D922.287.4

中国版本图书馆 CIP 数据核字（2018）第 202994 号

私募股权LP的法律探究

编 著 者：北京市道可特律师事务所
出版发行：中信出版集团股份有限公司
（北京市朝阳区惠新东街甲 4 号富盛大厦 2 座 邮编 100029）
承 印 者：北京画中画印刷有限公司

开 本：787mm × 1092mm 1/16 印 张：20.75 字 数：300 千字
版 次：2018 年 10 月第 1 版 印 次：2018 年 10 月第 1 次印刷
广告经营许可证：京朝工商广字第 8087 号
书 号：ISBN 978-7-5086-9440-5
定 价：63.00 元

目 录

前言

中国经济正处在重大转型期，过去30多年来，中国经济依靠大量的资本投入，通过推动基础设施建设、加快城镇化和工业化进程，保持了经济高速增长。人口红利带来的劳动力增长推动了较低层次的制造业发展及其产品出口，中国引入了大量国外资本并消化吸收了大量国外技术。但这种发展模式消耗了中国过多的能源、资源和环境容量，如果继续实行此发展战略，中国经济的高速增长必不可持续。为此，中国经济转型、产业升级和企业竞争力提升成为未来中国经济发展的必修课。

为了改善当前中国的经济结构、产业结构、产品结构和技术结构，私募股权投资（PE）成为调整产业发展方式和结构的重要力量之一。这种力量在一定程度上可以纠正产业结构和产品结构的偏差。私募股权投资作为升级中国产业、带动企业创新的金融利器，在未来中国的金融体系中将发挥越来越重要的作用。私募股权投资作为金融工具，不仅服务于实体经济，更创造了实体经济，其创造出的实体经济是以创新的方法、改革的路径创造出有生命力和崭新未来的实体经济。中国在战略新兴产业中的突出表现，以及对战略新兴产业脉搏的准确把握，离不开私募股权投资的促进作用。此产业从最初的天使投资开始到VC（风险投资）端、PE端再到并购端，直到最后可以按照市值来交易，每一个环节都在不断地运用新的交易结构、交易方式来展现自身的成长和发展。

作为整个私募股权投资生态系统的顶层，私募股权基金背后的投资者——LP（有限合伙人），特别是机构投资者，起到了引导私募股权市场良好发展和资本优化配置的重要作用。私募股权LP在资产配置、投资实践和管理运营等方面需要有长远的战略规划和有效的战术方针。私募股权LP不仅需要掌握本土私募股权投资这颗“树”，更需要充分认识整个中国金融系统以及私募股权投资这片“森林”在推动中国经济转型、产业升级和企业创新中的重要作用。另外，因为各种因素的存在导致不同的机构投资者有不同的投资偏好和投资风格，因此各类机构投资者的表达及诉求也愈加多元化，以各类机构投资者为代表的私募股权LP愈加成为私募股权投资行业监管方、参与方的关注重点。

目前，关注私募股权基金本身的法律书较多，但专门聚焦于私募股权基金背后的私募股权LP的法律书则少之又少，故本所在中国法律经济背景下，以私募股权LP为研究对象，用法律的视角去审视、探讨私募股权LP，以期梳理相关的政策空间，推动相关立法的优化，并指导私募股权LP的投资实践。本书将研究目标锁定在中国范围，以中国实践和中国法律为基础，强调法律视角，但并未止步于法律介绍和评论，还包括思考和总结以及预判和期冀。

本书分八章，从政策监管、市场操作以及展望讨论三大方面系统梳理了私募股权 LP 的法律政策体系，并在一些方面探索了私募股权 LP 突破与创新的可行性。

其一，我们对目前我国私募股权 LP 的法律体系进行了全面解读。本书对中国私募股权 LP 法律环境，包括养老型基金 LP、金融机构 LP、政府型 LP 及企业型 LP 的相关政策，以及 LP 的多样性与政策空间进行了探析。私募股权投资行业在我国已历经多年的发展和演变，基本完成了从行业无序到相对有序，法律法规从缺失到相对健全，监管体系从模糊到相对清晰的转变。目前，我国私募股权投资行业的监管形成了以中国证券监督管理委员会及中国证券投资基金业协会为监管主体，以《私募投资基金监督管理暂行办法》为核心法规的宏观法律环境。

其二，我们对私募股权 LP 的市场操作进行了深入分析。中国私募股权 LP 并不甘愿将大笔资金置于他人的掌控之下，因此，在与 GP（普通合伙人）合作时易表现出较为“强势”和“挑剔”的特征。在中国的私募股权投资实践中，LP 通常会在国际惯例的基础上，增加诸多限制 GP 各项权利的要求，意在增强自身对私募股权基金的控制，双方的博弈和较量也因此异常激烈。本书就中国私募股权 LP 在选择、合作、制约 GP 的过程及退出方式等方面的主要关注点、专业性步骤及模式进行介绍，并就双方如何在激励和制约中实现平衡和共赢进行分析和探讨。

其三，我们对私募股权 LP 的发展空间和趋势以及政策型 LP 与市场型 LP 在中国的博弈和融合进行了探讨和展望。随着我国经济结构调整的步伐日益加快，越来越多的基金映入眼帘，成为具有中国特色私募股权投资市场的重要组成部分。面对新经济、新常态下的巨大挑战，LP应当善用产业基金的灵活性，针对自身需求选择产业基金的发展方向。本书从法律角度对私募股权LP的未来发展提出了建议。

随着私募股权基金在中国的长足发展，投资于私募股权基金的LP无论主体、范围还是形式、数量也在不断发展，社保基金、母基金、引导基金、产业基金、家族基金等纷纷涉入私募股权基金领域。近年来，政府各种产业政策及金融政策出台，以及金融业趋于混业发展，监管逐步趋严，运行日渐规范，对私募股权LP相关政策法规环境的完善产生了积极影响。希望本书能让广大读者全面了解并前瞻性地思考中国私募股权LP的未来，并对那些致力于私募股权行业的专业机构投资者有所帮助。

第一章
私募股权LP法律环境概述

私募股权投资行业在我国已历经多年的发展和演变，基本完成了从行业无序到相对有序，相关法律法规从缺失到相对健全，监管体系从模糊到相对清晰的转变。目前，我国私募股权投资基金行业形成了以中国证券监督管理委员会（以下简称“证监会”）为政府管理部门进行行政监管、中国证券投资基金业协会（以下简称“基金业协会”）为行业自律组织进行自律管理的监督管理体系。

2014 年 8 月，证监会发布《私募投资基金监督管理暂行办法》，对包括创业投资基金、并购投资基金等在内的私募股权基金以及私募证券基金和其他私募基金实施统一监管。自 2014 年 2 月 7 日起，基金业协会按照《私募投资基金管理人登记和基金备案办法（试行）》规定办理私募基金管理人登记及私募基金备案，并陆续发布相关自律规则，对包括私募股权基金管理人在内的各类私募基金管理人实施行业自律管理。我国私募股权基金募资、投资、退出环节的相关政策法规逐步建立。

第一节　中国私募股权基金法律体系总览

目前，我国私募股权投资法规主要包括证监会发布的行政规章

《私募投资基金监督管理暂行办法》以及基金业协会发布的《私募投资基金管理人登记和基金备案办法（试行）》《私募投资基金募集行为管理办法》《私募投资基金信息披露管理办法》等自律规则。尽管在立法层面，目前我国仍然存在层级较低、专门规制私募股权投资的上位法缺失等问题，但就私募股权投资本身而言，登记备案、资金募集、运营管理等方面的规制已趋于健全完善。

一、私募股权基金的综合法规

2017年8月30日，国务院法制办公室发布《私募投资基金管理暂行条例（征求意见稿）》，向行业公开征求意见，这预示着私募行业顶层设计方案即将落地。未来该文件正式发布，意味着对私募股权基金的监管将上升到行政法规层面，我国私募监管法规体系将进一步完善。在该文件正式发布前，我国规制私募股权投资行业的综合法规以证监会发布的《私募投资基金监督管理暂行办法》为主，其明确了私募基金备案制度、合格投资者制度及募资规则等多项重要内容。此外，《证券投资基金法》尽管未将私募股权投资基金纳入监管范围，但作为《私募投资基金监督管理暂行办法》的立法依据，也在我国私募股权基金的监管规范体系中占有非常重要的地位。

（一）《证券投资基金法》

全国人民代表大会常务委员会于2015年修订了《证券投资基金法》，其主要内容与特点如下：

1. 将非公开募集基金纳入了调整范围

《证券投资基金法》中设立专章对非公开募集基金做了原则性规定，将非公开募集基金纳入调整范围，并规定了基金管理人的登记制度，要求基金管理人按照规定向基金行业协会履行登记手续，报送基本情况。未经登记，任何单位或者个人不得使用“基金”或者“基金管理”字样或者近似名称进行证券投资活动。

2. 确立了合格投资者制度

《证券投资基金法》规定非公开募集基金只能向合格投资者募集，合格投资者应达到规定的收入水平或者资产规模，具备相关的风险识别能力和承担能力，单只基金合格投资者累计不得超过200人。同时，要求非公开募集基金，不得向合格投资者之外的单位和个人募集资金，不得通过报刊、电台、电视台、互联网等公众传播媒体或者讲座、报告会、分析会等方式向不特定对象宣传推介。

3. 明确基金管理人登记和基金备案制度

《证券投资基金法》规定，专门从事非公开募集基金管理业务的基金管理人，其股东、高级管理人员、经营期限、管理的基金资产规模等符合规定条件的，经国务院证券监督管理机构核准，可以从事公开募集基金管理业务。私募基金募集完毕，基金管理人应当向基金行业协会备案。对募集的资金总额或者基金份额持有人的人数达到规定标准的基金，基金行业协会应当向国务院证券监督管理机构报告。

《证券投资基金法》是我国基金行业法律层级最高的法律，是基金监管法律体系中的上位法。尽管其未将私募股权基金纳入监管范围，但作为股权投资基金监管的主要法规《私募投资基金监督管理暂行办法》的立法依据，仍然对我国私募股权基金的监管和规范具有非常重要的意义和作用。

（二）《私募投资基金监督管理暂行办法》

证监会于2014年发布《私募投资基金监督管理暂行办法》（以下简称《暂行办法》），其明确了全口径登记备案制度、合格投资者制度、私募基金的募资规则、投资运作规则和差异化自律监管等多项具有重大意义的监管制度，并在以下方面进行了具体的规制：

1. 基金管理人的登记

《暂行办法》要求各类私募基金管理人均应当向基金业协会申请登记，并根据基金业协会相关规定报送基本信息，基金业协会在申请材料齐备后，以网站公告形式办结登记手续。在基金备案环节，考虑到私募证券基金、私募股权基金和创业投资基金等在投资对象、运作方式等方面的差异，《暂行办法》要求基金管理人应当根据私募基金的主要投资方向注明基金类别。采取委托管理方式的，应当报送委托管理协议。委托托管机构托管基金资产的，还应当报送托管协议。

2. **基金的资金募集**

《暂行办法》明确规定私募基金应当向合格投资者募集资金，且单只私募基金的投资者人数累计不得超过法律规定的特定数量。此外，考虑到一些机构投资者和管理人的内部关系人等具备专业能力，并能够识别和承担风险，《暂行办法》参考国内资产管理行业的现有规定和境外经验，将以下四类投资者视为合格投资者：一是社保基金、企业年金、慈善基金；二是依法设立并在基金业协会备案的投资计划；三是投资于所管理私募基金的私募基金管理人及其从业人员；四是中国证监会规定的其他投资者。

《暂行办法》还明确规定不得向合格投资者之外的单位和个人募集资金，不得向投资者承诺最低收益，须通过问卷调查方式对投资者的风险识别能力和风险承担能力进行评估，要求投资者如实承诺资产或者收入情况，投资者确保资金来源合法，不得汇集他人资金投资私募基金等。

3. **基金的投资运作及监管**

《暂行办法》在基金的投资运作方面，要求私募基金管理人募集资金时，签订基金合同；在基金托管方面，要求除基金合同另有约定外，私募基金财产应当由基金托管人进行托管，不进行托管的，应当在基金合同中明确保障私募基金财产安全的制度措施和纠纷解决机制；在投资环节，规定私募基金管理人应当在不同基金之间建立相互独立的投资决策流程和防火墙制度；在信息披露方面，要求私募基金管理人、私募基金托管人如实披露基金投资、资产负债、投资收益分配、基金承担的费用和业绩报酬、可能存在的利益冲突情况以及可能影响投资者合法权益的其他重大信息；在信息报送方面，要求私募基金管理人根据基金业协会规定，及时填报和定期更新相关信息。

《暂行办法》在基金的监管方面，规定证监会及其派出机构对私募基金管理人、私募基金托管人、私募基金销售机构及其他私募服务机构开展私募基金业务的情况进行统计监测和检查，并有权依法采取有关措施。此外，还对基金业协会在基金监管中的作用做出如下规定：第一，规定基金业协会应当建立登记备案信息系统；第二，建立基金业协会与证监会及其派出机构和其他相关机构的信息共享机制；第三，规定了基金业协会在制定规则、执业检查和纪律处分方面的职权；第四，建立投诉处理机制，进行纠纷调解。

总而言之，《暂行办法》是私募投资监管领域的主要法规，不仅完善了我国对于私募基金行业的监管，且其对登记备案、信息披露、基金托管等内容均做出了适度的规制，为私募基金行业此后的迅速发展起到了一定的促进作用。

二、有关私募基金管理人登记及基金备案的规定

我国现行关于私募基金管理人登记及基金备案制度的规定主要由《私募投资基金管理人登记和基金备案办法（试行）》、《关于进一步规范私募基金管理人登记若干事项的公告》以及一系列《私募基金登记备案相关问题解答》组成。

（一）《私募投资基金管理人登记和基金备案办法（试行）》

2014 年基金业协会发布《私募投资基金管理人登记和基金备案办法（试行）》（中基协发〔2014〕1 号，以下简称《办法》）。

《办法》是对证监会《暂行办法》中关于私募投资基金管理人登记和私募基金备案制度的专门规定并开通了私募基金登记备案系统。根据《办法》的规定，私募投资基金管理人应通过登记备案系统申请登记，如实填报基金管理人、高管及其他从业人员、股东或合伙人、管理基金的基本信息，并通过登记备案系统对其管理的基金进行备案，根据自身主要投资方向注明基金类别，如实填报基金名称、资

本规模、投资者、基金合同等基本信息。此外，从事私募基金业务的专业人员应当具备私募基金从业资格。

《办法》对信息报送也做出了明确规定，私募基金管理人应当通过系统定期更新管理人及所管理基金的信息、填报经会计师事务所审计的管理人年度财务报告并报告重大事项。

（二）《关于进一步规范私募基金管理人登记若干事项的公告》

基金业协会于2016年发布《关于进一步规范私募基金管理人登记若干事项的公告》（中基协发〔2016〕4号，以下简称《公告》）。

在私募基金行业快速发展的过程中，私募基金行业的各种问题和风险也不断凸显，不容忽视，主要风险及问题包括：第一，滥用基金业协会的登记备案信息，非法自我增信，甚至从事违法违规行为；第二，私募基金行业鱼龙混杂、良莠不齐；第三，有些机构法律意识淡薄、合规意识缺乏，没有按规定持续履行私募基金信息报告义务；第四，违法违规经营运作频发。

针对上述问题，《公告》主要从取消私募基金管理人登记证明、加强信息报送的要求、明确提交法律意见书的要求、提出高管人员资质规范四个方面做出了规定。《公告》的实施对加强规范私募基金管理人登记相关事项，督促私募基金管理人恪尽职守，切实履行诚实守信、专业勤勉的受托人义务，促进私募基金行业规范健康发展有着重要的作用。

1. 私募基金管理人与基金产品的登记备案

根据《公告》内容，基金业协会取消了私募基金管理人电子证明和纸质证书，此前发放的纸质私募基金管理人登记证书、私募基金管理人登记电子证明不再作为办理相关业务的证明文件。基金业协会通过协会官方网站公示私募基金管理人基本情况的方式，为私募基金管理人办理登记手续，新申请私募基金管理人登记、已登记的私募基金管理人发生部分重大事项变更，需通过私募基金登记备案系统提交中国律师事务所出具的法律意见书。私募基金管理人获得私募基金管理资质后，仍需依法及时备案私募基金、及时履行信息报送义务以及按时提交经审计的年度财务报告。

基金业协会负责人表示，《公告》发布后，基金业协会仍继续依法对符合要求的申请机构正常办理私募基金管理人登记和私募基金备案手续，登记流程、登记时限均保持不变。私募基金管理人登记和私募基金备案是私募基金自律管理的第一步，但绝不是“一备了之”。

2. 私募基金从业人员的从业资格

从事私募证券投资基金业务的各类私募基金管理人，其高管人员均应当取得基金从业资格。从事非私募证券投资基金业务的各类私募基金管理人，应当至少有2名高管人员取得基金从业资格，其法定代表人/执行事务合伙人、合规/风控负责人应当取得基金从业资格。各类私募基金管理人的合规/风控负责人不得从事投资业务。

《公告》发布之前已登记的私募基金管理人的高管人员若已取得基金从业资格，应当按照相关要求，每年度完成15学时的面授或者远程学习形式的后续培训，并按要求接受基金业协会的从业资格管理。

3. 私募基金服务机构的要求

《公告》指出，私募基金服务机构为私募基金管理人提供法律、会计、行政服务和外包业务等专业化服务时，应当对私募行业法律法规和本文件的内涵有充分的理解和正确的认识。

(三)《私募基金登记备案相关问题解答（一～十四)》

2014年3月5日至2017年11月3日，基金业协会陆续发布了《私募基金登记备案相关问题解答（一～十四)》，其中就私募基金管理人登记、私募基金从业人员资格及私募基金合格投资者审查等方面进行了详细规范。

1. 私募基金管理人登记及私募基金备案管理规定

(1) 私募基金管理机构应当履行登记手续。

根据《证券投资基金法》和《私募投资基金管理人登记和基金备案办法（试行)》的规定，私募基金管理人应当履行登记手续，否则不得从事私募投资基金管理业务活动。基金业协会与证监会已建立私募基金登记备案信息共享和定期报告机制。已设立的私募基金管理机构应当在2016年4月30日以前履行申请登记手续。私募基金管理机构应当具备适当资本，能够支持其基本运营。私募基金不得向投资者违规承诺保本保收益。

（2）明确私募投资基金管理机构登记条件。

基金业协会优先处理有管理基金经验的私募投资基金管理机构的登记申请。对于没有管理过基金的申请机构，基金业协会除核对其是否如实填报申请材料、申请机构及其实际控制人、高管人员的诚信信息外，还将通过约谈高管人员、实地核查等方式进行进一步核查。对于符合以下条件的登记申请机构，基金业协会予以办理：一是高管人员具有相应的投资管理从业经历；二是基金管理人具备适当资本，能够支持其基本运营；三是机构具备满足业务运营需要的场所、设施和基本管理制度。

（3）私募基金管理机构须专门从事私募基金管理业务。

基金业协会对于兼营民间借贷、民间融资、配资业务、小额理财、小额借贷、P2P（个人对个人）/P2B（个人对非金融机构）、众筹、保理、担保、房地产开发、交易平台等业务的申请机构将不予登记。上述机构可以设立专门从事私募基金管理业务的机构后申请私募基金管理人登记。从事私募证券投资基金业务的高管人员和基金经理应当具备基金从业资格。

（4）私募基金管理机构须聘请律师出具法律意见书。

凡在中国境内依法设立、可就中国法律事项发表专业意见的律师事务所及其中国执业律师，均可受聘按照《私募基金管理人登记法律意见书指引》的要求出具法律意见书。律师事务所及其经办律师在对申请机构的风险管理和内部控制开展尽职调查时，应当对相关必备内容进行核查和验证。

（5）外商独资和合资机构可登记为私募证券基金管理人。

外商独资和合资私募证券基金管理机构在中国境内开展私募证券

基金管理业务，应当在基金业协会登记为私募证券基金管理人。外商独资和合资私募证券基金管理机构申请私募基金管理人登记，应当通过私募基金登记备案系统如实填报信息。

（6）私募基金管理人应对重大变更进行披露。

私募基金管理人变更控股股东、实际控制人或者法定代表人（执行事务合伙人）的，属于重大事项变更。管理人应当依据合同约定，向投资者如实、及时、准确、完整地披露相关变更情况或获得投资者认可。私募基金管理人登记证明只是对私募基金管理人履行完登记手续给予事实确认，不意味着对私募基金管理人实行牌照管理。私募基金登记备案不构成对其投资能力、持续合规情况的认可，不作为对基金财产安全的保证。

（7）进一步落实私募基金管理人专业化管理原则。

私募基金管理人在申请登记时，应当在“私募证券投资基金管理人”“私募股权、创业投资基金管理人”等机构类型，以及与机构类型关联对应的业务类型中，仅选择一类机构类型及业务类型进行登记；私募基金管理人只可备案与本机构已登记业务类型相符的私募基金，不可管理与本机构已登记业务类型不符的私募基金；同一私募基金管理人不可兼营多种类型的私募基金管理业务。

若私募基金管理机构确有经营多类私募基金管理业务的实际、长期展业需要，可设立在人员团队、业务系统、内控制度等方面满足专业化管理要求的独立经营主体，分别申请登记成为不同类型的私募基金管理人。已登记多类业务类型、兼营多类私募基金管理业务的私募基金管理人，应当依照协会相关后续安排，通过“资产管理业务综合管理平台”进行专业化管理事项的整改。

2. 私募基金从业人员管理规定

（1）私募基金从业人员资质要求。

私募基金管理人的高级管理人员可通过基金从业资格考试或者符合一定条件的资格认定等方式获得基金从业资格，私募基金管理人的一般从业人员需通过基金从业资格考试取得基金从业资格。

符合下列条件之一的私募股权基金管理人的高级管理人员，可以向基金业协会资格认定委员会申请认定基金从业资格：“一、从事私募股权投资（含创业投资）6年及以上，且参与并成功退出至少两个项目；二、担任过上市公司或实收资本不低于10亿元人民币的大中型企业高级管理人员，且从业12年及以上；三、从事经济社会管理工作12年及以上的高级管理人员；四、在大专院校、研究机构从事经济、金融等相关专业教学研究12年及以上，并获得教授或研究员职称的。”

此外，最近3年从事相关资产管理业务且管理资产年均规模达1 000万元以上或最近3年在金融监管机构及其监管的金融机构工作的人员可以认定为具有私募证券基金从业资格。已通过证券从业资格考试、期货从业资格考试取得相关资格或者已取得境内外基金或资产管理、基金销售等相关从业资格的人员也可以认定为具有私募证券基金从业资格。

（2）明确人员挂靠的违法性。

个别私募机构为完成其登记备案寻找具备基金从业资格的外部人员进行“挂靠”，这种行为违反了《私募投资基金管理人登记和基金备案办法（试行）》的相关规定，属于“在私募基金管理人登记、基金备案及其他信息报送中提供虚假材料和信息”行为。

（3）基金经理变更就职的静默期。

当基金经理变更就职的公募基金公司时，该基金经理需要有3个月的“静默期”。为维护基金行业的公平、公正，统一监管标准，对从公募基金管理公司离职，转而在私募基金管理公司任职的基金经理同样具有3个月的“静默期”要求，即私募基金管理人不得聘用从其他公募基金公司离职未满3个月的基金经理从事投资、研究、交易等相关业务。

3. 私募基金合格投资者审查规定

私募基金合格投资者数量累计不超过200人，以有限责任公司或者合伙企业形式设立的，投资者人数累计不超过50人。对于合伙企业、契约等非法人形式的投资者，应当穿透核查最终投资者是否为合格投资者，并合并计算投资者数量。但是，对依法设立并经基金业协会备案的集合投资计划，可视其为单一合格投资者。

综上所述，由于私募基金行业曾经存在比较严重的问题，一些机构滥用登记备案信息进行虚假宣传，误导投资者，甚至从事公开募集、内幕交易、以私募基金为名的非法集资等违法违规活动。证监会与基金业协会发布的上述法规、文件针对相应乱象，强化了信息披露与报送、从业人员资格要求等规定，为进一步规范私募基金行业奠定了较为坚实的基础。

三、关于私募股权基金募集行为的规定

关于私募基金募集行为的规定，目前以《私募投资基金募集行为管理办法》为主要法规，配合近期发布的《基金募集机构投资者适当性管理实施指引（试行）》，从募集方式、募集流程及合格投资者等方面对私募基金的募集行为进行了明确规定。

（一）《私募投资基金募集行为管理办法》

基金业协会于2016年发布《私募投资基金募集行为管理办法》（以下简称《管理办法》），其对私募基金募集做出了如下具体规定：

1. 私募基金的募集方式及法律责任

《管理办法》明确规定了私募基金募集方式只有两种：一是登记的私募基金管理人自行募集；二是具有基金销售业务资格且为基金业协会会员的机构受私募基金管理人的委托募集。私募基金管理人只能为其自行管理的私募基金募集，且募集从业人员应当具有基金从业资格。此外，还规定了私募基金管理人委托募集的责任，特别强调其依法承担的责任不因委托募集免除。

2. 私募基金的募集流程及形式

（1）明确了私募基金募集流程。

私募基金募集流程具体如下：第一步，特定对象调查；第二步，投资者适当性匹配；第三步，基金推介；第四步，基金风险提示；第五步，合格投资者确认；第六步，基金合同签署及打款；第七步，投资冷静期；第八步，回访确认；第九步，认购确认成功。

（2）明确募集结算资金专用账户的监管。

募集结算资金专用账户的开立主体为募集机构或相关合同约定的责任主体，且募集机构必须与监督机构签署账户监督协议，协议中必须包含有关对募集专用账户的控制权、责任划分及保障资金划转安全的条款，相关机构破产或者清算时，私募基金募集结算资金不属于其破产财产或者清算财产。

（3）明确基金销售协议重要内容应作为基金合同的附件。

私募基金管理人委托基金销售机构募集私募基金的，应当签订书面的基金销售协议，并将协议中有关私募基金管理人与基金销售机构权利义务划分以及其他涉及投资者利益的部分作为基金合同的附件。附件和基金销售协议关于基金销售的内容不一致的，以附件为准。

（4）细化了合格投资者确认程序及合同签订流程。

《管理办法》为私募基金引入了风险评级的程序，明确了募集机构应当向投资者推介与其风险识别能力和风险承担能力相匹配的私募基金。同时，《管理办法》还规定了风险揭示书的具体内容，并强调签署基金合同前募集机构应向投资者说明投资冷静期、回访确认等程序性安排以及投资者的相关权利；强调了合格投资者的标准，要求投资者提供必要的资产证明文件或收入证明，并要求募集机构进行合理审慎核查。

3. 私募基金的合格投资者规定

（1）禁止变相规避合格投资者制度。

任何机构和个人不得为规避合格投资者标准，募集以私募基金份额或其收益权为投资标的的金融产品，或者将私募基金份额或其收益权进行拆分转让，变相突破合格投资者标准。募集机构应当确保投资者已知悉私募基金转让的条件，同时要求投资者以书面方式承诺其为自己购买私募基金。

（2）增加了特定对象调查程序。

募集机构在向投资者推介私募基金之前，应当采取问卷调查等方式，对投资者风险识别能力和风险承担能力进行评估，要求投资者提供必要的资产证明文件或收入证明，并由投资者书面承诺其符合合格投资者标准。

（3）规定了投资者冷静期。

完成合格投资者确认程序后，各方方可签署私募基金合同。基金合同应约定给投资者设置不少于24小时的投资冷静期，冷静期自基金合同签署完毕且投资者交纳认购基金的款项后起算。募集机构应当在冷静期满后，指令本机构从事基金销售推介业务以外的人员以录音电话、电子邮件、纸质信函等方式进行回访。此外，基金合同必须约定投资者在募集机构回访确认成功前有权解除基金合同。投资者冷静期的要求适用于私募证券投资基金，私募股权基金、私募创业投资基金可参照约定。

《管理办法》从募集主体、募集程序、账户监督、信息披露、合格投资者确认、风险揭示、冷静期、回访确认、募集机构和人员法律责任等方面，系统地构建了一整套专业、具体且具有操作性的行业标准和业务规范，并充分考虑了我国私募基金行业所处发展阶段以及不同类型基金的差异化特点，填补了我国在私募基金募集方面法规的空缺。

（二）《基金募集机构投资者适当性管理实施指引（试行）》

基金业协会于2017年6月28日发布《基金募集机构投资者适当性管理实施指引（试行）》（以下简称《实施指引》），主要内容包括：

1. **规定了适用范围**

自《实施指引》实施之日起，基金募集机构向新增客户销售基金或者提供服务，以及高于其原有风险等级向既有客户销售基金或者提供服务，须参照《证券期货投资者适当性管理办法》要求执行。

2. **明确了系统改造期限**

《实施指引》中明确了各基金募集机构募集系统改造的过渡期限为6个月，各基金募集机构应当在《实施指引》发布之日起6个月内按照相关要求完成相关系统改造。

3. **明确了开放式基金投资者适当性的规则适用**

根据《实施指引》的规定，开放式基金场内份额的交易投资者适当性义务，参照中国证券业协会有关适当性自律规则执行。

4. **提供了6类附件参考模板**

投资者基本信息表，投资者风险测评问卷，基金产品或者服务风险等级划分参考标准，投资者风险匹配告知书及投资者确认函，风险不匹配警示函及投资者确认书，投资者转化表等六类附件表格，是基金业协会根据《证券期货投资者适当性管理办法》及《实施指引》的要求，为方便基金募集机构更好地实施投资者适当性管理而提供的参考模板，供基金募集机构根据法律法规及自身情况进行完善。

《实施指引》实施后，基金募集机构无须对风险等级进行重新测评，投资者在继续申购原有基金或申购不高于原风险等级的新基金产品时，也不必对风险等级进行重新测评。同时，鼓励基金募集机构进行客户回访、自查、评估等工作，对老客户的适当性管理采取必要措施，优化投资者适当性管理工作。

四、私募股权基金运营监管的规定

我国监管部门对于私募基金运营监管的规定，主要从信息披露、内部控制、风险管理、合同文本及业务管理等方面展开，全方位地规范了私募基金在运营过程中的各项行为。

（一）《私募投资基金信息披露管理办法》

基金业协会于2016年发布了《私募投资基金信息披露管理办法》。该文件从信息披露的主体和对象、信息披露的内容和方式、基金募集与运作期间的信息披露等方面进行了规定，初步构建起私募投资基金信息披露的自律监管框架，对管理人提出了下列具体要求：

1. 对私募基金信息披露的要求

私募基金应指定专人负责管理信息披露事务，信息披露义务人应当建立健全信息披露管理制度。信息披露的主体，不仅包括私募基金管理人，还包括托管人和其他主体。

关于基金运作期间的信息披露要求，与公募基金每日披露一次的要求不同，《私募投资基金信息披露管理办法》仅要求私募基金至少每季度向投资者披露一次，且在基金募集和运行期间均应进行信息披露，特别是在运行期间要有季度披露和年度披露。其中，单只管理规模金额达到5 000万元以上的私募证券投资基金，至少每月向投资者披露一次。

私募基金管理人过往业绩以及私募基金运行情况将以私募基金管理人向私募基金信息披露备份平台报送的数据为准。

2. 对私募基金信息披露的禁止性规定

《私募投资基金信息披露管理办法》还明确规定了私募基金信息披露的禁止性规定。私募基金管理人在披露基金信息时，不得存在以下行为：公开披露或者变相公开披露；虚假记载、误导性陈述或者重大遗漏；对投资业绩进行预测；违规承诺收益或者承担损失；诋毁其他基金管理人、基金托管人或者基金销售机构；登载任何自然人、法人或者其他组织的祝贺性、恭维性或推荐性的文字；采用不具有可比性、公平性、准确性、权威性的数据来源和方法进行业绩比较，任意使用“业绩最佳”“规模最大”等相关措辞；法律、行政法规、中国证监会和基金业协会禁止的其他行为。

（二）《私募投资基金管理人内部控制指引》

基金业协会于2016年发布《私募投资基金管理人内部控制指引》，该文件主要从管理人内部控制的目标与原则、内部环境、风险评估、控制活动、信息与沟通及内部监督等方面的制度建设进行自律管理，构成了管理人内部控制的自律监管框架，其中对于管理人提出的具体要求如下：

1. 明确了私募基金管理人的经营范围限制

根据该文件的规定，私募基金管理人应当专业经营私募基金管理业务，不得兼营与私募基金管理无关或存在利益冲突的其他业务。

2. 建立完善的财产分离制度

私募基金管理人应当建立完善的财产分离制度，私募基金财产与管理人固有财产之间、不同私募基金财产之间、私募基金财产和其他财产之间要实行独立运作，分别核算。

3. 建立防火墙制度与业务隔离制度

私募基金管理人各部门应有合理及明确的授权分工，操作相互独立，应具备至少2名高级管理人员。此外，高级管理人员当中还应当设置一名负责合规风控的高级管理人员。

4. 健全治理结构

私募基金管理人应当健全自身治理结构，防范不正当关联交易、利益输送和内部控制风险，保护投资者利益和自身合法权益。

（三）私募投资基金合同指引

基金业协会于2016年发布《关于发布私募投资基金合同指引的通知》，该文件一方面为私募证券投资基金、股权投资基金、创业投资基金等类型私募基金提供了统一、标准的合同文本参照，同时也为下一步"大资管时代"下私募类产品的统一监管奠定了基础。

此次发布的私募投资基金合同指引包括：《私募投资基金合同指引1号（契约型私募基金合同内容与格式指引）》、《私募投资基金合同指引2号（公司章程必备条款指引）》以及《私募投资基金合同指引3号（合伙协议必备条款指引）》，这3类合同指引分别适用于契约型、公司型与合伙型3种组织形式的私募基金。该文件是我国首套针对私募基金合同文本的系统性的行业指引，明确了私募基金规范性内容框架，厘清了私募基金各方当事人权利义务，强化了各类基金的内部治理，充分体现了不同组织形式私募基金的差异化特点。

（四）《私募投资基金服务业务管理办法（试行）》

基金业协会于2017年发布《私募投资基金服务业务管理办法（试行）》，在原来的《基金业务外包服务指引（试行）》的基础上，新增了各类服务业务的定义、业务边界、权责划分和退出机制等；在重点规范私募基金份额登记、估值核算、信息技术系统3项业务的同时，增加了基金募集、投资顾问等两项服务业务类别。

《私募投资基金服务业务管理办法（试行）》还明确了只有在基金业协会完成登记并成为基金业协会会员的服务机构方可提供私募基金服务业务，且不得转包或变相转包，强化保障募集结算资金安全，引入服务机构退出机制。此外，申请备案的服务机构应当根据《私募投资基金服务机构登记法律意见书指引》的要求，在登记系统中上传法律意见书。对于已经完成备案的服务机构，应当对本机构业务合规性进行梳理，并提交合规性自查报告。在所上传的法律意见书中，应针对申请备案机构的登记材料的真实性、财务与实缴资本状况、治理结构、基本运行条件、内部控制及风险管理制度提出真实、明晰的结论。

综合本节内容，短短几年内，我国在私募股权投资行业已经形成了包括《私募投资基金监督管理暂行办法》《私募投资基金管理人登记和基金备案办法（试行）》《私募投资基金募集行为管理办法》《私募投资基金信息披露管理办法》及其他众多规范性文件的法律法规监管体系。立法速度之快、立法规模之大体现了监管层为私募股权投资管理运营、业务创新提供制度支撑与保障的决心，我国私募股权投资行业长期以来监管缺失，监管主体及权责划分不明确，这些规章制度的制定与实行，使我国针对性法律法规匮乏的情形得到了很大程度的缓解。

随着监管体系的不断完善，证监会与基金业协会也不断有新的规定、政策和制度出台，对于近年来私募投资基金的募集、宣传、信息披露及退出等方面的重点问题，监管层逐步出台了多项具有针对性的措施。制度化、规范化、具体化的监管政策的逐步出台及日益严峻的监管态势将成为私募投资基金监管体系未来主要的趋势。

第二节　有限合伙理论与《合伙企业法》中的LP

有限合伙是一种历史悠久的经营方式，因其具有资合与人合的二元性以及多元化的责任承担方式而地位独特。同时，有限合伙也是私募股权基金主要的组织形式之一，普通合伙人（GP）承担无限责任，且一般担任私募股权基金管理人，有限合伙人（LP）作为主要出资人履行出资义务，这与私募股权基金的组织形式需求相得益彰，也更有利于发挥GP的专业管理能力与LP的资金优势。

一、有限合伙制度理论概述

合伙也许是人类群体共同合作的最古老的表现形式之一，经过多年的演变与发展，合伙制度以其丰富的出资方式、独特的责任制度以及高效的分配机制等特征在世界各地获得了广泛应用，同时也成为私募股权基金重要的组织形式之一。

（一）有限合伙制度的起源与发展

1. 有限合伙制度的起源

业界普遍认为，有限合伙起源于10世纪前后意大利商港的“康曼达”契约。该契约的产生有其特定的时代背景和订立目的，一是规避教会借贷生息的法令，二是希望通过契约的方式将投资风险限定于特定财产。根据这种契约，一方合伙人（通常被称为 stans 的出资方）将商品、金钱、船舶等转交于另一方合伙人（通常被称为 tractor 的企业家）经营。作为出资方的一方合伙人通常获得3/4 的利润，且仅以其投资为限承担风险；作为企业家的另一方合伙人负责经营航海运输事业，以双方投入的全部财产独立从事航海交易，其获得 1/4 的利润，并对企业所负债务对外承担无限责任。

起初，“康曼达”契约多数是为了特定航海运输交易而临时设立，只用于特定次数的航行，航行完成则该契约即宣告失效，后来合作双方逐渐形成了一种定期或不定期的关系。在 15 世纪以后，意大利出现了以丰富的资本进行投资但不参加经营的康曼达人，而管理者从事经营并以个人财产对所负经营债务承担无限连带责任。

随着陆地与航空运输业的兴起，海上运输不再是唯一的运输方式，“康曼达”契约的适用范围受到限制，所以该契约的运行方式开始朝着两个方向分化，一种发展为隐名合伙，另一种则演变为法国的两合公司。后来，两合公司的形式被探险者和殖民者传到美国，其在制度上逐渐形成今天英美法系意义上的有限合伙。欧洲的一些大陆法系国家，亚洲的一些沿海国家或地区，也陆续把此制度纳入自身法律体系中。

2. **有限合伙制度的发展**

由于法系不同，各国对有限合伙概念的规定也有所区别。法国相关法规规定，简单两合公司的无限责任股东具有公司股东的地位，有限责任股东只以其出资额为限对公司债务承担责任且不得以技艺出资。德国法律则规定了两合公司若以共同的商号经营，股东中的一人或数人对公司债务责任限于一定的财产出资额，而股东中其他人（无限责任股东）对公司债务的责任无上限，其本质即为有限合伙。英美法系国家的相关法规中则出现了有限合伙的概念，并规定有限合伙人不得参加合伙业务经营管理，只对自己出资部分负有限责任。

有限合伙制度虽然起源于大陆法系国家，但在英美法系国家得到了很大发展。1822 年，美国纽约州制定了美国第一部有限合伙法，后来，其他州纷纷效仿纽约州制定了自己州的有限合伙法，有限合伙逐渐得到广泛承认。为了减少各州立法的差异和矛盾而导致的法律冲突，美国统一州法全国委员会于 1916 年完成《统一有限合伙法》的编撰并供各州参考采纳。其后，美国统一州法全国委员会又分别于 1976 年、1985 年、2001 年修订《统一有限合伙法》。现今，美国的《统一有限合伙法》被普遍认为是一部较为完整、系统、独立的有限合伙法。

（二）我国有限合伙制度的理论基础

1. 有限合伙制度的概念

我国理论界将有限合伙定义为至少由两个以上的个人或组织组成，在有一个以上的合伙人承担无限责任的基础上，允许更多的投资者承担有限责任的经济组织形式。其中，承担无限责任的合伙人为 GP，承担有限责任的合伙人为 LP。GP 与 LP 共同构成了有限合伙的合伙人，分别在各自权责范围内享有权利并承担责任。

2. GP 的基本理论

（1）GP 的概念。

GP，General Partners 的缩写，即普通合伙人，是指在有限合伙中负责经营管理并对合伙债务承担无限责任或无限连带责任的合伙人。从上述定义中我们可以看到，GP 具有两大基本特征：一方面负责有限合伙的经营管理，另一方面对有限合伙债务承担无限责任。

（2）成为 GP 的法律要求。

根据我国《合伙企业法》的规定，如果 GP 是自然人，则他必须是具有完全民事行为能力的人。但是鉴于 GP 的特殊性，自然人 GP 不仅要具有完全民事行为能力，还必须具备相应的专业技能、工作经验并具有一定的风险承受能力和财产，否则，自然人 GP 就不能满足有限合伙对 GP 最本质的要求。

如果有限合伙的GP是法人或非法人组织，那么须至少能够满足有限合伙对GP的本质特征的要求，即具备一定的经营管理能力以及风险和责任承担能力。但是有必要注意的是：法人和非法人组织能否成为有限合伙的GP，在不同的法律环境下往往是不同的。我国现行《合伙企业法》虽然允许法人和非法人组织成为GP，但同时禁止国有独资公司、国有企业、上市公司、公益性事业单位以及社会团体作为GP。之所以有上述禁止性规定，一般认为是出于保护国有资产、社会公众利益的目的。

3. LP的基本理论

（1）LP的概念。

LP，Limited Partners的缩写，即有限合伙人，是指承担主要的向有限合伙出资的义务，却不参与有限合伙的经营管理，并且仅以出资额为限，对有限合伙的债务承担有限责任的合伙人。一般而言，LP具有如下特征：其一，具有一定的财产实力及风险承担能力；其二，只承担有限责任。

不管是自然人、法人还是非法人组织或其他机构，只要符合法律规定的条件，都可以成为有限合伙的LP。所以，LP的主体范围比较广泛。在立法实践中，各国的法律对LP的主体范围也几乎没有限制。

（2）成为LP的法律要求。

LP只承担出资义务并且不实际负责有限合伙的经营管理，但由于有限合伙企业经营存在一定风险，所以即使符合成为LP的法律规定，也不意味着所有的民商事主体都适宜成为LP。通常，LP应当具备一定的经济实力，具有用于投资的财产以及相应的风险承担能力。此外，LP还须具备一定的投资经验与专业知识，保证其具有充分的风险识别和投资判断能力。

所以，在有限合伙制私募股权基金募集实践中，往往会对LP的资产规模或收入水平提出要求。这一方面有利于有限合伙企业的稳定和发展，另一方面也是为了保障投资者具备相应的风险承受能力，是对投资者负责的表现。

4. GP 与 LP 的信义关系

从深层次来看，GP 和 LP 之间是信义关系。信义义务是从英美法系的衡平法中发展起来的，以信托法中的规定最为典型，基本意义在于受托人对信托的受益人承担仅为受益人利益管理信托财产的信托义务，在管理信托财产的过程中应排除自身和第三人的利益，不得将自身以及第三人的利益置于与信托或受益人利益相冲突或可能冲突的位置。信义义务一般形成于特定关系的当事方之间，此种关系称之为信义关系，承担信义义务的一方可以称为信义人，另一方可以称为受益人。信义义务包括两个基本特征：一是信义人代替受益人行事；二是为受益人行事之利益目的，受益人向信义人委托权利。一般认为，信义义务的基本特征在于在双方没有特别约定时，有权获得财产收益的一方（财产所有方）通过契约将有关其财产的管理权开放性委托给另一方（财产管理方），并且这种基于委托产生的财产管理权没有或者很少受到来自财产所有方的限制。

在有限合伙中，LP 将其财产投入有限合伙中，形成有限合伙财产，由 GP 为了 LP 以及有限合伙制私募股权基金本身的利益进行受托管理。由于在有限合伙中，LP 在极为有限范围和程度内影响 GP 的经营管理，有限合伙几乎在 GP 控制下，因此形成了一种典型的信义关系。

一般认为，GP 对于 LP 以及有限合伙制私募股权基金承担着忠诚义务和谨慎义务。忠诚义务包括积极意义上的和消极意义上的，积极意义上的是要求 GP 按照有限合伙制私募股权基金以及 LP 的最大利益行事，而消极意义上的是 GP 不得利用其地位为自己或第三人牟利（诸如违反竞业禁止协议、进行关联交易）。而谨慎义务主要是指勤勉义务，即 GP 在处理有限合伙事务时应付诸合理的谨慎权衡。而 LP 对 GP 以及有限合伙制私募股权基金承担着诚实守信以及公平交易的义务，即 LP 对 GP 应按照诚实守信原则如实履行出资交割到位义务并配合执行有关合伙事务，同时按照公平合理原则处理有限合伙制私募股权基金投资收益分配等相关事宜。

确立有限合伙制私募股权基金中 GP 和 LP 之间的信义关系，可以在很大程度上弥补由于立法和制度的欠缺，还原 GP 和 LP 关系的本来面目，督促 GP 和 LP 各履其职、各尽所能，尽可能规避出现相互之间因为法律规定或协议约定不到位而争执的情形。

（三）有限合伙制度的特征

根据我国法律的相关规定，有限合伙就是由至少一名 GP 与至少一名 LP 组成的合伙，其中 GP 对企业债务承担无限连带责任，LP 则以出资额为限承担有限责任。在有限合伙存续期间，GP 负责有限合伙的经营和管理，而 LP 一般并不参与有限合伙事务的经营，在有限合伙中往往只是充当监督者的角色。具体而言，有限合伙的特征主要有以下几点：

1. 有限合伙组织结构和责任形式的“二元性”

有限合伙由 GP 与 LP 组成，即有限合伙中应当有至少一名 GP 和至少一名 LP，否则，有限合伙就丧失了成立和存续的前提条件和基础。有限合伙仅剩 LP 的，应当解散；有限合伙仅剩 GP 的，转为普通合伙企业。

2. 有限合伙经营管理的特殊性

在有限合伙中，LP 并不具有经营管理权。根据“权责相适应”原则，LP 之所以不具有经营管理权，是因为 LP 只对有限合伙承担有限责任，而这种责任不是基于经营关系，而是基于 LP 对有限合伙企业的投资关系。因而，LP 也具有相对的独立性，可以在一定程度上不必受竞业禁止义务的限制和制约。当 LP 参与合伙事务的经营管理时，就应对其参与的合伙事务所导致的合伙债务承担与 GP 同样的责任。

3. 有限合伙兼具“人合性”和“资合性”

有限合伙的“人合性”不仅体现在有限合伙的设立上，还体现在有限合伙的变更上。有限合伙的设立虽基于合伙协议，但是最深的根基无疑是LP对GP的信任；而对GP变更设定相对严格的程序，原因也是如此。有限合伙的“资合性”则表现为LP是有限合伙资金来源的主要主体，并且LP的出资也是有限合伙对外承担责任的信用基础。这种双重责任形式使得有限合伙既区别于普通合伙又区别于公司。

4. **有限合伙主体间的身份具有可转变性**

由于有限合伙组织结构具有二元性，所以GP与LP相互的身份转变也是有限合伙制度区别于其他制度的特征之一。根据实际情况，LP与GP可以进行身份的转变，随之而来的是权利和义务的转变。但是无论如何转换，合伙人的数量必须维持在两个及以上，这其中应当存在一个GP。当所有LP都转变为GP时，有限合伙也就相应地转变为普通合伙，但是不能所有的GP都转变为LP，否则有限合伙的必要组成条件不复存在。

二、国内外有限合伙制度比较研究

合伙作为一种历史悠久的经济组织形式，在世界各地获得了十分广泛的应用和发展。有限合伙制度作为一种特殊的合伙制度，在不同国家或地区的规定和发展模式各不相同。因此，发达国家或地区的制度与经验对于我国有限合伙制度的进步和完善具有十分积极的意义。

（一）英美法系国家

1. **美国**

有限合伙在美国是一种较常见的经营组织形式，其概念初见于纽约州法律。一般而言，凡属于普通合伙可以经营的范围，有限合伙都可以从事，除非成文法有明确规定。1916年，美国统一州法全国委员会通过了《统一有限合伙法》，后经数次修订，现已为大多数州所采纳。

在一般法律规定上，应由合伙人确认的内容一般包括：有限合伙的名称、性质、地址、合伙人姓名及住所地、合伙人责任、合伙存续条件、资金额、利润分配方法等。LP 的出资必须是现款和财产，不得以劳务出资。LP 不参与有限合伙企业的经营管理，只是按照出资额享有利润分配权，同时相应地承担亏损。

2. 英国

英国于 1907 年专门制定了《有限合伙法》，其规定内容大体同于美国，在法律上确立了有限合伙这一企业法律形式。其中，LP 是指不参加合伙业务经营管理，只对自己出资部分负有限责任的合伙人，其对合伙企业的债务，仅以出资额为限承担有限责任。为了巩固有限合伙的基础，英国《有限合伙法》特别重视注册登记的作用，并强调贸易部对有限合伙的管制。英国的 LP 不受竞业禁止义务的限制，其名称不得列入商号，LP 的死亡、破产也不影响有限合伙企业的存在。

（二）大陆法系国家

1. 法国

在法国，有限合伙企业是以两合公司的形式出现的，法律赋予这种企业组织形式以法人资格。根据法国相关法规规定，简单两合公司的无限责任股东具有公司股东的地位，有限责任股东只以其出资额为限对公司债务承担责任。有限责任股东不得以技艺出资。此外，有限责任股东不得代表该两合公司从事任何对外的经营活动。

2. 德国

《德国商法典》也规定了两合公司的概念，即指以共同的商号经营，股东中的一人或数人（有限责任股东）对公司债务责任限于一定的财产出资额，而股东中其他人（无限责任股东）对公司债务的责任不受限制的公司。但与法国规定不同的是，德国的两合公司不具有法人资格，其本质上就是有限合伙。根据《德国商法典》规定，“在法律交往中，它作为一个商事经营企业，可以享有很大的法律上的独立性，可以在自己的商号下独立享有权利、承担义务，可以独立参与法律诉讼活动，其债务清偿仍是分为有限责任股东债务之清偿和无限责任股东债务之清偿，只有无限责任股东才承担债务清偿之无限责任”。

3. 日本

日本商法对两合公司做出了规定，有些人将日本商法中的“两合公司”译作“合资公司”，日本商法要求在公司章程中记明股东所负的责任，同样规定“有限责任股东只能以金钱或其他财产作为其出资标的”且“有限责任股东不得执行公司业务或代表公司”。此类公司是由无限责任股东和有限责任股东组成的公司，即在无限责任股东经营的事业中，有限责任股东提供资本，并参与该事业产生的利益分配。各股东的责任是有限还是无限，必须在章程中记载并登记。在日本，两合公司（合资公司）是有法人资格的。

由以上各国的立法情况分析可见，传统的大陆法系国家与英美法系国家的法规均存在有限合伙的相关规定，且其中的原则性规定也较为相似。其中，LP均以其出资额为限承担有限责任，LP仅以资金或其他财产方式出资，而不可以信誉、劳务等形式出资。LP不能直接参与合伙事务的管理等内容也基本相同。不同之处在于，大陆法系国家中一些国家如法国、日本等承认有限合伙的法人资格，而英美法系则直接规定了有限合伙的责任承担方式，未进行“法人”概念的规定。

（三）我国有限合伙制度的确立

有限合伙在我国的发展历史并不长，1997年我国出台的《合伙企业法》并无有关有限合伙的规定，经历了一番从地方试验到国家确立的渐进式发展过程后，2006年修订后的《合伙企业法》的发布标志着有限合伙制度在我国被正式确立，该法专门规定了有限合伙企业的相关内容，详细规定了有限合伙企业的法律适用范围和内外法律关系。

三、《合伙企业法》中的相关规定

自2006年《合伙企业法》确立有限合伙制度后，《合伙企业法》即成为我国有限合伙制度的主要法律依据，其对有限合伙的名称、组织形式、合伙协议内容、权责范围、利益分配、入伙退伙、关联交易等方面进行了明确且具体的规定。

（一）《合伙企业法》中的有限合伙

1. 有限合伙

有限合伙企业由GP和LP组成，GP对合伙企业债务承担无限连带责任，LP以其认缴的出资额为限对合伙企业债务承担责任，有限合伙企业至少应当有一个GP。

2. 有限合伙的合伙事务执行

LP不执行合伙事务，不得对外代表有限合伙企业。但是，LP参与决定GP入伙、退伙，对企业的经营管理提出建议，参与选择承办有限合伙企业审计业务的会计师事务所，获取经审计的有限合伙企业财务会计报告，查阅有限合伙企业财务会计账簿等财务资料，向有责任的合伙人主张权利或者提起诉讼，督促执行事务合伙人行使权利或者为了本企业的利益以自己的名义提起诉讼，依法为本企业提供担保的行为，不视为执行合伙事务。

（二）《合伙企业法》中的LP

1. LP的概念

LP是指承担有限合伙企业主要的出资义务，却不参与有限合伙企业的经营管理，并且仅以出资额为限，对有限合伙企业的债务承担有限责任的合伙人。LP不执行合伙事务，不得对外代表有限合伙企业。

2. LP 的责任承担

在责任承担上，普通合伙企业中没有承担有限责任的合伙人，每一个出资人都要以自己的全部财产对合伙企业的债务承担责任。在有限合伙企业中承担有限责任的 LP，不论企业实际负债为多少，他们都仅以投资额为限承担有限责任。具体实务中，LP 退伙时，对基于其退伙前的原因发生的有限合伙企业债务，以其退伙时从有限合伙企业中取回的财产为限承担责任。

3. LP 的出资

LP 可以用货币、实物、知识产权、土地使用权或者其他财产权利作价出资，但不得以劳务出资。由于 LP 往往是有限合伙的主要出资人，我国法律要求 LP 以货币或其他财产权利形式出资，不允许 LP 以劳务或信用等方式出资。

4. LP 的转变

此外，除合伙协议另有约定外，GP 转变为 LP，或者 LP 转变为 GP，应当经全体合伙人一致同意。普通合伙企业中如果有合伙人依法转为 LP 的，则该合伙企业应当依法转为有限合伙企业。如果有限合伙企业中仅剩 LP 的，该合伙企业应当解散；有限合伙企业仅剩 GP 的，该合伙企业应当依法转为普通合伙企业。

5. LP 丧失民事行为能力或死亡

作为 LP 的自然人在有限合伙企业存续期间丧失民事行为能力的，其他合伙人不得因此要求其退伙。作为 LP 的自然人死亡、被依法宣告死亡或者作为 LP 的法人及其他组织终止时，其继承人或者权利承受人可以依法取得该 LP 在有限合伙企业中的财产份额。

（三）LP 的法律特征

1. 对本企业债务承担有限责任

有限合伙企业中的 GP 对合伙企业债务承担无限连带责任，LP 以其认缴的出资额为限对合伙企业债务承担责任。可以看出，LP 对企业债务的承担以其出资额为限。

2. 可与本企业进行交易

除合伙协议另有约定或者经全体合伙人一致同意外，GP 不得同本合伙企业进行交易。而在合伙协议无禁止性约定的条件下，LP 可以同本有限合伙企业进行交易。

3. 可与本企业进行同业竞争

根据规定，LP 可以自营或者同他人合作经营与本有限合伙企业相竞争的业务，但合伙协议另有约定的除外。可以看出，在合伙协议无禁止性约定的条件下，法律允许 LP 从事与本企业相竞争的业务。

4. 可自行决定所持财产份额的出质

GP 以其在合伙企业中的财产份额出质的，须经其他合伙人一致同意，未经其他合伙人一致同意则其行为无效，由此给善意第三人造成损失的，由行为人依法承担赔偿责任。而在合伙协议无禁止性约定的条件下，LP 可以将其在有限合伙企业中的财产份额出质。

5. 可自行决定所持财产份额的转让

除合伙协议另有约定外，GP 向合伙人以外的人转让财产份额时，须经其他合伙人一致同意，而 LP 转让时，在满足合伙协议相关转让条件的情况下，仅需要按照规定提前通知其他合伙人。

6. 不得以劳务出资

GP 可以货币、实物、知识产权、土地使用权或者其他财产权利形式出资，也可以劳务形式出资，而 LP 不得以劳务形式出资。

第三节　私募基金监管体系中 LP 的生存法则

随着私募股权投资基金监管体系的不断变化和发展，私募基金 LP 的生存环境和生存方式也不可避免地随之发生变化。在最新的监管体系下，LP 如何才能更好地在市场中生存，并保障自身的资金安全和投资收益，值得广大 LP 思考。

一、我国私募股权基金发展与监管现状

自 1985 年中央发布《中共中央关于科学技术体制改革的决定》以来，我国私募股权投资行业已历经多年的变革与发展，目前在监管部门与监管政策较为明晰的大背景下，我国私募股权投资行业进入了监管明确、平稳发展的阶段。

（一）我国私募股权基金发展现状

1985 年中央发布《关于科学技术体制改革的决定》，此文件指出，“对于变化迅速、风险较大的高技术开发工作，可以设立创业投资给予支持”。随后，国务院成立了中国新技术创业投资公司（中创公司），我国自此开启了对私募股权投资的多年探索。

1. 确立了私募股权投资的主要设立形式

《私募投资基金监督管理暂行办法》明确了私募基金的三种设立形式分别为公司制、合伙制和契约制，而有限合伙企业正是目前私募股权投资最主流的企业形式。

2. 完成了私募股权投资在规模上的飞跃

历经多年发展，我国私募股权投资行业规模不断扩大。清科研究中心旗下私募通发布数据表明，2016 年中国私募股权投资市场共有 1 675 只私募股权投资基金完成募集，其中披露募资金额的 1 358 只基金共募集到位 9 960. 49 亿元人民币。LP 类型已经覆盖企业投资者、VC/PE 机构、政府机构、银行、保险公司、信托公司以及资产管理公司、引导基金、FOF（基金中的基金即母基金）、大学及基金会等各类主体。

3. 扩展了私募股权投资的参与主体

2017 年，国务院办公厅印发《关于进一步激发社会领域投资活力的意见》，此文件指出，当前我国社会领域新兴业态不断涌现，投资总量不断扩大，服务能力不断提升，但仍然存在放宽准入不彻底、扶持政策不到位、监管体系不健全等问题，要进一步激发医疗、养老、教育、文化、体育等社会领域投资活力，扩大投融资渠道，发挥政府资金引导作用，有条件的地方可结合实际情况设立以社会资本为主体、市场化运作的社会领域相关产业投资基金。

随着政策环境和资本市场的不断完善，中国私募股权行业正朝着一个更加成熟的方向发展。相较于国外大学捐赠基金、养老金、家族基金、母基金等较成熟的投资者，国内的社保基金、保险基金、政府引导基金等随着一系列相关政策的实施，也正在进入迅速崛起与发展的私募股权投资领域，并逐渐成为我国私募股权行业重要的投资者。

（二）我国私募基金监管现状

1. 监管法规体系仍然有待改善

经过监管部门一系列的立法后，我国私募股权投资领域已经在很大程度上改善了长期以来监管缺失、监管主体及权责划分不明确、针对性法律法规匮乏的情形。但以证监会和基金业协会为代表的监管主体，尚处于用临时性、指导性规定代替体系性和规划性规章的阶段，此种“头疼医头，脚疼医脚”的办法尚无法完全满足复杂多变的私募股权投资市场的监管需求。

此外，鉴于《证券投资基金法》并未将私募股权基金纳入监管范围，关于私募投资基金管理的行政法规尚未正式颁布，因此目前我国私募股权投资行业的主要法律依据为《私募投资基金监督管理暂行办法》、《私募投资基金管理人登记和基金备案办法（试行）》、《私募投资基金募集行为管理办法》及《私募投资基金信息披露管理办法》，立法层级仍然偏低，专项规制股权投资基金的上位法仍然缺失。

因此，监管部门仍需加快立法步伐，从长远角度出发，就私募股权基金的登记备案、资金募集、运营管理等方面推出效力层级高、体系完整、可操作性强的规章、文件。

2. 短期监管趋势仍将趋于严格

私募股权行业属于少数有较强风险承受能力的“合格投资者”参与的小众行业，其参与者多为具备风险判断、风险承受能力的高净值个人和具备专业投资经验的机构投资者。在投资者具备较为充分的经验和资源用以判断投资风险、维护自身权益的条件下，监管部门如对私募股权投资市场进行事无巨细的过度监管与干预，不仅会造成监管资源的浪费，也会影响私募股权投资行业的创新与发展。因此就长期趋势而言，我国私募股权投资行业应以健全合格投资者制度、保护投资者权益为基础进行适度监管。

但是，我国私募股权投资市场经历了多次重大变革，且近年来刚刚建立了以证监会及基金业协会为监管主体的监管体系。目前，新的监管体系仍处于起步阶段，监管机制仍不够健全。中国的私募股权投资市场也处于较为初级的发展阶段，市场中操作乱象与过度创新仍然屡见不鲜。因此，监管部门只得频繁出台新规，从资金的募集、合格投资者认定、私募基金的内部控制与风险管理等方面进行细致全面的规定。就短期趋势而言，在我国私募股权投资市场健全有序且投资者群体相对成熟前，监管部门仍需从严管理。

3. 政策上对于合法的私募股权投资基金仍不乏鼓励支持

近年来，中国私募股权投资行业经历了高速增长，已经逐渐成为中国经济结构中重要的组成部分，对我国经济的转型升级及产业结构的调整起到了重要的推动作用。因此，尽管我国政府在监管政策层面仍然从严管理，着力保障投资者权益以及私募股权投资市场的健康有序发展，但在经济政策层面中央及各地地方政府对于私募股权投资仍然不乏政策上的鼓励与支持。

北京市金融服务工作领导小组办公室、北京市财政局、北京市国家税务局、北京市地方税务局、北京市工商行政管理局曾联合发布《关于促进股权投资基金业发展的意见》等文件。上海市政府曾发布《关于本市股权投资企业工商登记等事项的通知》等文件，上海浦东新区政府曾发布《关于浦东新区促进股权投资企业和股权投资管理企业发展意见》等文件。此外，其他各地地方政府也不乏扶持、鼓励私募股权投资行业发展的政策文件。

在税费优惠政策方面，各地地方政府也针对私募股权投资行业给予了大力的扶持。如北京、上海等地均发布了有关私募股权投资行业税收优惠、补贴等政策文件。多年来，各地地方政府在政策层面上对于私募股权投资行业的鼓励与扶持从未停止。

（三）我国私募股权投资行业面临的问题

在快速发展的同时，我们也需要认识到，我国私募股权投资行业仍处于起步阶段，投资者、管理者及市场监管的科学性、成熟程度仍远远无法与发达国家或地区的资本市场相比，因此也不可避免地会存在诸多问题与困难。具体而言，体现在以下几个方面：

1. 法律法规与监管体系仍然难称完善

前文曾提及，我国私募股权投资领域法规体系经历了近几年来大规模的立法后已经取得了长足的进步，但纵观监管法规体系，仍然存在立法层级偏低、立法缺乏体系且临时性强的缺陷。目前，我国尚无针对私募股权投资行业的法律，上位法的缺失导致监管部门监管依据不足，只能通过自身出台的部门规章对市场进行规制和监管，更多停留于解决眼前问题层面，对于宏观、长远的立法和监管规划仍有不足。

2. 退出渠道仍比较单一

就投资角度而言，退出是股权投资的目的，也是整个股权投资流程中的关键阶段。在我国资本市场，所投资企业实现首次公开募股（IPO）上市仍然是私募股权投资最理想、收益最高的退出方式。但是，主板和创业板市场遥不可及的上市门槛也注定了能够上市的企业只会是众多企业中的极少数，新三板市场偏弱的流动性以及初创型、中小型企业交易平台的缺失都增加了私募机构通过上市股权交易退出的难度。而其他退出渠道如并购、回购等也仍然受困于我国资本市场的机制健全度不够与活跃程度不高。在实践中，私募股权基金要实现退出将面临重重困难。退出渠道的单一直接影响了投资的收益率与投资周期，也在一定程度上影响了投资者的投资热情。

3. **投资专业人才缺乏**

私募股权投资行业是一个对专业水平要求极高的行业，要求投资者及管理团队具备极高的专业水平和丰富的经验。而我国私募投资行业由于起步较晚，行业发展和实践时间有限，具备专业知识和职业道德的人才仍然供不应求，兼具创新能力与投资魄力的投资者仍显稀缺。专业人才的不足同时会导致私募股权投资从业人员良莠不齐，可能导致道德风险的产生，这对投资者权益的保障和行业未来的发展存在一定不利影响。

综上所述，我国私募股权投资行业仍处于高速发展的阶段，针对目前行业所面临的种种问题，仍需监管部门尽快开展私募股权投资方向的专项监管法规的立法工作，为私募股权投资的监管提供上位法和监管依据。另外，监管部门应根据资本市场中现存的和新兴的问题继续出台相应部门规章，促使监管法规体系化。除此之外，我国各级资本市场还需进一步完善，发展不同层次的股权交易平台并严格审核以保证相关企业的真实性和市场上股权的流动性，并保障私募股权投资退出渠道的多元与畅通。

二、基金管理人的选择

作为市场上的主要资金提供方，LP 的生存法则绕不开对基金管理人的选择。如果能够选择忠诚、勤勉、专业性强的基金管理人，则对于 LP 的资金安全以及投资收益都会有更完善的保障。具体而言，LP 选择基金管理人时有如下因素需要审慎考虑，这样才能做出符合自身实际情况与需求的选择。

（一）LP 自身实际情况

不同类型的 LP 面对风险的态度和承受能力并不相同，因此他们所适合的基金管理人也不尽相同。风格稳健的基金管理人更适合风险承受能力偏弱、兼顾投资收益与风险控制平衡的LP，而风格相对激进的基金管理人则更适合风险承受能力强、愿意承担高风险、追求高收益的LP。因此，LP应当对自身发展模式和战略以及面对宏观经济周期性波动的风险承受能力做出整体的评估和定位，并结合自身的业务发展特征和规划选择合适的基金管理人。

此外，除了通过股权投资获得现金收益外，如果LP还希望通过投资行为达到资源整合、潜在客户发掘、紧跟政府导向等其他意图，则需要兼顾考量基金管理人的股东构成、背景等其他因素。

（二）基金管理人的治理结构与团队

1. **治理结构**

LP重点关注的治理要素主要体现在基金管理人的股权结构上，对于基金管理人治理结构的考量应当结合其管理体制、决策机制、利益分配机制等具体因素进行综合分析，判断其是否能够与核心团队匹配，是否有利于基金管理人整体的稳定性。

2. **团队构成**

LP可以通过对团队人员规模和配比、项目运作流程和操作方式、风险控制和规避措施等因素分析衡量基金管理人的项目运作能力。尤其是在同一基金管理人团队同时管理运作多个项目的情况下，基金管理人现有的团队规模和人员配置是否能够保障各项目的运作质量，值得LP重点关注。

（三）基金管理人的过往业绩

过往业绩在一定程度上反映了基金管理人的专业能力和未来发展态势，LP应当对基金管理人历史投资业绩、团队人员数量和配比、投资规模、项目来源、主导因素等多方面信息进行分析整合，在此基础上判断识别团队整体的优势和潜在风险，辩证地看待基金管理人的过往业绩。此外，在关注基金管理人往日成功业绩的同时，LP还应当对基金管理人曾经的失败案例予以关注，失败案例往往更能揭示基金管理人在项目运营、风险管理等方面的潜在风险和障碍。

通过对基金管理人过往业绩的考量，能够帮助LP判断在市场竞争日益充分的情况下，基金管理人是否仍能够具备明显的竞争优势。

总而言之，LP选择基金管理人是决定LP在私募股权投资市场中生存状态的重要环节，基金管理人往往能够在决定投资的成败甚至LP的生死存亡的过程中起到至关重要的作用。关于LP选择基金管理人的具体系统性考虑、专业性步骤及激励制约等内容，我们将在本书第四章中做详细的解读。

专题1　中国私募股权基金中的LP本土化特点

随着多年的发展与探索，我国私募股权基金行业已经完成了监管体系的初步建立及投资规模的几次飞跃。鉴于我国宏观经济背景及监管环境的特殊性，相较于其他国家，我国私募股权基金行业的发展呈现出一定程度的本土化特色。

一、国际资本市场的私募股权基金多采取SPV模式

SPV（Special Purpose Vehicle）是指特殊目的实体，也称特殊目的机构/公司，即接受发起人的资产组合，并发行以此为支持的证券的特殊实体，其职能是购买、包装证券化资产和以此为基础发行资产化证券。特殊目的实体（SPV）不是一个法律概念，而是源于金融实务的术语，用来描述金融市场参与者为投融资目的而构造的一种特殊的实体/主体状态，通常指仅为特定、专向目的而设立的法律实体（常见的是公司，有时也有合伙企业等，以下除非特别说明，都指公司）。

设立SPV的目的就是打造一个与发起人破产隔离的载体，持有

特定现金流资产以满足对资产支持证券投资者的偿付。在资产证券化、红筹架构上市、股权重组过程中都有可能利用SPV实现特定的商业目的。因此SPV在不同交易架构中可以完成不同的功能，“特殊目的”也没有固定的含义。

对比普通公司，SPV往往除设立的特定目的外，没有独立的经营、业务等职能，有时也被称为SPE（Special Purpose Entity）等。空壳公司的定义范围通常和SPV类似，但有时会有所区别。例如，在美国证券法背景下，根据SEC（美国证券交易委员会）规定，空壳公司是指符合以下条件的公司：（1）没有或仅有名义上的运营；（2）资产形式（根据美国公认会计准则认定）是：无资产，或者实质上的资产组成只有现金及现金等价物。但是上述定义不适用于资产支持证券的发行人。通常涉及资产支持证券时，基本都会用SPV的称呼。由上述定义可见，SPV是为实现特定目的（如持有资产、为未来资产交易提供便利等），根据现行法律法规的规定，采取适合该特定目的形式而设立的企业。由此引申，选择注册SPV的地区/法域，除需满足上述特定目的要求外，最好能有尽可能低的税负成本、宽松的公司治理体制、尽可能简单的政府管理程序，以及被主要的金融服务商（银行、券商等）认可，方便资金流动等。而由于各离岸地法律通常在上述各方面都有优势，因此常常成为SPV注册地的首选。从最广泛的角度来说，SPV的直接目的是，以尽可能低的成本（运作成本、管理费用、税负成本、时间成本等），持有一定资产。由此衍生出很多用处，比如证券化、资产剥离，达到/规避特定法律要求等。

二、中国私募股权基金多采取有限合伙模式

当今社会，虽然有限责任公司和股份有限公司是世界上最典型的商业组织形式，也是推动经济发展的主要动力，但是合伙企业仍然具有强大的生命力。它不仅可加强经营者的责任感从而有利于保障交易

的安全，还能满足不同投资主体多样、灵活的投资需要。前文所述的SPV模式在国际资本市场中获得了广泛的应用和认可，但在我国私募股权投资实践中，有限合伙仍是私募股权投资基金设立形式的主要选择。

20世纪80年代中期以来，我国各地发展起来的风险投资在探索风险投资的有效形式时，都首推有限合伙形式。由于缺乏法律的有效引导，融资行为很不规范，损害投资者利益的行为时有发生，北京、深圳等地地方政府尝试以地方性法规的形式建立有限合伙法律制度，承认有限合伙的法律地位。然而各地之间地方性法规的冲突，使得依据地方性法规采用有限合伙企业形式的LP的权益未能得到法律的切实保障，严重影响了投资者的投资活动及其投资积极性。2006年修订后的《合伙企业法》承认了有限合伙的合法地位，且允许法人和其他经济组织成为合伙人，解决了有限合伙形式无法可依的问题。

中小企业如果作为GP组建有限合伙，可以吸引拥有闲散资金的消极投资者作为LP加入合伙，企业作为GP负责合伙企业的经营管理。这种融资对于中小企业来说，没有复杂的中间环节，成本较低。并且由于投资透明度高，风险也相对可控，投资者也更加乐于接受。具体而言，有限合伙模式的几大优势如下：

（一）税收政策优势

从增值税角度出发，根据我国增值税相关法规政策，合伙企业与有限责任公司都需要缴纳增值税，且并未对合伙企业缴纳增值税的税率、应税范围及税收减免等事项做特别规定，所以与有限公司相比，合伙企业在增值税税收政策上并未体现出明显的优势。

从所得税角度出发，合伙企业由合伙人缴纳所得税，自然人合伙人缴纳个人所得税，企业合伙人缴纳企业所得税。有限责任公司要缴纳企业所得税，且有限责任公司缴纳企业所得税后，企业股东还需就利润分红缴纳所得税。由此可见，合伙企业作为非纳税主体，其生产经营所得和其他所得按照国家有关税收规定由GP和LP分别缴纳所得税，避免了双重纳税情形的出现，相较于其他基金组织形式在税收方面更具优势。

（二）进入、退出灵活

1. 入伙

新合伙人入伙，除合伙协议另有约定外，应当经全体合伙人一致同意，并依法订立书面入伙协议。订立入伙协议时，原合伙人应当向新合伙人如实告知原合伙企业的经营状况和财务状况。

2. 退伙

根据《合伙企业法》规定，合伙协议约定合伙期限的，在合伙企业存续期间，如出现合伙协议约定的退伙事由、全体合伙人一致同意、发生合伙人难以继续参加合伙的事由或其他合伙人严重违反合伙协议约定情形之一的，合伙人可以退伙。合伙协议未约定合伙期限的，合伙人在不给合伙企业事务执行造成不利影响的情况下，可以退伙，但应当提前30日通知其他合伙人。

此外，在满足合伙协议约定的转让条件的前提下，LP可以按照合伙协议的约定向合伙人以外的人转让其在有限合伙企业中的财产份额，但应当提前30日通知其他合伙人。因此LP也可以通过转让有限合伙财产份额的方式退出合伙企业。

3. 出资灵活

根据《合伙企业法》规定，LP可以货币、实物、知识产权、土地使用权或者其他财产权利形式作价出资，不得以劳务形式出资。在实践中，LP的出资为“承诺出资”，注册时无须验资。只要不违反合伙协议的约定，在没有合适的投资项目时，LP可以暂不实缴。出现合适的投资项目时，LP可以集中投入资金，从而避免资金积压，提高使用效益。

由此可见，LP的出资形式比较多样化，并不仅限于货币出资，其他财产权利同样可以用于投资有限合伙企业。LP在出资时间上同样也比较灵活，只要不违反合伙协议中约定的出资期限，则可视具体情况决定实缴出资的时机，提高资金利用效率。

4. 管理便利

LP还可以在合伙协议并无禁止性约定的前提下与有限合伙进行交易且可以经营与有限合伙企业竞争的业务。除此之外，LP所持合伙企业财产份额的转让和出质仅需通知其他合伙人即可，处分财产份额自由度较高。

因此，LP与有限合伙企业进行交易或经营与本有限合伙企业相竞争的业务在合伙协议并无禁止性约定的前提下无须调整或规避，且有权自行处分有限合伙财产份额，对财产份额的管理十分便利。此外，有限合伙企业通常存续时间较短，LP如果不满意GP管理，可以待有限合伙企业终止后选择其他合伙人。

三、中国式有限合伙LP本土化特点

目前中国经济处在结构转型、调整的关键时期，这同样对我国私募股权投资行业造成一定的影响，我国股权投资行业既能够由此获得发展的机遇，也同样面临巨大的挑战。在这种特殊的背景下，我国私募股权投资行业发展出了适应中国国情的本土化特点。

（一）因我国经济转型获得相应机遇

原全国社保基金理事会副理事长王忠民先生出席绿法（国际）联盟首次研讨会并发表主题讲话时表示，中国经济目前无疑处在一个重大转型时期。过去30年来，中国经济在大部分时间都保持了高速增长，这主要是依靠大量的资本投入，推动了基础设施建设、城镇化和工业化进程，人口红利带来的劳动力增长推动了较低层次的制造业发展和出口业务，通过市场换技术的战略引入了大量国外资本并消化吸收了大量国外技术。但由于以上发展模式消耗了中国过多的能源、资源和环境容量，如果继续实行此发展战略，中国经济在近期的高速增长必然不可持续。为此，中国经济转型、产业升级和企业竞争力提升成为未来中国经济发展的必修课。

王忠民提出，为了改善当前中国的经济结构、产业结构、产品结构和技术结构，私募股权、风险投资和其他一级市场的参与者是最主要的力量，也能够形成发挥有效作用的机制。从风险投资端到私募股权端的这种力量可以纠正今天的产业结构和产品结构的偏差，是调结构的主体力量。私募股权作为升级中国产业、带动企业创新的金融利器，必将在未来中国的金融生态体系中发挥重要作用。私募股权投资作为金融工具，不仅要服务于实体经济，更要创造实体经济，其创造出的实体经济是以创新的方法、改革的路径创造出有生命力和崭新未来的实体经济。中国要想在战略新兴产业中有突出的表现，并且能够真正按照市场化的逻辑把握住战略新兴产业的脉搏，必须依靠私募股权投资的促进作用。该产业从最初的天使投资开始到VC端、PE端再到并购端，直到最后可以按照市值来交易，每一个环节每一天都在不断地用新的交易结构、交易方式来展现自身的成长和发展。

作为整个私募股权投资生态系统的顶层，私募股权基金背后的投资者——LP，应起到引导私募股权市场良好发展和资本优化配置的重要作用。LP投资者在资产配置、投资实践和管理运营等方面需要有长远的战略规划和有效的战术方针。LP不仅要掌握本土私募股权投资逻辑这颗“树木”，更要充分认识整个中国金融系统以及私募股权在推动中国经济转型、产业升级和企业创新的重要作用这片“森林”。

（二）有限合伙企业渐成主流组织形式

《合伙企业法》修订发布后，有限合伙这一企业组织形式在法律上得到了承认，这意味着在我国设立有限合伙制私募股权基金已经不存在制度上的障碍。由于具有前文所述的种种优势，有限合伙企业目前已经成为我国私募股权投资市场中较为主流的设立形式之一。

在当前的投资环境下，很多投资模式在中国的私募股权市场上应运而生。例如，最近国家大力推出的PPP（Public-Private-Partnership）模式，即公私合作模式，鼓励私营企业、民营资本与政府进行合作，参与公共基础设施的建设。这不仅需要每一个投资实体把握PPP模式的投资机遇，更需要大型的LP投资机构（尤其是政府投资机构）掌握PPP模式的核心理念。对于PPP模式而言，前两个P主要说明了社会资本的属性和来源，真正的核心是第三个P，即合伙思想、合伙制度和合伙架构，这当中最能体现合伙性质的恰好是有限合伙形式的私募股权基金。GP必须承担无限责任，这样才可以把LP的资金放在一起做双层架构。另外，因为合伙的性质可以带来无限责任的承担，所以LP必须识别出那些尽力尽责把无限责任发挥到最大限度的GP。LP应该充分发挥有限合伙企业形式的优势，把握这些核心要素并助力实体经济的发展。

（三）能够反映中国经济发展现状

我国私募股权投资行业经过多年的蓬勃发展，在中国特色社会主义市场经济的大环境下逐渐形成了一些自身特有的发展特征。

1. 机构投资者比例仍然偏低

随着资本市场的不断发展与成熟，我国私募股权行业的机构投资者经历了从无到有、从小到大的过程，目前已形成了由社保基金、金融机构（包括信托公司、保险公司、券商等）、政府财政基金及大型企业等组织构成的多元化机构投资者队伍，并成为私募股权投资市场的重要组成部分。

长期以来，监管政策对于社保基金、金融机构等机构投资者参与私募都是禁止的，而后逐渐放开，近年来才逐渐消除了部分机构投资者参与私募股权投资的政策障碍。由于我国机构投资者参与私募股权投资的时间尚短，对于私募股权投资市场的参与程度和自身专业水平仍无法与发达国家资本市场相比较。因此，目前我国私募股权投资市场的投资者更多为高净值个人，机构投资者所占比例仍然偏低。

2. 对管理参与意愿较高

前文曾经提到，我国私募股权投资市场中机构投资者所占比例仍然偏低，更多依赖于社会中高净值个人的私人财富。机构投资者参与不够也导致我国私募股权投资基金募资渠道较为单一，募资比较困难。因此，优秀投资者和资本的稀缺也决定了市场中投资者处于比较强势的地位，尽管投资者作为LP无须承担基金管理决策职责，但其对于实质性管理决策权限往往有着一定的要求。

有限合伙制私募基金无须像公司一样设置董事会、监事会等固定组织机构，其内部治理结构一般包括投资决策委员会、合伙人会议等。我国相当一部分强势的投资者往往要求委派LP代表进入投资决策委员会，参与拟投资项目的决策。更有甚者，还会要求赋予LP代表“一票否决权”，这也是我国私募股权投资市场发展的一大特色。

3. 受政策影响程度较大

我国私募股权投资市场目前仍处于起步阶段，市场秩序有待完善，其监管体系也难言健全。监管部门在履行监管职责的过程中为了应对突发情况，更好地维护市场秩序和投资者权益，推出的监管政策存在一定的临时性和多变性。

正因为目前我国私募股权投资市场监管政策的稳定性仍有不足，一旦政策发生变化，则难免对市场主体造成较大的影响。对于投资者而言，轻则短期投资行为遭受影响，重则整个投资规划需要调整。因此，我国私募股权投资者受政策影响程度较大，也是私募股权投资本土化的特征之一。

第二章

私募股权LP主体构成及政策解读

根据投资者形态的不同，可以将中国私募股权基金投资者划分为个人 LP 和机构 LP 两类。个人 LP 主要指的是高净值个人，如第一章合格投资者相关内容所述，我国对个人 LP 设定了严格的准入限制，尤其在收入方面设置了较高的门槛。机构型 LP 近年来逐步扩展，目前主要包括社保基金、保险公司、信托公司、证券公司、政府投资基金、上市公司、国有企业等具有较强的资金及资源优势的机构。这些机构投资者运作资金规模较大，且涉及较多的股东、投资者甚至公众利益，相关法规及主管部门对此类机构投资者作为 LP 参与私募股权投资有着特殊规制和严格监管。

第一节　养老型基金 LP 政策解读

社保基金、企业年金通常被归入养老型基金范畴。社保基金作为投资者投资私募股权基金已日趋成熟且取得了可观回报。企业年金基金直接投资私募股权基金目前尚存在一定障碍，但理论上有可能通过信托产品投资私募股权基金。

一、社保基金

全国社会保障基金（以下简称“社保基金”）与社会保险基金是容易混淆的两个概念。

社会保险基金由地方管理，与社保基金在资金来源、运营管理和用途方面存在区别。社会保险基金包括基本养老保险基金、基本医疗保险基金、工伤保险基金、失业保险基金和生育保险基金，其主要来源为单位和个人所缴纳的资金，用于公民养老、医疗、工伤、失业、生育等各项社会保险待遇的当期发放。社会保险基金对投资风险的控制要求更高，须存入财政专户，投资运营范围和领域受到严格限制。《基本养老保险基金投资管理办法》规定，基本养老保险基金限于境内投资，投资范围包括银行存款、国债、养老金产品、股票、股权等，但股权投资的范围限定于国有重点企业改制、上市。由此可知，基本养老保险基金投资私募股权基金尚未放开。

社保基金于2000年8月设立，是国家社会保障储备基金，由中央财政预算拨款、国有资本划转资金、基金投资收益和国务院批准的其他方式筹集的资金构成，专门用于人口老龄化高峰时期的养老保险等社会保障支出的补充、调剂。相对于社会保险基金，社保基金投资领域和范围更广，不仅可以在境内外市场投资运营，而且可以投资私募股权基金。

（一）投资现状

作为长期性资金的代表，社保基金早在2004年就已经开始进行直接股权投资。2008年4月，社保基金经批准试水投资市场化股权投资基金，目前已获得丰厚回报。

2004年6月底，社保基金进行了第一笔直接股权投资，以100亿元巨资入股交通银行，随后社保基金直接参与投资了包括中国工商银行、京沪高铁、中国银联、大唐控股在内的多家公司，而后又直接参与投资了东方资产、建信养老金、建信人寿、国家开发银行等公司，出资金额超过950亿元。2015年6月，社保基金战略入股浙江蚂蚁小微金融服务集团有限公司，投资约70亿元，获得5%的股份，这是社保基金首次直接投资入股民营互联网金融企业。

据公开信息统计，目前社保基金已投资弘毅、联想、鼎晖等十余家私募股权机构管理的超过20只私募股权投资基金。根据全国社会保障基金理事会（以下简称“社保基金理事会”）官方网站披露的《2016年社保基金会计报表》，2016年度社保基金股权投资基金收益为32.5亿元。社保基金近期参与投资的项目为北京中交建壹期股权投资基金合伙企业（有限合伙，出资60亿元）和南京江北基础设施股权基金（出资40亿元）。

（二）投资政策演变

社保基金自2000年8月成立以来，投资范围逐步扩大。

2001年12月13日，财政部、劳动和社会保障部（2008年起因国务院机构改革更名为“人力资源和社会保障部”，余同）发布《全国社会保障基金投资管理暂行办法》（财政部、劳保部令第12号，以下简称《社保基金暂行办法》），明确全国社会保障基金的投资范围限于银行存款、买卖国债和其他具有良好流动性的金融工具，包括上市流通的证券投资基金、股票、信用等级在投资级以上的企业债、金融债等有价证券。2006年5月1日发布的《全国社会保障基金境外投资管理暂行规定》规定了社保基金进行境外投资的投资品种和工具及对境外投资管理人、境外资产托管人等相关主体的要求。从这两个文件可以看出，社保基金的投资范围不包括私募股权基金。

社保基金投资股权投资基金于2008年4月正式破冰。财政部、人力资源和社会保障部（以下简称“人社部”）在国务院的批准下，同意社保基金投资经国家发展改革委员会（以下简称“发改委”）批准的产业基金和在发改委备案的市场化的股权投资基金，但总体投资比例不超过社保基金总资产（按成本计算）的10%。尽管有投资目标和投资比例的限制，但是社保基金作为私募股权投资基金机构 LP 的身份得到了认可。

2016 年 3 月 10 日，国务院发布《全国社会保障基金条例》，规定社保基金理事会应当“在国务院批准的固定收益类、股票类和未上市股权类等资产种类及其比例幅度内合理配置资产”，首次以国务院条例形式明确社保基金运作规范。同时，该条例明确规定，社保基金理事会可接受省级人民政府的委托管理运营社会保险基金；受托管理运营社会保险基金，按照国务院有关社会保险基金投资管理的规定执行。

（三）参与私募股权投资业务规则

社保基金投资运营主要受《全国社会保障基金条例》和《社保基金暂行办法》规制。由于《社保基金暂行办法》颁布时间较早，人社部表示将按照 2016 年颁布的《全国社会保障基金条例》确定的原则及规定，推动修订《社保基金暂行办法》，但目前修订结果尚未公布。我们认为，适用选择中如两者之间出现冲突，无论从效力等级还是颁布时间来看，都应优先适用《全国社会保障基金条例》。

根据《全国社会保障基金条例》，结合现行有效的《社保基金暂行办法》及财政部、人社部的相关批复，社保基金参与私募股权投资应遵守的业务规则主要包括以下 10 个方面：

1. 基金的备案

根据 2008 年 4 月的批复，社保基金可以投资的基金为经发改委批准的产业基金和在发改委备案的市场化股权投资基金。但在 2013 年 6 月，国务院与中央编制委员会将私募股权基金监督管理权划归证监会。2014 年 1 月 17 日，基金业协会发布了《私募投资基金管理人登记和基金备案办法（试行）》，规定基金业协会办理私募基金管理人登记及私募基金产品备案，对私募基金业务活动进行自律管理。这意味着基金在“发改委备案”这一先决条件已和现行的监管政策不符。据悉，目前社保基金对“发改委备案”这一要求已经进行更改，新的规则已修改为以完成基金业协会备案为准。

2. 投资运营管理机构

社保基金理事会作为社保基金管理运营机构，制定受托管理的社保基金的投资经营策略并组织实施，在项目选择、管理人、托管人选择及其他投资运营事项中具有较大的话语权和较强的主动权，并对投资运作和托管情况进行检查。除一般职能部门外，社保基金理事会还设立了3个非常设机构，即投资决策委员会、风险管理委员会和专家评审委员会，分别负责投资决策、风险管理、选聘委托投资管理人或托管人，在投资中通过审慎选择重大股权投资项目、严格控制风险、审慎选择投资管理人等，获得长期回报。

3. 投资原则

《社保基金暂行办法》规定，社保基金理事会投资运营社保基金，应当坚持安全性、收益性和长期性原则，在国务院批准的固定收益类、股票类和未上市股权类等资产种类及其投资比例幅度内合理配置资产。《全国社会保障基金条例》规定，社保基金投资运作的基本原则是，在保证基金资产安全性、流动性的前提下，实现基金资产的增值。

4. 资产独立性

社保基金资产独立于养老基金和社保基金理事会、社保基金投资管理人、托管人的固有财产以及社保基金投资管理人管理和托管人托管的其他资产。社保基金与养老基金、社保基金理事会单位财务分别建账，分别核算。

5. 投资管理人及托管人的选聘、备案及考评

《全国社会保障基金条例》规定，社保基金理事会将社保基金委托投资的，应当选择符合法定条件的专业投资管理机构、专业托管机构分别担任社保基金投资管理人、托管人，按照公开、公平、公正的原则选聘，发布选聘信息、组织专家评审、集体讨论决定并公布选聘结果。社保基金理事会应当制定投资管理人、托管人选聘办法，并报国务院财政部门、国务院社会保险行政部门备案。

社保基金理事会应当与聘任的投资管理人、托管人分别签订委托投资合同、托管合同，并报国务院财政部门、国务院社会保险行政部门、国务院外汇管理部门、国务院证券监督管理机构、国务院银行业监督管理机构备案。

社保基金理事会应当制定投资管理人、托管人考评办法，根据考评办法对投资管理人投资、托管人保管社保基金的情况进行考评。考评结果作为是否继续聘任的依据。

6. 投资管理人条件

《社保基金暂行办法》规定，社保基金投资管理人由社保基金理事会确定。申请开展社保基金投资管理业务，需向理事会提交申请书并由证监会出具申请人是否满足下列条件的意见。申请人应同时满足以下条件：①在中国注册，是证监会批准具有基金管理业务资格的基金管理公司及国务院规定的其他专业性投资管理机构。②基金管理公司实收资本不少于5 000 万元人民币，在任何时候都维持不少于5 000万元人民币的净资产。其他专业性投资管理机构需具备的最低资本规模另行规定。③具有2年以上的在中国境内从事证券投资管理业务的经验，且管理审慎，信誉较高。对于具有规范的国际运作经验的机构，其经营时间可不受此款的限制。④最近3年没有重大的违规行为。⑤具有完善的法人治理结构。⑥有与从事社保基金投资管理业务相适应的专业投资者。⑦具有完整有效的内部风险控制制度，内设独立的监察稽核部门，并配备足够数量的称职的专业人员。

需要注意的是，《全国社会保障基金条例》规定，投资管理人和托管人的选聘办法由社保基金理事会制定并报财政部、人社部备案，因此，社保基金对投资管理人的选聘要求具体应以相关选聘办法为准。

7. 投资管理人职责

《全国社会保障基金条例》规定，社保基金投资管理人履行下列职责：①运用社保基金进行投资。②按照规定提取社保基金投资管理风险准备金。③向社保基金理事会报告投资情况。④法律、行政法规和国务院有关部门规章规定的其他职责。

8. **托管人条件**

根据《私募投资基金管理人内部控制指引》，有限合伙制私募基金可以在基金合同中约定对基金不进行托管，但对于有社保基金参与投资的私募股权基金，托管是必需条件且对托管机构有一定要求。

《社保基金暂行办法》规定，申请办理社保基金托管业务应具备以下条件：①设有专门的基金托管部。②实收资本不少于 80 亿元。③有足够的熟悉托管业务的专职人员。④具备安全保管基金全部资产的条件。⑤具备安全、高效的清算、交割能力。需要注意的是，《全国社会保障基金条例》规定，投资管理人和托管人的选聘办法由社保基金理事会制定并报财政部、人社部备案，因此，社保基金对托管人的选聘要求具体应以相关选聘办法为准。

9. **托管人职责**

《全国社会保障基金条例》规定，社保基金托管人履行下列职责：①安全保管社保基金财产。②按照托管合同的约定，根据社保基金投资管理人的投资指令，及时办理清算、交割事宜。③按照规定和托管合同的约定，监督社保基金投资管理人的投资。④执行社保基金理事会的指令，并报告托管情况。⑤法律、行政法规和国务院有关部门规章规定的其他职责。

10. **管理费和托管费**

根据《社保基金暂行办法》，社保基金投资管理人提取的委托资产管理手续费的年费率不高于社保基金委托资产净值的 1.5%。社保基金理事会可在委托资产管理合同中规定对社保基金投资管理人的业绩奖励措施，具体方案由财政部会同劳动和社会保障部批准。社保基金托管人提取的托管费年费率不高于社保基金托管资产净值的 0.25%。

社保基金具有规模巨大、周期较长、无负债、无流动性压力的独特优势，是目前中国私募股权市场上最为理想的长期机构投资者之一。根据《全国社会保障基金理事会社保基金年度报告（2016 年度）》，截至 2016 年末，社保基金管理的资产总额为 20 423 亿元。理论上，社保基金可以拿出10%（约2 042亿元）投资私募股权基金。事实上，社保基金理事会也在2016年度报告中提到“加大投资市场化股权投资基金”，从目前来看社保基金对私募股权机构投资的金额远小于理论可投资金额，社保基金作为LP投资私募股权基金仍有很大潜力。

二、企业年金

企业年金，是指企业及其职工在依法参加基本养老保险的基础上，自愿建立的补充养老保险制度。企业年金基金，是根据依法制订的企业年金计划筹集的资金及其投资运营收益组成的企业补充养老保险基金。

（一）投资现状

2004年出台的《企业年金试行办法》和《企业年金基金管理试行办法》，确立了我国企业年金制度的基本框架。

根据人社部官网公布的信息，截至2016年底，全国有76 298家企业建立了企业年金，参加职工人数为2 324.75万人，2016年年末企业年金基金累计结存11 074.62亿元。虽然企业年金基金突破了万亿元大关，但是投资收益率仅为3.03%，创下2012年以来的新低。

（二）投资政策演变

2004年5月1日，《企业年金试行办法》正式实施，标志着由国家主导、企业参与的企业年金正式启动。此后，企业年金投资范围一步步扩大。

2004年2月23日，劳动和社会保障部、银监会、证监会及保监会[①]联合发布《企业年金基金管理试行办法》（现已失效），明确规定，企业年金基金的投资范围限于银行存款、国债和其他具有良好流动性的金融产品，包括短期债券回购、信用等级在投资级以上的金融债和企业债、可转换债、投资性保险产品、证券投资基金、股票等。监管部门之所以将企业年金基金投资范围限于此类风险相对较低的领域，主要是为了保证基金的长期支付能力，对于企业年金基金所投资资产的安全性要求较高。

2004年12月31日，劳动和社会保障部发布《企业年金基金管理机构资格认定暂行办法》，规定了企业年金基金管理机构，即从事企业年金基金管理业务的法人受托机构、账户管理人、托管人和投资管理人等补充养老保险经办机构取得企业年金基金管理资格的条件和要求。

2011年2月12日，人社部、证监会等部门联合发布了《企业年金基金管理办法》，明确企业年金基金财产仅限于境内投资，在《企业年金基金管理试行办法》规定的投资范围基础上增加了中央银行票据、万能保险产品、投资连结保险产品、短期融资券和中期票据等金融产品，但仍未放开对股权投资基金的投资。

2013年，人社部、银监会、证监会、保监会联合发布《关于扩大企业年金基金投资范围的通知》，将企业年金基金投资范围在2011年《企业年金基金管理办法》规定基础上，增加了商业银行理财产品、信托产品、基础设施债权投资计划、特定资产管理计划、股指期货，但均设定了相应的资质要求和投资条件。至此，仍未放行企业年金基金直接投资私募股权基金。

2014年9月，人社部正式印发《人力资源社会保障部关于企业

---

① 2018年3月，十三届全国人大一次会议于2018年3月17日通过《国务院机构改革方案》，将中国银行业监督管理委员会（简称“银监会”）和中国保险监督管理委员会（简称“保险会”）的职责整合，组建中国银行保险监督管理委员会，作为国务院直属事业单位，不再保留中国银行业监督管理委员会、中国保险监督管理委员会。

年金基金股权和优先股投资试点的通知》，批准企业年金基金以专项型养老金产品形式参与中石化股权投资，标志着企业年金基金正式进入股权投资领域，但仅限于试点范围。此后，人社部于 2015 年对《企业年金基金管理办法》进行了修订，但未涉及投资范围的修订。

综上所述，尽管企业年金基金自设立以来，投资范围逐步扩大，且人社部以通知形式允许其在试点范围内对特定公司进行股权投资，但企业年金基金作为 LP 直接投资私募股权基金一直未被允许。

（三）投资私募股权相关规定

从现行规定来看，私募股权基金的监管部门是证监会，企业年金基金的主管部门是人社部。从相关具体规定来看，证监会明确规定私募基金管理人或私募基金销售机构可以向企业年金基金募集资金；人社部关于企业年金基金的投资范围相关规定中从未出现过私募股权基金，但经分析，一般认为理论上企业年金基金可以通过信托产品间接投资私募股权基金。

1. 证监会相关规定

2014 年 8 月 21 日，证监会发布《私募投资基金监督管理暂行办法》，明确社会保障基金、企业年金等养老基金，慈善基金等社会公益基金可被视为私募基金的合格投资者。自 2017 年 7 月 1 日起正式实施的《证券期货投资者适当性管理办法》及《关于发布〈基金募集机构投资者适当性管理实施指引（试行）〉的通知》进一步规定，企业年金基金是私募基金的专业投资者。基于以上规定，从证监会角度来看，私募基金销售机构及私募基金管理人向企业年金募集资金不存在法律障碍。

2. 人社部相关规定

从企业年金基金的主管部门——人社部颁布的相关规定来看，无论是《企业年金基金管理办法》，还是《关于扩大企业年金基金投资范围的通知》，均未对企业年金基金直接投资私募股权基金放行。但后者规定了企业年金基金投资商业银行理财产品、信托产品、基础设施债权投资计划、特定资产管理计划、股指期货等相应资质要求及投资条件，从资金流向规定来看，理论上，企业年金基金有可能通过信托产品投资私募股权基金。

《关于扩大企业年金基金投资范围的通知》规定，企业年金基金可投资的商业银行理财产品限于境内市场的信贷资产、存款、货币市场工具、公开发行且评级在投资级以上的债券，基础资产由发行银行独立负责投资管理，投资品种限于保证收益类和保本浮动收益类；可投资的特定资产管理计划限于结构化分级特定资产管理计划的优先级份额，且不得投资于商品期货及金融衍生品，不得投资于未通过证券交易所转让的股权。可见，企业年金基金财产通过银行理财、证券公司资产管理计划参与私募股权基金的路径尚未打开。

但是，《关于扩大企业年金基金投资范围的通知》鼓励符合条件的信托公司根据企业年金委托人的投资偏好，为企业年金基金设计、发行信托产品。同时，明确企业年金基金可投资的信托产品应当符合下列规定："（一）限于融资类集合资金信托计划和为企业年金基金设计、发行的单一资金信托计划。（二）投资合同应当包含明确的"受益权转让"条款。（三）信用等级不低于国内信用评级机构评定的AA+级或者相当于AA+级的信用级别。但符合下列条件之一的，可以豁免外部信用评级：1. 偿债主体上个会计年度末经审计的净资产不低于90亿元人民币，年营业收入不低于200亿元人民币；2. 提供无条件不可撤销连带责任保证担保的担保人，担保人上个会计年度末经审计的净资产不低于90亿元人民币，年营业收入不低于200亿元人民币。（四）安排投资项目担保机制，但符合上述第（三）款第1条规定且在风险可控的前提下可以豁免担保。（五）发行信托产品的信托公司应当具有完善的公司治理、良好的市场信誉和稳定的投资业绩，上个会计年度末经审计的净资产不低于30亿元人民币。"

由上可知，《关于扩大企业年金基金投资范围的通知》对企业年金基金投资信托产品的投向没有禁止性规定。因此，理论上企业年金基金通过投资信托产品间接投资私募基金具有一定可行性，但前提是信托公司具有《企业年金基金管理办法》规定的投资管理人资格，且需对产品进行设计和论证，以满足人社部及其他相关部门监管要求。

目前，企业年金基金面临的最大问题之一是收益率低，根据人社部在官网公布的《全国企业年金基金业务数据摘要（2016年度）》，2016年企业年金基金全年平均投资收益率仅为3.03%。

开展私募股权投资不仅能够最大限度地发挥企业年金基金长期投资的优势，而且搭建了企业年金基金与实体经济的桥梁，在助力实体经济发展的同时，也提高了基金长期投资收益水平。从发展趋势来看，开放企业年金基金的私募股权投资渠道是大势所趋，私募股权投资将成为未来企业年金基金重要的保值增值渠道。但不容忽视的是，从企业年金基金管理机构构成看，现有投资管理机构主要以证券投资见长，在股权投资方面具有丰富实践经验的机构较少。从监管体系和运营制度方面来看，目前监管制度及投资运营相关要求都以证券类投资监管为主，针对私募股权基金的投资和监管均未形成统一的细则和监管标准。想要充分发挥私募股权投资对于企业年金基金保值增值的积极作用，不仅需要管理机构提高股权投资专业能力，也需要监管政策、配套细则从投资比例、投资项目条件、投资项目股权占比等方面进行有效指导和支持。

第二节　金融机构型LP政策解读

金融机构型LP因其资金实力雄厚、品牌影响力大、资源整合能力强、政策把握及时准确等特点成为资本市场中高素质投资者。保险公司、银行、信托公司及证券公司充分利用自身优势和丰富经验，在相关管理部门的法规政策监管下，逐步进入股权投资领域。

一、保险资金

保险资金，是指保险集团（控股）公司、保险公司以本外币计价的资本金、公积金、未分配利润、各项准备金及其他资金。运用保险资金进行投资会涉及众多投保人、投资者的利益，投资时更应采取审慎的态度。因此监管部门在逐步扩大保险资金投资范围的同时，也着力于在法律层面上平衡保险资金的安全性和收益性。

（一）保险资金投资私募股权的现状

自2010年保监会发布《保险资金投资股权暂行办法》（保监发〔2010〕79号）明确保险资金参与股权投资的合法性以来，保险资金已经成为我国私募股权LP中重要的组成部分。

根据保监会披露的《2016年保险统计数据报告》，2016年我国保险公司总资产已达151 169.16亿元，较同年年初增长22.31%。尽管保险公司资产规模与日俱增，但是在保险资金运用方面仍存在投资结构不合理、收益率偏低且不稳定等问题。保险资金更多参与私募股权等相对积极的投资领域，不仅有助于拓宽我国资本市场的募资渠道，也更能迎合保险资金保值增值的需求。

（二）保险资金投资私募股权的政策演变

1. 明确允许保险资金作为私募股权LP主体

2010年9月，保监会发布《保险资金投资股权暂行办法》（保监发〔2010〕79号），该办法明确保险公司“含保险集团（控股）公司”既可以作为出资人投资并持有企业股权，也可以投资股权投资管理机构发起设立的股权投资基金等相关金融产品。《保险资金投资股权暂行办法》的实施标志着保险资金投资私募股权在制度层面开闸，保险资金正式成为私募股权LP主体之一。

2. 明确保险资金投资私募股权的范围

2012年7月，保监会发布《关于保险资金投资股权和不动产有关问题的通知》（保监发〔2012〕59号），该通知明确了保险资金能够投资的私募股权基金包括成长基金、并购基金、新兴战略产业基金和以这些股权投资基金为投资标的的母基金。同时，该通知还对保险资金投资私募股权的条件和要求进行了调整。

2014年12月，保监会发布《关于保险资金投资创业投资基金有关事项的通知》（保监发〔2014〕101号），该通知再次增加了保险资金的投资范围，规定保险资金可以投资创业投资基金。

3. 支持保险资金设立基金进行投资

2015年9月，保监会发布《关于设立保险私募基金有关事项的通知》（保监发〔2015〕89号），该通知的核心内容是支持保险资金设立成长基金、并购基金、新兴战略产业基金、夹层基金、不动产基金、创投基金和以这些基金为主要投资对象的母基金。该通知要点包括：

（1）保险私募基金的投资方向应当是国家重点支持的行业和领域。

（2）保险私募基金的基金管理人可以由发起人、发起人指定的保险资产管理机构或保险资产管理机构的其他下属机构担任。

（3）如果保险私募基金的基金管理人由保险资产管理机构下属机构担任，则保险资产管理机构及其关联的保险机构在下属机构的股权占比合计应当高于30%。

（4）保险资金设立私募基金实行注册制度，设立方案在相应的决策机构审议通过后，由保险资产管理机构或者基金发起人向保监会或者其指定机构申请办理相关手续。

为补充和细化《关于设立保险私募基金有关事项的通知》，进一步把控保险资金投资保险私募基金的风险，保监会于2017年7月20日向各保险集团（控股）公司、保险公司、保险资产管理公司下发了《关于保险资金发起设立私募基金的监管口径》（以下简称《监管口径》)，对保险集团（控股）公司和保险公司作为LP投资保险私募基金时应尽的审慎义务提出了监管要求。

为进一步防范风险和深化改革，完善保险资金运用管理和监管机制，提升保险业服务实体经济能力，保监会于2018年1月24日对《保险资金运用管理暂行办法》进行了修订，发布《保险资金运用管理办法》（保监会令〔2018〕1号），明确保险资金可以投资创业投资基金等私募基金，专业保险资产管理机构可以设立符合条件的保险私募基金。

综合上述规定，一直以来监管部门都在通过不断扩大保险资金的投资范围及支持保险资金自行设立基金的方式，鼓励保险资金更加积极地参与私募股权投资。目前，保险资金可进行私募股权投资的范围包括成长基金、并购基金、新兴战略产业基金等，能够自行设立的基金类型包括成长基金、并购基金、新兴战略产业基金、夹层基金、创投基金等。保险资金作为LP参与股权投资，在投资范围及投资方式上已经具备了一定的自主权与自由度。

（三）保险资金作为LP投资私募股权的业务规则

根据2010年保监会发布的《关于印发〈保险资金投资股权暂行办法〉的通知》，保险资金可以直接投资企业股权或者间接投资企业股权。直接投资企业股权是指保险公司以出资人名义投资并持有企业股权的行为，间接投资企业股权是指保险公司投资股权投资管理机构发起设立的股权投资基金等相关金融产品的行为，即保险资金作为LP进行私募股权投资。此外，我国针对保险资金投资创业投资基金和保险私募基金也做出了特殊规定。下面就保险资金作为LP参与投资私募股权基金、创业投资基金和保险私募基金的法规政策进行解读，对于保险资金直接投资私募股权业务，将在延伸阅读中进行介绍。

1. 投资私募股权基金

除了创业投资基金以外，保险资金投资私募股权基金的种类还包括成长基金、并购基金、夹层基金、新兴战略产业基金以及这些基金相应的母基金。现阶段保险资金投资私募股权基金的监管法规主要是保监会发布的《保险资金投资股权暂行办法》，该暂行办法明确了保险资金投资股权投资基金的准入条件、投资管理机构资质要求、投资标的、业务规范以及限定性规定等。

（1）保险资金准入条件。

保险公司资金投资股权投资基金，应当符合下列条件：①具有完善的公司治理、管理制度、决策流程和内控机制；②建立资产托管机制，资产运作规范透明；③上一会计年度末偿付能力充足率不低于150%，且投资时上一季度末偿付能力充足率不低于150%；④最近3年未发生重大违法违规行为；⑤资产管理部门还应当配备不少于2名具有3年以上股权投资和相关经验的专业人员。

（2）投资管理机构的资质要求。

基金管理机构应当符合下列资质要求：①具有完善的公司治理、管理制度、决策流程和内控机制；②注册资本不低于1亿元，已建立风险准备金制度；③投资管理适用中国法律法规及有关政策规定；④具有稳定的管理团队，拥有不少于10名具有股权投资相关经验的专业人员，已完成退出项目不少于3个，其中具有5年以上相关经验的不少于2名，具有3年以上相关经验的不少于3名，且高级管理人员中，具有8年以上相关经验的不少于1名；⑤拥有不少于3名熟悉企业运营、财务管理、项目融资的专业人员；⑥具有丰富的股权投资经验，管理资产余额不低于30亿元，且历史业绩优秀，商业信誉良好；⑦具有健全的项目储备制度、资产托管和风险隔离机制；⑧建立科学的激励约束机制和跟进投资机制，并得到有效执行；⑨接受中国保监会涉及保险资金投资的质询，并报告有关情况；⑩最近3年未发现投资机构及主要人员存在重大违法违规行为。

（3）投资方向和投资目的要求。

保险资金通过私募股权基金间接投资企业股权，该股权所指向的企业应当符合下列条件：①依法登记设立，具有法人资格；②符合国家产业政策，具备国家有关部门规定的资质条件；③股东及高级管理人员诚信记录和商业信誉良好；④产业处于成长期、成熟期或者是战略新型产业，或者具有明确的上市意向及较高的并购价值；⑤具有市场、技术、资源、竞争优势和价值提升空间，预期能够产生良好的现金回报，并有确定的分红制度；⑥管理团队的专业知识、行业经验和管理能力与其履行的职责相适应；⑦未涉及重大法律纠纷，资产产权完整清晰，股权或者所有权不存在法律瑕疵；⑧与保险公司、投资机构和专业机构不存在关联关系，监管规定允许且事先报告和披露的除外；⑨中国保监会规定的其他审慎性条件。

保险资金不得投资不符合国家产业政策、不具有稳定现金流回报预期或者资产增值价值，高污染、高耗能、未达到国家节能和环保标准、技术附加值较低的企业股权。

（4）托管要求。

保险资金所投资的投资基金，应当已经实行投资基金托管机制，募集或者认缴资金规模不低于5亿元，具有预期可行的退出安排和健全有效的风控措施，且在监管机构规定的市场进行交易。

（5）资金来源要求。

保险公司间接投资股权，可以运用资本金和保险产品的责任准备金。人寿保险公司运用万能、分红和投资连结保险产品的资金，财产保险公司运用非寿险非预定收益投资型保险产品的资金，均应当满足产品特性和投资方案的要求。

（6）其他业务规范。

保险资金所投资的投资基金，还应当符合下列条件：①应当具有确定的投资目标、投资方案、投资策略、投资标准、投资流程、后续管理、收益分配和基金清算安排；②交易结构清晰，风险提示充分，信息披露真实完整；③已经实行投资基金托管机制，募集或者认缴资金规模不低于5亿元，具有预期可行的退出安排和健全有效的风控措施，且在监管机构规定的市场进行交易；④交易结构清晰，风险提示充分，信息披露真实完整；⑤中国保监会规定的其他审慎性条件。

2. **投资创业投资基金**

根据2014年保监会发布的《关于保险资金投资创业投资基金有关事项的通知》，创业投资是指向创业企业进行股权投资以期所投资创业企业发育相对成熟或成熟后通过股权转让获得资本增值收益的投资方式。保险资金可以通过投资其他股权投资基金间接投资创业企业，或者通过投资股权投资母基金间接投资创业投资基金。该通知为保险资金投资创业投资基金提供了法律依据并制定了相关业务规则。

（1）基金管理机构的资质要求。

保险资金投资的创业投资基金所属的基金管理机构应当符合以下条件：①依法设立，公司治理、内控机制和管理制度健全有效，具有5年以上创业投资管理经验，历史业绩优秀，累计管理创业投资资产规模不低于10亿元；②为创业投资基金配备专属且稳定的管理团队，拥有不少于5名专业投资者，成功退出的创业投资项目合计不少于10个，其中至少3名专业投资者共同工作满5年；③投资决策人员具备5年以上创业投资管理经验，其中至少2人具有3年以上企业管理运营经验；④建立激励约束机制、跟进投资机制、资产托管机制和风险隔离机制，管理的不同资产之间不存在利益冲突；⑤接受中国保监会涉及保险资金投资的质询，并报告有关情况；⑥最近3年不存在重大违法违规行为。

（2）投资标的要求。

保险资金投资的创业投资基金不应是基金管理机构管理的首只创业投资基金且要满足下列条件：①所投创业企业在境内依法设立，符合国家产业政策，具有优秀的管理团队和较强的成长潜力，企业及主要管理人员无不良记录；②单只基金募集规模不超过5亿元；③单只基金投资单一创业企业股权的余额不超过基金募集规模的10%；④基金GP（或基金管理机构）及其关联方、基金主要管理人员投资或认缴基金余额合计不低于基金募集规模的3%。

（3）保险公司的资质要求。

保险公司投资创业投资基金，应当具备股权投资能力，投资时上季度末偿付能力充足率不低于120%，投资规范、风险控制、监督管理等遵循《保险资金投资股权暂行办法》及相关规定。

（4）投资比例规定。

保险公司应当强化分散投资原则，投资创业投资基金的余额纳入权益类资产比例管理，合计不超过保险公司上季度末总资产的2%，投资单只创业投资基金的余额不超过基金募集规模的20%。

3. **投资保险私募基金**

2015年9月保监会发布《关于设立保险私募基金有关事项的通知》，该通知的核心内容为支持保险资金设立成长基金、并购基金、新兴战略产业基金、夹层基金、不动产基金、创投基金和以上述基金为主要投资对象的母基金，并明确规定了设立保险私募基金的条件。

为进一步细化《关于设立保险私募基金有关事项的通知》的规定，保监会于2017年7月20日向各保险集团（控股）公司、保险公司、保险资产管理公司和保险私募基金管理机构下发了《关于保险资金发起设立私募基金的监管口径》，从风险监控、内部决策、关联交易、报告义务及独立管理5个方面对保险集团（控股）公司和保险公司作为LP投资保险私募基金时应尽的审慎义务提出监管要求。

（1）风险监控。

保险公司作为LP投资保险资产管理机构发起设立的私募基金，应当按照监管规定和公司内控要求，开展可行性研究，聘请外部中介机构提供专业服务，并经过内部项目评审、投资决策、风险控制、资产托管等业务流程，制定风险预算管理制度及危机解决方案，实行全面风险管理和持续风险监控。

（2）内部决策。

保险公司作为LP投资保险私募基金，应当按照资产认可标准和资本约束，审慎评估此项投资对偿付能力和收益水平的影响，并提交股东（人）会或董事会进行决策。

（3）关联交易。

保险公司作为LP投资保险私募基金，应当按照关联交易规定，及时、准确、完整进行信息披露，并采取有效措施，督促基金管理机构加强内部管控，完善公司治理，避免内幕交易和利益输送。

（4）报告义务。

保险公司作为LP投资保险私募基金，应当根据监管规定，及时向保监会履行报告义务。如有重大突发事件，应当及时采取措施，并向保监会报告。

（5）独立管理。

保险公司作为LP投资保险私募基金，应当派出高级管理人员参与基金管理机构的决策与管理，该高级管理人员不得持有基金管理机构的股份。

综上所述，保险资金具有资本雄厚、投资期限长、流动性较低的特点，因此保险资金与私募基金存在许多互补与契合之处，投资私募股权投资基金能够使保险资金在资本市场中更具优势，体现在以下几方面：第一，保险资金直接投资的行业受到一定限制，但通过投资私募基金可以在更多领域有所作为。第二，保险资金通过投资私募基金则可以充分利用私募基金管理人专业的投资与管理能力，提高资金的运用收益。第三，合伙制私募基金采取认缴出资制度，能够满足保险资金灵活出资与退出的要求。保险资金如果能够善于利用这些契合与优势，充分利用资金规模优势，通过直接投资、投资私募基金及自行设立私募基金相结合的多元化投资方式参与私募股权投资，其作为私募股权LP主体的前景将会更加光明和广阔。

延伸阅读：保险资金直接投资企业股权法规政策解读

保险资金除可以通过私募股权基金间接进行股权投资外，还可以直接投资股权。保险资金直接投资股权，是指保险公司［含保险集团（控股）公司］以出资人名义投资并持有企业股权的行为。保险资金直接投资股权对保险机构的要求较高，需要具有丰富股权投资管理经验的运作团队和完善合理的投资决策机制。现阶段保险资金直接投资企业股权的主要监管法规是《保险资金投资股权暂行办法》，该办法明确了保险资金直接投资股权的条件、标的及业务规范。

（1）直接投资条件。

根据《保险资金投资股权暂行办法》，保险公司直接投资股权，应当符合下列条件：具有完善的公司治理、管理制度、决策流程和内控机制；具有清晰的发展战略和市场定位，开展重大股权投资的，应当具有较强的并购整合能力和跨业管理能力；建立资产托管机制，资产运作规范透明；资产管理部门拥有不少于5名具有3年以上股权投资和相关经验的专业人员，开展重大股权投资的，应当拥有熟悉企业经营管理的专业人员；上一会计年度末偿付能力充足率不低于150%，且投资时上一季度末偿付能力充足率不低于150%；上一会计年度赢利，净资产不低于10亿元人民币（货币单位以下同）；最近3年未发生重大违法违规行为；中国保监会规定的其他审慎性条件。

（2）直接投资标的。

保险资金直接投资的投资标的仅限于保险类企业、非保险类金融企业和与保险业务相关的养老、医疗、汽车服务等企业的股权。

（3）业务规范。

保险公司投资企业股权实现控股的股权投资，应当运用资本金；其他直接投资股权，可以运用资本金或者与投资资产期限相匹配的责任准备金；保险公司投资企业股权不得运用借贷、发债、回购、拆借等方式筹措的资金投资企业股权，中国保监会对发债另有规定的除外。

二、银行资金

银行是我国最重要且实力最雄厚的金融机构之一，在我国金融体系中具有举足轻重的地位。我国银行主要包括政策性银行和商业银行，根据政策性银行与商业银行设立目的与职能的不同，监管部门对它们参与股权投资的规制也不相同。根据现阶段的法规政策，政策性银行经国家批准后可直接作为 LP 参与投资私募股权投资基金；商业银行目前仍不能作为 LP 直接投资私募股权投资基金，但可以凭借多种业务方式间接参与投资私募股权投资基金。

（一）银行资金参与私募股权投资的现状

1. 政策性银行

政策性银行是指由政府发起、出资成立，为贯彻和配合政府特定经济政策和意图而进行融资和信用活动的机构。政策性银行不以营利为目的，专门为贯彻政府社会经济政策或意图，在特定的业务领域内，直接或间接地从事政策性融资活动，充当政府发展经济、促进社会进步，进行宏观经济管理的工具。因此，政策性银行参与私募股权投资具有投资金额大、投资审批严格以及投资受国家宏观经济政策影响和导向明显等特征。

在我国政策性银行中，国家开发银行和中国进出口银行均已在审批后设立私募基金或参与私募股权投资。政策性银行直接参与私募股权投资或设立私募基金，有助于市场中其他主体明确政策倾向，并能够缓解目前我国私募股权投资市场募资困难的问题，对中国股权投资行业健康、快速发展有着十分积极的意义。

2. 商业银行

商业银行是以营利为目的，通过多种金融负债筹集资金，以多种金融资产为经营对象，具有信用创造功能的金融机构。根据《商业银行法》，商业银行指依照该法及《公司法》设立的吸收公众存款，发放贷款、办理结算等业务的企业法人。

因监管层面禁止我国商业银行混业经营，所以我国商业银行目前直接参与私募股权投资仍存在法律障碍。但是由于商业银行天然具备资产规模大、团队专业性强、项目渠道广以及市场和客户资源丰富等优势，市场上对于监管部门在完善风险控制、隔离机制的基础上允许商业银行适度参与私募股权投资的呼声也一直存在。

（二）银行资金参与私募股权投资的政策演变

1. 政策性银行

1994 年 7 月 28 日，中国人民银行印发《关于〈向金融机构投资入股的暂行规定〉的通知》（银发〔1994〕186 号），明确规定，国家开发银行、中国农业发展银行、中国进出口银行等政策性银行一律不得向金融机构投资。除此之外，该通知并未对政策性银行投资私募股权做出明确表态。

财政部于 1997 年 10 月 23 日发布《国家政策性银行财务管理规定》，第十条规定："政策性银行必须在国务院规定的范围内运用资金，开展业务"，第二十三条规定："政策性银行对外投资和公益救济性捐赠必须报经财政部审批"。这些规定说明政策性银行一般不得向金融机构投资，在得到财政部同意后才可以向非金融机构投资。这也意味着，中国的政策性银行向投资私募股权投资并没有法律上的障碍，只需要得到财政部的同意。

政策性银行除了经审批后能够直接投资私募股权基金成为 LP 外，根据《关于支持银行业金融机构加大创新力度开展科创企业投贷联动试点的指导意见》（银监发〔2016〕14 号），政策性银行还可以借助投贷联动业务间接参与私募股权投资。投贷联动业务同样是我国商业银行参与私募股权投资的渠道之一，下面将就其业务模式等内容做详细论述。

2. **商业银行**

（1）禁止混业经营。

1995 年之前，我国银行业处于混业经营阶段。随着 1992 年房地产投资和证券投资热潮的兴起大量的银行信贷资金进入证券市场，导致市场出现巨大波动，内在风险不断积聚，导致金融系统风险剧增。因此，国家监管部门于 1995 年出台《商业银行法》（主席令第 34 号），正式确立分业经营格局。

2015 年 8 月 29 日修订并通过的《商业银行法》第四十三条规定："商业银行在中华人民共和国境内不得从事信托投资和证券经营业务，不得向非自用不动产投资或者向非银行金融机构和企业投资，但国家另有规定的除外。"由此可见，商业银行使用自有资金或储户资金直接投资私募股权的行为在法律制度层面仍然受限。

（2）投贷联动。

2014 年国务院发布《关于加快科技服务业发展的若干意见》（国发〔2014〕49 号），该意见提出要探索"投贷结合的融资模式"，由商业银行独自或与股权投资机构合作，通过"债权 + 股权"的模式为目标企业提供融资，形成银行信贷和股权投资之间的联动融资模式。

2016 年银监会、科技部、中国人民银行联合发布《关于支持银行业金融机构加大创新力度开展科创企业投贷联动试点的指导意见》（银监发〔2016〕14 号），该指导意见拉开了银行业金融机构开展科创企业投贷联动试点的序幕。根据该指导意见的内容，符合规定条件银行均可以"信贷投放"与其设立的具有投资功能的子公司"股权投资"相结合的方式，通过相关制度安排，由投资收益抵补信贷风险，为科创企业提供持续资金支持。该指导意见的发布为商业银行间接参与私募股权投资提供了新的渠道。

（3）并购贷款。

2015 年银监会发布《关于印发〈商业银行并购贷款风险管理指引〉的通知》（银监发〔2015〕5 号），该通知明确了商业银行通过并购贷款参与股权投资的方式。商业银行可以通过向并购方或自设的子公司发放用于支付并购交易价款和费用的贷款的方式，间接参与股权投资。

（4）理财服务。

2005年9月24日，银监会发布《商业银行个人理财业务管理暂行办法》（银监发〔2005〕2号）。该办法规定商业银行个人理财业务可分为理财顾问服务和综合理财服务。实践中，商业银行可以借助理财顾问服务和综合理财服务，向银行高净值客户推介股权投资基金类理财产品，进而间接参与私募股权投资。

然而，2009年银监会发布《关于进一步规范商业银行个人理财业务投资管理有关问题的通知》（银监发〔2009〕65号），该通知明确规定理财资金不得投资未上市企业股权和上市公司非公开发行或交易的股份。

2010年银监会发布《中国银监会关于规范银信理财合作业务有关事项的通知》（银监发〔2010〕72号），明确商业银行和信托公司开展投资类银信理财合作业务，其资金原则上不得投资非上市公司股权。

2017年银监会发布《中国银监会关于银行业风险防控工作的指导意见》，严控金融风险。按该指导意见，现行银行资金投资私募基金、产业基金的诸多模式，或遭“围剿”。该指导意见明确表明不支持银行理财成为各类资管产品的募资通道并要求将理财业务纳入流动性风险监测范围。该指导意见的实施使商业银行通过理财业务参与股权投资的渠道受到了禁止。

（三）银行资金参与私募股权投资的业务规则

1. 政策性银行

根据《国家政策性银行财务管理规定》等相关法规的规定，政策性银行应认真执行国家的经济政策和产业政策，支持相关产业的发展，且必须在国务院规定的范围内运用资金，开展业务。政策性银行的对外投资必须报经财政部审批，如政策性银行未经批准超业务范围运用资金，没收所得或相应扣减补贴，并处以1倍以上5倍以下的罚款。

除必须经主管部门审批之外，监管层面针对政策性银行参与私募股权投资的方式并无特别限制。政策性银行既可以直接投资私募股权投资基金，也可以通过设立专门的公司参与私募股权投资。例如，中国进出口银行曾出资6亿元与国家科技成果转化引导基金共同设立的北京国科瑞华战略性新兴产业投资基金（有限合伙）；国家开发银行全资设立了国开金融有限责任公司，通过股权投资为国家鼓励扶持的行业及项目提供支持。

2. **商业银行**

尽管商业银行不能直接投资私募股权，但可以凭借多种业务方式间接参与私募股权投资。根据现行规定，商业银行可通过以下几种方式参与私募股权投资：

（1）境外子公司参与私募股权投资模式。

境外子公司模式是指商业银行通过在海外设立子公司来参与私募股权投资业务的模式，根据银监会发布的《中资商业银行行政许可事项实施办法》（2017修订），我国商业银行设立境外子公司应当符合以下规定。

中资商业银行申请投资设立、参股、收购境外机构［境外机构是指中资商业银行境外一级分行、全资附属或控股金融机构、代表机构，以及境外一级分行、全资子公司跨国（境）设立的机构］的，应当符合以下条件：具有良好的公司治理结构，内部控制健全有效，业务条线管理和风险管控能力与境外业务发展相适应；具有清晰的海外发展战略；具有良好的并表管理能力；主要审慎监管指标符合监管要求；权益性投资余额原则上不超过其净资产的50%（合并会计报表口径）；最近3个会计年度连续赢利；申请前1年年末资产余额达到1 000亿元人民币以上；具备与境外经营环境相适应的专业人才队伍；银监会规章规定的其他审慎性条件。

国有商业银行、邮政储蓄银行、股份制商业银行申请投资设立、参股、收购境外机构由银监会受理、审查并决定。银监会自受理之日起6个月内做出批准或不批准的书面决定。城市商业银行申请投资设立、参股、收购境外机构由申请人所在地银监局受理、审查并决定。所在地银监局自受理之日起6个月内做出批准或不批准的书面决定。

境外子公司模式的最大优势在于合规性高，在当前法律环境下此种模式尚不在我国《商业银行法》第四十三条规定的限制范围之内。但境外子公司模式的劣势在于，成立海外子公司的运营成本较高且商业银行在与作为独立法人的子公司进行股权投资业务合作时，存在着企业文化、考核激励、资源分配等多方面冲突的可能性。如未能妥善协调，则未必能产生积极的联动效应。

（2）投贷联动业务参与私募股权投资模式。

投贷联动模式是银行参与私募股权投资的一种特殊业务模式，从监管政策角度而言，其既适用于商业银行，也适用于政策性银行。但截至目前，投贷联动业务的相关试点开展仍以商业银行为主，政策性银行在投贷联动业务方面的实践仍比较罕见。2016年4月以前，国家开发银行是国内唯一一家持有人民币股权投资牌照的银行，其下属子公司——国开金融有限责任公司，可开展直投业务，并与母公司贷款业务实现联动。

2016年4月，《关于支持银行业金融机构加大创新力度开展科创企业投贷联动试点的指导意见》发布，对投贷联动业务做了进一步界定并限定试点目标、试点范围和试点条件，明确试点地区和试点银行业金融机构，对银行资金在规定范围内参与股权投资提供了政策支持。该指导意见主要从以下几个方面对投贷联动业务做出了指引：

第一，界定投贷联动业务。投贷联动是指银行业金融机构以“信贷投放”与本集团设立的具有投资功能的子公司“股权投资”相结合的方式，通过相关制度安排，由投资收益抵补信贷风险，实现科创企业信贷风险和收益的匹配，为科创企业提供持续资金支持的融资模式。

第二，明确试点银行组织架构。该指导意见主要从设立投资功能子公司与设立科技金融专营机构两个方面对组织架构进行调整：一方面，试点机构从事投贷联动业务应设立投资功能子公司。试点机构在境内已设立具有投资功能子公司的，由其子公司开展股权投资业务进行投贷联动。试点机构未设立具有投资功能子公司的，应经申请和依法批准后，设立具有投资功能的子公司。另一方面，试点机构从事投贷联动业务应设立科技金融专营机构。试点机构可按照《中资商业银行专营机构监管指引》（银监发〔2012〕59号）的规定，设立服务科创企业的科技金融专营机构及其分支机构，专司与科创企业股权投资相结合的信贷投放。除发放贷款外，科技金融专营机构可以向科创企业提供包括结算、财务顾问、外汇等在内的一站式、系统化金融服务。试点机构也可以新设或改造部分分（支）行，作为从事科创企业金融服务的专业或特色分（支）行，开展科创企业信贷及相关金融服务。

科技金融专营机构通过投贷联动模式，为科技企业提供其迫切需要的债权融资，为地方中小型科技企业融资难的问题解了燃眉之急，为通常以高风险、轻资产为特征，难以达到商业银行传统信贷业务投放标准的科技企业开拓了新的融资渠道。科技金融专营机构的设立及投贷联动业务试点的开展，有望弥补我国商业银行传统金融产品及信贷体系对于新兴产业和中小企业融资支持的不足，开创出一条全新的道路。

第三，建立风险控制机制。首先，应当注重机制隔离。“银行+子公司”模式中通过银行设立投资子公司投股权和内部科技金融专营机构投信贷的模式开展投贷联动业务，从组织架构上形成了股权与债权风险的隔离。其次，应当注重资金隔离。在开展投贷联动业务时，试点机构投资功能子公司应当以自有资金向科创企业进行股权投资，不得使用负债资金、代理资金、受托资金以及其他任何形式的非自有资金。投资功能子公司投资单一科创企业的比例不超过子公司自有资金的10%，面向科创企业的股权投资应当与其他投资业务隔离。投资功能子公司应当与银行母公司实行机构隔离、资金隔离。信贷投放时，贷款来源应当为表内资金，不得使用理财资金、代理资金等非表内资金，以避免业务风险的外溢。最后，应当注重风险缓释。银行可以寻求与地方政府以及担保公司、保险公司等企业合作，分散对被投资企业的经营风险。

该指导意见发布后，各试点银行纷纷采取行动加入到投贷联动业务当中来。上海银行成立上银投资公司专门开展股权投资业务，成立特色支行专门开展贷款业务。上海华瑞银行成立创业投资子公司和科创金融事业部分别负责投资和贷款。建设银行在苏州成立投贷联动金融中心，由苏州分行负责运营，并与广东粤科在东莞联合设立建粤科技股权收购基金，推出科创企业“投贷联”产品等。各试点银行方案的落地与执行强有力地支持了国家监管机构对于商业银行投贷联动业务的指导意见。

（3）并购贷款业务。并购贷款是指商业银行向并购方或其子公司发放的，用于支付并购交易价款和费用的贷款。2015年银监会发布经修订的《关于印发〈商业银行并购贷款风险管理指引〉的通知》（银监发〔2015〕5号），从以下几个方面对并购贷款业务进行了规定。

首先，限定了开办并购贷款业务的商业银行的资质条件。开办并购贷款业务的商业银行应有健全的风险管理机制和有效的内控机制，资本充足率不低于10%，其他各项监管指标符合监管要求且有并购贷款尽职调查和风险评估的专业团队。

其次，限定了并购贷款申请的基本条件。并购方必须依法合规经营，信用状况良好，没有信贷违约、逃废银行债务等不良记录。并购交易合法合规，涉及国家产业政策、行业准入、反垄断、国有资产转让等事项的，应按相关法律法规和政策要求，取得有关方面的批准并履行相关手续。并购方与目标企业之间具有较高的产业相关度或战略相关性，并购方通过并购能够获得目标企业的研发能力、关键技术与工艺、商标、特许权、供应或分销网络等战略性资源，以提高其核心竞争能力。

最后，要求商业银行做好并购贷款的风险评估和风险管理工作。

综上所述，银行作为传统金融机构具备得天独厚的资源优势，包括掌握了各行业大批可投资的优质项目，积累了丰富的市场和客户资源，对企业客户和高净值个人客户有详尽了解，同时也拥有专业的人才队伍。这些传统资源优势不仅可以为股权投资业务提供信贷支持和配套服务，更有利于股权投资基金的高效运作。就目前趋势来看，政策性银行投资私募股权的规模将会呈上升趋势，以更好地配合国家宏观经济政策的实施。而商业银行资金直接投资私募股权投资基金尽管还存在一些监管规定的限制及自身风险控制的局限，但商业银行适度混业经营的前景仍然十分值得期待。

三、信托资金

2007 年 3 月 1 日实施的《信托公司管理办法》对信托公司的设立条件进行了说明，并且明确允许信托公司投资基金或者作为基金管理公司的发起人从事投资基金业务。信托公司可用作投资的资金包括信托公司固有财产和信托财产。本部分将针对信托公司可用作投资的资金（以下简称“信托资金”）作为私募股权投资基金 LP 的相关政策法规进行详细解读。

（一）信托资金参与股权投资的现状

据银监会信托部在 2018 年 3 月 2 日举行的“银监会化解金融风险引领银行业服务经济高质量发展”发布会上的介绍，截至 2017 年末，我国信托资产余额达 26.25 万亿元，较年初增长 29.81%。同时，信托业服务实体经济取得明显进展，截至 2017 年末，投入实体经济的信托资产余额为 16.52 万亿元，占信托总资产的 62.95%；投入小微企业的信托资金约为 2.47 万亿元，同比增长 39.68%。

随着信托资产管理规模的高速增长，信托公司可用于投资的信托资金金额也不断扩大，信托公司也得以更充分地利用其参与私募股权所具有的管理专业性强、运作成本较低、资金安全度高、避免双重纳税等优势，在我国私募股权投资市场中发挥了重要的作用，已经成为金融机构型 LP 主体中不容忽视的组成部分。

（二）信托资金参与私募股权投资的政策演变

信托资金是我国较早获得监管层面许可参与私募股权投资的 LP 主体之一，从政策层面来看，监管部门对于信托机构的固有财产及信托财产存在一定的政策差异，这也导致了监管部门对于信托机构固有财产及信托财产参与股权投资分别进行了规制。

1. 明确信托财产投资私募股权规范

2007 年起实施的《信托公司集合资金信托计划管理办法》（于 2009 年进行了修订）规定，信托公司可以运用债权、股权、物权及其他可行方式运用信托资金。信托公司运用信托资金，应当与信托计划文件约定的投资方向和投资策略相一致。

2. 明确固有财产投资私募股权规定

中国人民银行于 2002 年发布《信托投资公司管理办法》（已失效），规定信托投资公司所有者权益项下依照规定可以运用的资金，可以存放于银行或者用于同业拆放、贷款、融资租赁和投资，但自用固定资产和股权投资余额总和不得超过其净资产的 80%。依照上述规定，信托公司固有财产投资自由度相对较高，投资范围也并未受到严格的限制。

银监会于 2007 年发布《信托公司管理办法》，变更了信托公司固有财产的使用范围。该办法规定，信托公司固有业务项下可以开展存放同业、拆放同业、贷款、租赁、投资等业务。投资业务限定为金融类公司股权投资、金融产品投资和自用固定资产投资。信托公司不得以固有财产进行实业投资，但银监会另有规定的除外。上述规定在一定程度上缩小了信托公司固有财产的使用范围，但信托公司固有财产仍可投资基金等金融产品，并未对信托公司使用固有财产购买私募基金份额成为LP做出限制。

（三）信托资金参与私募股权投资的业务规则

信托资金由信托公司固有财产及信托财产组成，其既可以信托公司固有财产参与股权投资，也能以信托财产参与股权投资。两种方式参与私募股权现已不存在制度层面上的障碍。

1. 信托公司以信托财产参与私募股权投资业务

《信托公司集合资金信托计划管理办法》限定了信托公司以股权投资方式管理信托资金的方式：信托公司可以运用债权、股权、物权及其他可行方式运用信托资金。信托公司运用信托资金，应当与信托计划文件约定的投资方向和投资策略相一致。另外，该办法还规定了信托公司运用信托计划资金过程中禁止的行为，具体如下：

（1）不得向他人提供担保。

（2）向他人提供贷款不得超过其管理的所有信托计划实收余额的30%，但银监会另有规定的除外。

（3）不得将信托资金直接或间接运用于信托公司的股东及其关联人，但信托资金全部来源于股东或其关联人的除外。

（4）不得以固有财产与信托财产进行交易。

（5）不得将不同信托财产进行相互交易。

（6）不得将同一公司管理的不同信托计划投资于同一项目。

根据上述规定，只要信托公司不违反监管部门的禁止性规定，且投资范围与信托计划文件约定的投资方向和投资策略一致，即可用信托财产投资私募股权基金，成为私募股权基金的LP。

信托财产同样可以直接进行股权投资。2008年银监会发布《信托公司私人股权投资信托业务操作指引》（银监发〔2008〕45号），明确了信托公司可以使用信托财产直接投资未上市企业股权，并从信托财产从事股权投资业务的界定、信托财产从事股权投资业务的资质条件、信托财产从事股权投资业务的退出方式等方面对信托公司以信托计划项下资金进行直接股权投资做出限定。

信托公司以信托财产从事股权投资业务的退出方式包括股权上市、协议转让、被投资企业回购、股权分配等。如通过股权上市方式退出，操作应符合相关监管部门的有关规定。尽管政策层面规定了信托财产从事股权投资业务可以通过股权上市的方式实现退出，但根据我国证监会的相关规定，上市企业必须披露实际股权持有人并防止关联持股。由于我国信托业目前仍缺乏有效登记制度，信托公司作为上市发起人股东往往无法确认其代持关系，也难以披露实际股权持有人。这种情况会对监管部门判断拟上市公司是否满足“股权清晰”要求产生影响，因此证监部门对信托财产进行股权投资的企业上市仍持谨慎态度，信托公司以信托财产从事股权投资通过上市方式实现退出还存在一定政策障碍。

2. 信托公司以固有财产参与私募股权投资业务

信托公司固有财产是指信托公司自有财产，区别于信托计划募集所得的信托财产。根据银监会发布的《信托公司管理办法》，我国信托公司可以将固有财产用于开展存放同业、拆放同业、贷款、租赁、投资等业务，其中投资业务限定为金融类公司股权投资、金融产品投资和自用固定资产投资。依照此规定，投资私募股权基金等金融产品在监管政策允许的信托公司固有财产投资范围内。

除了作为私募股权基金 LP 之外，现阶段监管部门已有条件地放开信托公司固有财产进行直接股权投资，但也提出了较高的监管要求。2009 年银监会发布《关于支持信托公司创新发展有关问题的通知》（银监发〔2009〕25 号），从固有资产从事股权投资业务的界定及比例、固有资产从事股权投资业务的条件、固有资产从事股权投资业务的限定要求等方面规定信托公司以固有资产从事直接股权投资业务的要求。因此，信托公司固有财产不仅可以通过私募基金进行股权投资，也可以直接进行股权投资，信托公司可以根据自身情况及投资需求确定参与股权投资的模式。

总而言之，从监管政策层面来看，现阶段信托公司参与私募股权投资的途径较为多样，监管规范基本完备，制度设计较为成熟。从业务角度来看，参与私募股权投资是信托公司业务的一种有力的拓展和补充。鉴于私募股权投资市场在中国的快速发展态势，私募股权投资业务将很有可能成为信托公司新的利润增长点。同时，也能很好地补充中国私募股权投资市场上机构投资者的不足，有助于促进中国资本市场的健康发展。

延伸阅读：信托公司参与股权投资的其他模式

本书曾提及，信托公司可以通过多种渠道参与私募股权投资，可以在投资者中承担资金募集、投资管理等职能，因此信托公司参与股权投资的方式与渠道具有较大的灵活性。信托公司可以根据自身的实际情况选择在股权投资活动中具体承担何种职能，既可以集募集、投资、管理于一身，也可以将投资、管理等职能委托给第三方行使。除了投资私募基金之外，以下两种方式也是信托公司参与股权投资的常见模式：

模式一：独立管理股权投资信托计划模式

信托公司作为信托计划管理人通过设立并发行股权投资信托计划的方式向合格投资者募集资金，再将信托资金投资于被投资企业。在股权投资信托计划设立时，合格投资者（即委托人）与信托公司（即受托人）之间签订《信托合同》，确立信托关系。此外，信托公司还将与保管银行签订《保管合同》，对信托计划资金进行保管。在此模式下，信托公司既是信托计划的发行人，同时也是管理人，独立负责信托资金的投资运作。在信托计划期限内，信托公司将收取一定比例的管理费，管理费通常按照“固定＋浮动”费率收取，其中固定部分约为信托财产的1.0%～2.0%/年，浮动部分则在信托财产清算并分配盈利时提取，通常在投资收益达到某一目标时，按照10.0%～20.0%的比例收取。同时，信托计划的保管银行还将收取一定比例的托管费。类似费用将全部由信托财产（即信托本金加收益）承担。

在投资项目实现退出后，信托公司会先从信托财产中扣除约定比例的管理费用，再将资本收益返还给投资者。如果信托公司在发起设立股权投资信托计划时，使用部分固有资金认购信托计划份额，那么在投资项目实现退出、取得投资收益后，信托公司在收取管理费的同时，也将获得相应额度的投资回报。

模式二：聘用投资管理顾问模式

与模式一的不同之处在于，信托公司负责股权投资信托计划的设立与发行，但并不直接负责相关的投资决策与操作，而是将信托资金的管理运作交由其聘用的投资管理顾问（例如私募股权投资基金管理机构）负责。在与投资管理顾问的合作中，信托公司负责信托资金的募集、信托财产的监管与风险隔离，投资管理顾问主要负责项目投资决策、后续管理与项目退出。

除模式一中与投资者签署的《信托合同》以及同保管银行签订的《保管合同》外，信托公司还需与私募股权投资基金管理机构签订《投资管理顾问合同》。同模式一一样，在信托计划运作中产生的一切费用，都将由信托财产（即信托本金加收益）承担。但对于投资者来说，除信托公司收取的管理费用外，该模式还将产生一定的投资管理顾问费用，收取方式与信托公司管理费相似。待信托计划从被投企业中退出后，信托公司会先从信托财产中扣除约定比例的管理费用及利润分成，再将资本收益返还给投资者。如果信托公司使用部分固有资金认购信托计划份额，在投资项目退出后，信托公司在收取管理费的同时，也将获得一定的投资回报。

投资管理顾问除负责信托计划的投资决策、管理与运作外，有时还将按照信托计划中的相关协议，代信托计划持有被投企业股权。同时，还有一些投资管理顾问同意以自有资金与信托资金共同投资，并保证公平管理、进退同步。但是一旦投资管理顾问涉及法律纠纷，将有可能影响到代持的信托财产，此种情况存在较大的法律风险。

四、证券公司资金

证券公司，是指依照《公司法》和《证券法》的规定设立的并经国务院证券监督管理机构审查批准而成立的专门经营证券业务，具有独立法人地位的有限责任公司或者股份有限公司。证券公司资金同样是我国私募股权投资的重要资金来源之一。

（一）证券公司资金投资私募股权基金的现状

证券公司作为我国金融企业的主要类型之一，目前其参与私募股权投资的监管政策已经较为明晰。证券公司可以通过资管计划、设立子公司等方式投资私募股权基金，投资渠道与投资方式的选择范围比较广泛。

1. 资管计划

证券公司设立资管计划投资私募股权基金，应依照2012年证监会发布的《证券公司客户资产管理业务管理办法》（2013年进行了修订），以及2012年证监会发布的《证券公司集合资产管理业务实施细则》（2013年进行了修订），在规定范围内进行投资，且投资范围及投资策略应符合集合资产管理合同、计划说明书的约定。

2. 设立子公司

证券公司设立子公司投资私募股权基金，应依照中国证券业协会于2016年12月30日发布的《证券公司另类投资子公司管理规范》。此规范针对证券公司设立另类投资子公司提出了划清经营边界、全资设立、加强风险控制和资本约束及从严自律管理等要求。

（二）证券公司资金参与私募股权投资的业务规则

证券公司资金投资私募股权基金的投资渠道与方式的选择范围比较广泛，无论采取何种方式进行投资，都应当遵循相应的监管政策法规，在业务规则的范围内合法合规投资。

1. **资管计划**

2012 年证监会发布的《证券公司客户资产管理业务管理办法》（2013 年进行了修订）和《证券公司集合资产管理业务实施细则》（2013 年进行了修订）规范了证券公司集合资产管理业务活动。

依照规定，集合资产管理计划募集的资金可以投资中国境内依法发行的股票、债券、股指期货、商品期货等证券交易所和期货交易所交易的投资品种；央行票据、短期融资券、中期票据、利率远期、利率互换等银行间市场交易的投资品种；证券投资基金、证券公司专项资产管理计划、商业银行理财计划、集合资金信托计划等金融监管部门批准或备案发行的金融产品；以及中国证监会认可的其他投资品种。同时，集合计划的投资范围、投资比例，应当符合《证券公司客户资产管理业务管理办法》及《证券公司集合资产管理业务实施细则》的规定，以及集合资产管理合同、计划说明书的约定且不得违规将集合资产管理计划资产用于资金拆借、贷款、抵押融资或者对外担保或用于可能承担无限责任的投资。

依据上述规定中明确的投资范围，证券公司集合资产管理计划资金直接进行股权投资尚未获得允许，而经过登记的私募基金管理人发行的经备案的私募股权投资基金属于监管政策允许的证券公司集合资产管理计划资金投资范围。

2. **设立子公司**

中国证券业协会于 2016 年 12 月 30 日发布《证券公司私募投资基金子公司管理规范》及《证券公司另类投资子公司管理规范》，同时废止了《证券公司直接投资业务规范》。新规完善了证券公司私募投资基金子公司及另类投资子公司自律管理体系。根据这两种规范，证券公司设立的私募基金子公司向其他投资者募集资金并进行投资运作，实质上是以 GP 职能参与私募投资，因此本书不再对其做详细解读。《证券公司另类投资子公司管理规范》规定，证券公司设立的另类投资子公司不得向投资者募集资金，而应以自有资金从事金融产品、股权等投资业务，这一规定能否理解为另类投资子公司可以作为LP投资于包括直投基金在内的私募股权基金？我们认为，相比原《证券公司直接投资业务规范》明确将私募基金作为可以投资的标的，目前，《证券公司另类投资子公司管理规范》中的规定相对较为含糊，有待后续在实践操作中进一步判断。本书将从另类投资子公司可以作为LP投资私募股权基金的角度，对另类投资子公司的设立、业务规范等方面进行探讨。

（1）另类投资子公司的设立。

根据《证券公司另类投资子公司管理规范》的规定，证券公司设立另类投资子公司，应当符合以下要求：具有健全的公司治理结构，完善有效的内部控制机制、风险管理制度和合规管理制度，防范与另类子公司之间出现风险传递和利益冲突；具备证监会核准的证券自营业务资格；最近6个月内各项风险控制指标符合证监会及中国证券业协会的相关要求，且设立另类子公司后，各项风险控制指标仍持续符合规定；最近一年未因重大违法违规行为受到刑事或行政处罚，且不存在因涉嫌重大违法违规正受到监管部门和有关机关调查的情形；公司章程有关条款中明确规定公司可以设立另类子公司，并经注册地证监会派出机构审批。

（2）另类投资子公司的业务规范。

为了防范另类投资子公司借助证券公司主营业务获取非法收益，《证券公司另类投资子公司管理规范》明确规定证券公司担任拟上市企业首次公开发行股票的辅导机构、财务顾问、保荐机构、主承销商或担任拟挂牌企业股票挂牌并公开转让的主办券商的，应当按照签订有关协议或者实质开展相关业务两个时点孰早的原则，在该时点后另类子公司不得对该企业进行投资。此外，该规范还规定，另类投资子公司不得存在以下行为：向投资者募集资金开展基金业务，从事或变相从事实体业务，下设任何机构，投资违背国家宏观政策和产业政策，以商业贿赂等非法手段获得投资机会或者违法违规进行交易，以拟投资企业聘请母公司或母公司的承销保荐子公司担任保荐机构或主办券商作为对企业进行投资的前提，为他人从事场外配资活动或非法证券活动提供便利，从事融资类收益互换业务，投资于高杠杆的结构化资产管理产品，违反法律法规规定或合同约定的保密义务等行为。

从上述规定可以看出，《证券公司私募基金子公司管理规范》除了针对证券公司另类投资子公司的设立、业务管理、内部控制等方面进行了明确规制之外，还着重明确了证券公司参与私募股权投资的禁止性行为，避免了证券公司在参与私募股权投资的过程中，利用其主营业务的优势牟取非法投资收益或其他不正当利益。

（三）证券公司资金参与私募股权投资的优势与前景

证券公司作为我国金融机构的主要类型之一，具备比较雄厚的资金实力与专业判断能力，因此与其他私募股权 LP 相比存在一定的独特优势，具体体现在以下几个方面：

1. 依托证券公司主营业务获取优质资源

优质项目是私募股权投资市场中的稀缺性资源，由于大量的中小企业在发展初期乐于主动与证券公司或其分支机构进行对接，为证券公司提供了丰富的项目资源，因此在私募股权投资市场中，证券公司的项目资源优势较为明显。

2. 依托证券公司融资优势拓展募资渠道

证券公司是金融产业链的核心组成部分之一，证券公司的融资渠道和融资经验，能够帮助其在如今募资相对困难、募资渠道相对单一的私募股权投资市场获得一定的比较优势。

3. 依托证券公司研究资源提升专业能力

大型证券公司往往具有较大规模的研究所及大量优秀分析师，是市场上研究实力最雄厚的主体之一，而高质量、大规模的研究团队，对子项目筛选、评估、定价都有直接帮助，可以为证券公司提供私募股权 LP 必备的风险规避方法及专业判断能力。

总而言之，证券公司资金投资私募股权基金的渠道和方式仍比较多样，只要能合法合规投资、严格管控风险、避免利益交换，有效利用证券公司的主营业务优势和协同效应，未来的证券公司资金将成为私募股权 LP 中不可忽视的重要力量。

第三节　政府型 LP 政策解读

政府资金作为 LP 参与私募股权投资从其诞生之日起就有特殊的历史使命。与一般的私募基金相比，这类基金具有支持特定产业发展、引导资金流向的功能，更注重通过吸引社会资金投入政府支持领域和产业，发挥政府资金的引导作用和放大效应，提高政府资金使用效率，并作为宏观调控的重要手段弥补市场失灵。近年来，政府型 LP 参与投资的私募股权基金规模不断扩大，政府的引导作用明显增强，基金运作模式日趋完善。就此类基金的设立和监管，国家相继发布了一系列规定。

一、概述

政府型 LP 参与私募股权投资十余年来，其参与名义经历了一系列变化，如创业投资引导基金、政府引导基金、政府引导产业基金（或政府产业引导基金）、政府投资基金、政府出资产业投资基金等。全国性的法规、规章对政府引导基金、政府引导产业基金（或政府产业引导基金）未进行过统一定义，但此类名词常在媒体报道、专业机构统计数据中出现且被混用。一般认为，政府引导基金、政府引导产业基金（或政府产业引导基金）并无实质不同，而创业投资引导基金就是狭义的政府引导基金。关于创业投资引导基金、政府投资基金和政府出资产业投资基金，国务院及相关部委先后出台过《创业投资企业管理暂行办法》、《政府投资基金暂行管理办法》及《政府出资产业投资基金管理暂行办法》，以下结合相关法律规定及实践对这三个概念进行辨析。

（一）政府投资基金与创业投资引导基金

伴随着政府鼓励创业投资以及战略新兴产业发展战略举措的提出，创业投资引导基金（又称“引导基金”）产生了。2005 年 11 月 15 日，国务院十部委联合发布了《创业投资企业管理暂行办法》（发改委第 39 号令），规定“国家与地方政府可以设立创业投资引导基金，通过参股和提供融资担保等方式扶持创业投资企业的设立与发展”。该办法实施后不久，北京、上海等地地方政府尝试通过设立引导基金对财政涉企资金进行基金化改革。

2007 年 7 月，财政部和科技部联合发布《科技型中小企业创业投资引导基金管理暂行办法》（已失效），自此我国首个国家级政府引导基金正式启动。2008 年 10 月 18 日，国务院办公厅转发了发改委、财政部、商务部联合起草的《关于创业投资引导基金规范设立与运作指导意见的通知》，对创业投资引导基金进行了进一步规范。该通知指出，创业投资引导基金的设立申请、管理办法制定等由财政部门与负责推进创业投资发展的有关部门（实践中为发改委）共同负责。

《关于创业投资引导基金规范设立与运作指导意见的通知》对创业投资引导基金的表述为：“引导基金是由政府设立并按市场化方式运作的政策性基金，主要通过扶持创业投资企业发展，引导社会资金进入创业投资领域”，但“引导基金本身不直接从事创业投资业务”。引导基金的资金来源为“财政性专项资金，引导基金的投资收益与担保收益，闲置资金存放银行或购买国债所得的利息收益，个人、企业或社会机构无偿捐赠的资金等”。

自 2008 年《关于创业投资引导基金规范设立与运作指导意见的通知》发布以来，创业投资引导基金渐渐不局限于创业投资领域，转而聚焦于经济发展的重点领域和薄弱环节，牵头部门由原先的发改委、财政部改为由财政部联合其他行业主管部门共同发起。例如，国家层面的新兴产业创投基金由财政部和发改委组织实施，科技成果转化引导基金则由科技部和财政部管理监督，国家中小企业发展基金则主要由财政部、工业与信息化部牵头设立。但也有观点把前述国家层面的基金归为政府引导产业基金或政府引导基金。

2015 年 11 月，财政部出台《政府投资基金暂行管理办法》（财预〔2015〕210 号，以下简称“210 号文”），对政府投资基金进行了定义，即指由各级政府通过预算安排，以单独出资或与社会资本共同出资设立，采用股权投资等市场化方式，引导社会各类资本投资经济社会发展的重点领域和薄弱环节，支持相关产业和领域发展的资金。至此，创业投资引导基金（政府引导基金）的概念逐步被政府投资基金代替。需要注意的是，不同于《关于创业投资引导基金规范设立与运作指导意见的通知》中的创业投资引导基金主要扶持创业投资企业发展，政府投资基金投资范围更为广阔，且对投资方式没有限定。

（二）政府投资基金和政府出资产业基金

产业基金是一个非常宽泛的经济概念，有政府背景的产业基金、金融机构背景的产业基金、上市公司背景的产业基金，以及综合了以上两方或三方背景的产业基金。与一般产业基金相比，政府出资产业基金的特殊性在于其资金来源中包含财政出资。2016 年 12 月 30 日，国家发改委印发《政府出资产业投资基金管理暂行办法》（发改财金规〔2016〕2800 号，以下简称“2800 号文”），正式提出“政府出资产业投资基金”的概念，即“指有政府出资，主要投资于非公开交易企业股权的股权投资基金和创业投资基金”。

从上述政府出资产业投资基金及政府投资基金的定义来看，政府投资基金比政府出资产业投资基金的概念更大，政府出资产业投资基金属于政府投资基金的一部分。政府出资产业投资基金只能投资于非公开交易股权的股权投资基金和创业投资基金，而政府投资基金投资范围既不限于非公开市场，也不限于股权投资基金和创业投资基金。

此外，政府投资基金的投资方式也没有限制，而政府出资产业投资基金只能以私募股权投资方式进行投资。

（三）创业投资引导基金和政府出资产业投资基金

如上所述，根据2800号文，“政府出资产业投资基金”是指“有政府出资，主要投资于非公开交易企业股权的股权投资基金和创业投资基金”。可见，政府出资产业投资基金投资领域涵盖了创业投资和股权投资。基于此，我们理解2017年4月1日开始施行的2800号文今后对于创业投资引导基金也可适用。

基于以上对比分析，为完整描述政府型LP参与私募股权投资的相关法规政策的演变历程，本节在介绍政府型LP政策演变和发展历程时对前述基金不做具体区分。涉及政府型LP参与私募股权投资具体业务规则时，本节主要对最新出台的与私募股权投资关联紧密且涵盖了创业投资的政府出资产业投资基金进行详细解读，另外将专门介绍支持科技成果转化的国家级基金——科技成果转化引导基金。

二、政策演变和发展历程

政府型LP从出现至今，其发展经历了一个漫长的阶段，国务院及相关部门就其监管陆续出台了一系列规章和政策。

（一）试点发展阶段

2005年11月，发改委、科技部、财政部等十部委联合发布《创业投资企业管理暂行办法》（以下简称《创投暂行办法》），规定国家与地方政府可以设立创业投资引导基金，通过参股和提供融资担保等方式扶持创业投资企业的设立与发展。这是创业投资引导基金概念第一次在部门规章中出现，创业投资引导基金的法律地位初步确立。

2006年，由发改委发布的《产业投资基金试点管理办法》首次对我国产业投资基金给出了明确的定义，产业投资基金是指一种对未上市企业进行股权投资和提供经营管理服务的利益共享、风险共担的集合投资制度，即通过向多数投资者发行基金份额设立基金公司，由基金公司自任基金管理人或另行委托基金管理人管理基金资产，委托基金托管人托管基金资产，从事创业投资、企业重组投资和基础设施投资等实业投资。尽管该管理办法一直未正式发布，但后续提及产业基金时，常会参考该管理办法中的定义。事实上，产业投资基金最初在中国的发展基本上都由政府资金作为LP，引导其他各类社会资本进行合作。

（二）逐步规范阶段

为了配合《创投暂行办法》的实施，发改委、财政部、商务部于2008年10月18日共同出台了《关于创业投资引导基金规范设立与运作的指导意见》。该文件第一次对创业投资引导基金的概念进行了详细的定义。随着该文件的出台，各地创业引导基金的设立进入高潮，规模也呈现出逐年增长的趋势。

2011年1月31日，发改委发布了《国家发展改革委办公厅关于进一步规范试点地区股权投资企业发展和备案管理工作的通知》，规定了除某些特定情形外，股权投资企业均应当按照要求，到发改委申请备案并接受备案管理。2011年11月23日，发改委发布《国家发展改革委办公厅关于促进股权投资企业规范发展的通知》（已失效）。

2013年6月，中央编办下发《关于私募股权基金管理职责分工的通知》，明确私募股权基金监管权的归属：证监会负责对私募股权基金的监管，实行适度监管，保护投资者权益；发改委负责组织拟定促进私募股权基金发展的政策措施，会同有关部门研究制定政府对私募股权基金出资的标准和规范。在监管框架下，产业投资基金和创业投资基金被统一并入股权投资基金进行监管。

（三）全面发展阶段

从 2014 年开始，我国私募股权基金步入了快速发展时期。2014 年 8 月 21 日，证监会发布《私募投资基金监督管理暂行办法》，将私募证券投资基金以及包括创业投资基金在内的私募股权投资基金等各类私募基金纳入统一调整范围。

2015 年对政府投资基金来说是一个转折期。2015 年 11 月 12 日，财政部发布《政府投资基金暂行管理办法》。至此，人们口中的政府引导基金已悄然更名为政府投资基金。之所以会发生这种变化，是因为政府引导基金的投资范围在向创业投资之外不断扩展。同年，财政部发布《财政部关于财政资金注资政府投资基金支持产业发展的指导意见》（财建〔2015〕1062 号），就财政资金注资设立政府投资基金支持产业发展提出了指导意见。随后，各地政府纷纷制定行政规章和规范性文件，政府投资基金全面开花。

2016 年 12 月 30 日，发改委印发的《政府出资产业投资基金管理暂行办法》对政府出资产业投资基金的概念、设立登记、投资运作、绩效评价、监督管理等方面进行了具体的规定，是政府出资产业投资基金的专门性法规。

为贯彻落实 2800 号文所提出的建立全国政府出资产业投资基金信用信息登记系统的要求，发改委于 2017 年 4 月 10 日发布《关于印发〈政府出资产业投资基金信用信息登记指引〉的通知》（发改财金规〔2017〕571 号，以下简称《登记指引》）。《登记指引》对产业基金的登记对象、登记主体、登记信息、登记流程等内容做出了更为具体的规定。

清科研究中心旗下私募通统计数据显示，截至 2016 年底，国内股权投资类政府投资基金（包括创业投资基金、产业投资基金等）共 901 只，总目标规模 32 227. 13 亿元，已到位资金 11 336. 47 亿元。全国主要省市地区均已设立了政府投资基金，千亿元级别的国家政府投资基金纷纷落地。

三、参与私募股权投资法规政策解读

如前所述，本部分将主要根据现行有效的相关法律法规，对最新出台的与私募股权投资关联紧密且涵盖了创业投资的政府出资产业投资基金进行详细解读，并专门介绍支持科技成果转化的国家级引导基金——科技成果转化引导基金。

（一）政府出资产业投资基金

根据发改委2800号文的内容，政府出资产业投资基金是指有政府出资，主要投资于非公开交易企业股权的股权投资基金和创业投资基金。从其定义可知，政府出资产业投资基金本质是私募投资基金，受《私募投资基金监督管理暂行办法》规制。综合发改委2800号文、财政部210号文及证监会关于私募投资基金的相关规定，可以看出，在监管方面，国家注重发改委、财政部、证监会、基金业协会等多部门间的协作，坚持市场化运作，所有权、管理权与托管权相分离，坚持投资方向引导，进行产业政策符合性审查；同时，以事中事后监管为原则，对政府出资产业投资基金进行备案管理，并着重建立集绩效评价制度、信用体系建设、抽查与稽查制度于一体的多层次监管体系。

综合来看，政府出资产业投资基金具有以下五大特点：

第一，在出资来源方面，包括财政预算内投资、中央和地方各类专项建设基金及其他财政性资金。政府出资可以包括全部由政府出资、与社会资本共同出资、向已有产业投资基金投资等形式。

第二，在组织形式方面，政府出资产业投资基金的组织形式可以为公司制、合伙制、契约制等。

第三，在运作方面，主要采取基金管理人管理、基金托管人托管、政府出资人不参与基金日常管理的方式。

第四，在投资方式方面，可以综合运用参股基金、联合投资、融资担保、政府出资适当让利等多种方式。

第五，在其他投资者要求方面，要求除政府外的其他投资者必须为合格机构投资者。可见，自然人的合格投资者不能参与政府出资产业投资基金。

具体来说，根据《私募投资基金监督管理暂行办法》、财政部210号文及发改委2800号文，政府出资产业投资基金作为LP参与私募股权投资应当注意以下事项：

1. 三重监管及双重备案

证监会负责私募股权基金的日常监管，基金业协会对私募股权基金进行自律监管，证监会和基金业协会相继针对私募基金管理人登记、基金募集、产品备案、信息披露等发布了一系列监管制度，政府出资产业投资基金作为私募股权基金，应遵守私募股权基金基本监管制度。由于政府出资产业投资基金使用了政府资金，还应满足发改委、财政部相关监管要求。根据2800号文，发改委主要负责事中事后监管、行业信用体系建设等；根据210号文，财政部单独或会同相关行业主管部门对该类基金的设立实行前置审批，同时还对该类基金的运营状况进行监督。可见，政府出资产业投资基金的特点决定了其将受到证券监管机构（包括证监会、基金业协会）、发改委和财政部的三重监管。

政府出资产业投资基金资金来源包括政府财政预算资金，参照210号文，政府出资产业投资基金的设立应当先由财政部门或财政部门会同有关行业主管部门报同级政府批准，并在基金业协会“资产管理业务综合报送平台”进行基金产品备案，且政府出资产业投资基金的受托管理机构应当事先于基金业协会办理完成私募基金管理人登记。发改委2800号文实施之后，除了前述监管要求之外，政府出资产业投资基金还须遵守2800号文和《登记指引》的有关规定，于基金募集完毕后20个工作日内在发改委体系的“政府出资产业投资基金信用信息登记（子）系统”进行“双重备案”，并接受发改委部门对基金业务活动实施的其他管理。

2. **产业政策符合性审查**

发改委着重从产业政策符合性方面对政府出资产业投资基金进行监管和审查。政府出资产业投资基金在信用信息登记系统登记后，由发改委部门根据登记信息在30个工作日内对基金投向进行产业政策符合性审查，并在信用信息登记系统予以公开。对于未通过产业政策符合性审查的政府出资产业投资基金，各级发展改革部门应及时出具整改建议书，并抄送相关政府部门。

3. **投资领域**

政府出资产业投资基金主要投资于非公开交易企业股权，2800号文对其投资领域和从事业务范围有明确的限制和审查要求。

政府出资产业投资基金应投向的产业领域包括：①非基本公共服务领域；②基础设施领域；③住房保障领域；④生态环境领域；⑤区域发展领域；⑥战略性新兴产业和先进制造业领域；⑦创业创新领域。同时，2800号文对各个领域进行了基本描述并提出了相关要求。2800号文强调政府出资产业投资基金的具体投资对象应是未上市企业股权，或者上市公司的定向增发、并购重组和私有化等股权交易的股份，且闲置资金只能投资于银行存款、国债、地方政府债、政策性金融债和政府支持债券等安全性和流动性较好的固定收益类资产。

需要注意的是，为保证基金投资产业的针对性，政府出资产业投资基金所投资约定产业领域的比例不得低于基金募集规模或承诺出资额的60%。并且，政府出资产业投资基金对单个企业的投资额不得超过基金资产总值的20%。

政府出资产业投资基金不得存在下列行为：①名股实债等变相增加政府债务的行为；②公开交易类股票投资（以并购重组为目的的除外）；③直接或间接从事期货等衍生品交易；④为企业提供担保（为被投资企业提供担保的除外）；⑤承担无限责任的投资。

4. **基金管理人要求**

政府出资产业投资基金的管理人除符合证监会及基金业协会对一般私募基金管理人的要求外，还应符合以下条件：①实收资本不低于

1 000 万元人民币；②至少有 3 名具备 3 年以上资产管理工作经验的高管人员；③基金管理人及其董事、监事、高管人员及其他从业人员在最近 3 年无重大违法行为等条件。可见，2800 号文对政府出资产业投资基金的基金管理人的资质条件有较为严格的规定和限制。

5. **信息披露**

政府出资产业投资基金，除须符合《私募投资基金信息披露管理办法》的要求外，还应履行发改委规定的相关信息披露及报送义务。

（1）基金业协会的披露要求。私募基金运行期间，信息披露义务人应当分别于每季度结束之日起 10 个工作日以内和每年结束之日起 4 个月以内向投资者披露季报和年报，并履行重大事项信息披露以及基金管理人的信息披露义务。

（2）发改委的披露要求。中央各部门及其直属机构出资设立的产业投资基金的基金管理人应当于每个会计年度结束后 4 个月内，向发改委提交基金及基金管理人的年度业务报告、经有资质的会计师事务所审计的年度财务报告和托管报告，并及时报告投资运作过程中的重大事项。地方政府或所属部门、直属机构出资设立的产业投资基金的基金管理人应当于每个会计年度结束后 4 个月内，向本级发展改革部门提交基金及基金管理人的年度业务报告、经有资质的会计师事务所审计的年度财务报告和托管报告，并及时报告投资运作过程中的重大事项。重大事项包括但不限于公司章程修订、资本增减、高级管理人员变更、合并、清算等。

（3）财政部的披露要求。政府投资基金应当定期向财政部门报告基金运行情况、资产负债情况、投资损益情况及其他可能影响投资者权益的其他重大情况，还应按季编制并向财政部门报送资产负债表、损益表及现金流量表等财务报表。

6. **绩效评价**

根据 2800 号文，发改委对政府出资产业投资基金绩效进行评价，同时建立并完善基金管理人绩效评价指标体系。

（1）基金绩效评价指标体系。

发改委每年根据评价指标对产业基金绩效进行系统性评分，并将评分结果适当予以公告，有关评价办法由国家发改委另行制定。金融机构可以根据评分结果为登记的政府出资产业投资基金提供差异化的信贷政策。评价指标主要包括：①基金实缴资本占认缴资本的比例；②基金投向是否符合区域规划、区域政策、产业政策、投资政策及其他国家宏观管理政策，综合评估政府资金的引导作用和放大效应、资金使用效率及对所投产业的拉动效果等；③基金投资是否存在名股实债等变相增加政府债务的行为；④是否存在违反法律、行政法规等行为。

（2）基金管理人绩效评价指标体系。

发改委每年根据评价指标对基金管理人绩效进行系统性评分，并将评分结果适当予以公告，有关评价办法由国家发改委另行制定。各级政府部门可以根据评分结果选择基金管理人。基金管理人的评价指标主要包括：①基金管理人实际管理的资产总规模；②基金管理人过往投资业绩；③基金管理人过往投资领域是否符合政府产业政策导向；④基金管理人管理的基金运作是否存在公开宣传、向非合格机构投资者销售、违反职业道德等违规行为；⑤基金管理人及其管理团队是否受到监管机构的行政处罚，是否被纳入全国信用信息共享平台失信名单；⑥是否存在违反法律、行政法规等行为。

7. **信用体系建设**

政府出资产业投资基金、基金管理人和从业人员信用记录将纳入全国信用信息共享平台。此外，发改委还将在“信用中国”网站设立政府出资产业投资基金行业信用建设专栏，公布失信基金、基金管理人和从业人员名单。值得注意的是，发改委等部门还将会同有关部门依据各部门签署的联合惩戒备忘录等对列入失信联合惩戒名单的基金、基金管理人和从业人员开展联合惩戒。

设立政府出资产业投资基金的核心在于，通过财政性资金引导社会资本进入国民经济发展重点领域以及具有较大发展潜力、经过前期扶持培育后可成长为新的经济增长点的领域。当前，政府出资产业投资基金已成为我国各级政府广泛使用的投融资工具，成为创新政府投融资资金运用方式、提高政府出资资金使用效率的重要选择，为发挥政府资金引导作用和放大效应，吸引社会资金投入政府支持领域和产业发挥了积极作用。现阶段，政府大力推进创业创新、供给侧改革、新型城镇化发展，为政府出资产业投资基金的发展创造了良好的条件。作为一种具有中国特色的投资基金，政府出资产业投资基金在促进地方产业升级发展、拉动基础设施建设、推动创业创新方面将发挥越来越重要的作用。国家对私募股权基金这一市场化投资工具在帮助政府资金引导产业发展方面作用的重视，势必带来新一轮的私募股权基金繁荣发展。

（二）国家科技成果转化引导基金

为破除制约科技成果转化的体制机制障碍，打破“创新孤岛”现象，引导全社会力量加大科技成果转化投入，加快推动科技成果转化应用，财政部、科技部于2011年联合发布了《国家科技成果转化引导基金管理暂行办法》。中央财政设立国家科技成果转化引导基金（以下简称“转化引导基金”）主要用于支持转化利用财政资金形成的科技成果，包括国家（行业、部门）科技计划（专项、项目）、地方科技计划（专项、项目）及其他由事业单位产生的新技术、新产品、新工艺、新材料、新装置及其系统等。转化引导基金通过设立创业投资子基金、给予贷款风险补偿和绩效奖励机制等方式，支持利用财政性资金形成的科技成果的转化。2014年，科技部、财政部印发《国家科技成果转化引导基金设立创业投资子基金管理暂行办法》，转化引导基金设立创业投资子基金工作的落地进程进一步加快。

《国家科技成果转化引导基金管理暂行办法》和《国家科技成果转化引导基金设立创业投资子基金管理暂行办法》构成了我国转化引导基金参与私募股权投资业务的规则体系。此外，各地方也在此类规章基础上针对本地实际情况制定了设立科技成果转化引导基金的相应规则。

1. 转化引导基金设立了基金的运作和管理特点

不同于以往的政府拨款，转化引导基金选择符合条件的投资机构共同发起设立创业投资子基金，为转化科技成果的企业提供股权投资。这标志着政府对科技成果转化的支持，从无偿的直接资助转为间接的股权投资，是科技成果转化领域的一项重大创新。转化引导基金设立子基金的运作管理充分体现了引导性、市场化和非营利性的特点。

在引导性上，通过政策激励，引导金融资本、民间资本、地方政府资金以及其他类型资金共同参与设立子基金，形成有效资本供给，并通过建立国家科技成果转化项目库、规定子基金对科技成果转化的投资比例等措施，引导资本投向财政资金，形成科技成果的转化应用。

在市场化上，转化引导基金作为母基金，不直接对科技成果转化项目投资，也不参与子基金的日常管理。子基金完全按照《公司法》、《合伙企业法》的规定设立，其运营交由专业化创业投资管理企业负责，转化引导基金与其他出资人根据出资额享有同等权利和义务。

在非营利性上，转化引导基金不以营利为目的。在子基金存续期内，子基金的股东（出资人）在同等条件下优先购买转化引导基金所持的子基金股权或份额。转让时，对于发起设立的子基金，自注册之日起 4 年内（含 4 年）购买的，以转化引导基金原始出资额转让；4 至 6 年内（含 6 年）购买的，以转化引导基金原始出资额及从第 5 年起按照转让时中国人民银行公布的 1 年期贷款基准利率计算的利息之和转让。对于增资设立子基金的，上述年限从子基金完成变更登记手续之日起计算。子基金存续期结束时，子基金的年平均收益率不低于子基金出资时中国人民银行公布的一年期贷款基准利率的，转化引导基金可将其不超过 20% 的收益奖励给子基金管理机构。

2. 设立子基金涉及的管理主体及职责

转化引导基金设立子基金工作涉及的管理主体包括科技部和财政部、引导基金理事会、受托管理机构，这些管理主体承担的职责如下：

（1）科技部、财政部是转化引导基金的主管部门，负责制定转化引导基金设立子基金的政策并组织实施。

（2）转化引导基金理事会是转化引导基金的决策支撑机构，由科技部、财政部聘请的法律、财务、科技、创业投资、资本市场、银行信贷等领域的资深专家组成。理事会依据《国家科技成果转化引导基金理事会规程》的相关规定，对受托管理机构提交的尽职调查报告和子基金设立方案进行审核，形成审核意见。

（3）受托管理机构受科技部、财政部委托，负责转化引导基金设立子基金的日常管理工作，包括受理申请、进行初审、开展尽职调查、提请转化引导基金理事会审核调查报告和子基金设立方案、代行出资人职责、收入收缴、监督管理等。

3. 对子基金的设立要求

与一般合格投资者作为LP投资私募股权基金不同，转化引导基金作为LP选择符合条件的投资机构共同发起设立创业投资子基金时，有诸多特别要求。

第一，转化引导基金对子基金的参股比例为子基金总额的20%～30%，且始终不作为第一大股东或最大出资人；子基金的其余资金应依法募集，境外出资人应符合国家相关规定；子基金管理机构应参股子基金或认缴子基金份额，且出资额不得低于子基金总额的5‰。

第二，发起设立的子基金应当在中国大陆注册，募集资金总额不低于1亿元人民币，且以货币形式出资，经营范围为创业投资业务，组织形式为公司制或有限合伙制。

通过增资形式设立的子基金，要修订其章程或合伙协议，须将《国家科技成果转化引导基金设立创业投资子基金管理暂行办法》对子基金的有关要求写入修订后的章程或合伙协议。同时，关于增资股份或份额的价格，由受托管理机构与子基金出资人、管理团队协商一致后纳入子基金增资设立方案，报转化引导基金理事会审核，经科技部、财政部批准后执行。

4. **子基金投资要求和限制**

子基金投资于转化国家科技成果项目库中科技成果的企业的资金应不低于引导基金出资额的3倍，且不低于子基金总额的50%；其他投资方向应符合国家重点支持的高新技术领域。

子基金不得从事以下业务：①投资于已上市企业（所投资企业上市后，子基金所持股份未转让及其配售部分除外）；②从事担保、抵押、委托贷款、房地产（包括购买自用房地产）等业务；③投资于股票、期货、企业债券、信托产品、理财产品、保险计划及其他金融衍生品；④进行承担无限连带责任的对外投资；⑤吸收或变相吸收存款，以及发行信托或集合理财产品的形式募集资金；⑥向任何第三方提供资金拆借、赞助、捐赠等。此外，待投资金应当存放银行或购买国债。

5. **防范投资风险措施**

设立子基金时，转化引导基金可采取以下措施防范投资风险，保障自身权益。

第一，转化引导基金以出资额为限对子基金债务承担责任。子基金清算出现亏损时，首先由子基金管理机构以其对子基金的出资额为限承担亏损，剩余部分由转化引导基金和其他出资人按出资比例承担。

第二，出现下列情况之一时，转化引导基金可选择退出，且无须经由其他出资人同意：（1）子基金方案获得科技部批准后，未按规定程序完成设立手续超过一年的；（2）转化引导基金向子基金账户拨付资金后，子基金未开展投资超过一年的；（3）子基金投资项目不符合《国家科技成果转化引导基金设立创业投资子基金管理暂行办法》规定的政策目标的；（4）子基金未按照章程或合伙协议约定投资的；（5）子基金管理机构发生实质性变化的。

6. 设立子基金的程序

设立子基金的程序包括：①申请者向受托管理机构提交子基金申请材料；②受托管理机构受理申请、进行初审、开展尽职调查、形成尽职调查报告和子基金设立方案并报转化引导基金理事会；③转化引导基金理事会审核受托管理机构提交的材料，形成审核意见；④科技部根据转化引导基金理事会的审核意见，对子基金设立方案进行合规性审查，对于符合设立条件的，商财政部同意，向社会公示，无异议后，批准出资设立子基金，并向社会公告；⑤受托管理机构根据科技部、财政部的批准文件办理出资设立子基金的相关手续。

7. 子基金申请者要求

在中国大陆注册的投资企业或创业投资管理企业都可以作为申请者，向科技部、财政部申请设立子基金。投资企业是指愿意且有能力出资参与设立子基金、支持科技成果转化的企业。创业投资管理企业是指受托管理创业投资企业的企业，为创业投资企业寻找投资机会和谈判投资条款，或代表创业投资企业进行创业投资，并提供相关的管理咨询服务的企业。其中，申请者为投资企业的，其注册资本或净资产应不低于5 000万元；申请者为创业投资管理企业的，其注册资本应不低于500万元。申请者应当确定一家创业投资管理企业作为拟设立的子基金的管理机构。

当出资人的出资承诺同时符合以下条件时，可以申请设立子基金：①主要出资人出具承诺书；②至少有一名出资人出资额高于拟申请的转化引导基金出资额；③申请者承诺在子基金成立时，完成剩余资金的募集。

8. 子基金管理人要求

申请设立子基金的申请者应当确定一家创业投资管理企业作为拟设立的子基金的管理机构。该管理机构应具备以下条件：①在中国大陆注册，主要从事创业投资业务。②具有完善的创业投资管理和风险控制流程，规范的项目遴选和投资决策机制，健全的内部财务管理制度，能够为所投资企业提供创业辅导、管理咨询等增值服务。③至少有3名具备5年以上创业投资或相关业务经验的专职高级管理人员；在国家重点支持的高新技术领域内，至少有3个创业投资成功案例。④应参股子基金或认缴子基金份额，且出资额不得低于子基金总额的5‰。⑤企业及其高级管理人员无重大过失，无受行政主管机关或司法机关处罚的不良记录。可见，转化引导基金对子基金管理人的要求，高于证监会及基金业协会对一般私募基金管理人的要求。

9. 转化引导基金对子基金的管理措施

（1）派出代表。转化引导基金不参与子基金的日常管理，科技部、财政部委托受托管理机构向子基金派出代表，依据法律法规和子基金章程或合伙协议等行使出资人职责，参与重大决策，监督子基金的投资和运作。子基金管理机构做出投资决定后，在实施投资前3个工作日告知受托管理机构的派出代表。这里的重大决策是指审议批准子基金的年度报告，修改子基金章程或合伙协议，聘请或更换子基金管理机构、审计机构、托管银行，决定子基金的合并、分立、清算等事项，批准子基金的利润分配方案或弥补亏损方案，审议决定子基金组织形式、名称和注册地点的变更，审议决定子基金存续期的延长或中止、终止及解散子基金，审议决定子基金股东或合伙人持有的股权或份额的转让事宜以及股东或合伙人变更等事项。

（2）资金托管。科技部、财政部通过公开招标的方式确定若干家银行作为子基金的托管银行，对子基金资金实行第三方监管。托管银行定期向受托管理机构报告子基金托管资金情况。

（3）信息报告。受托管理机构通过检查、走访、审计等方式了解子基金运作情况和法律文件变更、违法违规事件、管理机构变动、清算与解散等重大事项，并及时向科技部、财政部报告。

（4）绩效评价。科技部、财政部委托转化引导基金理事会对子基金运作情况定期开展绩效评价。

10. 子基金收入收缴程序

转化引导基金投资子基金的收入包括引导基金退出时应收回的原

始投资及应取得的收益、子基金清算时转化引导基金应取得的剩余财产清偿收入等。转化引导基金投资子基金的收入按以下程序上缴：①受托管理机构与子基金其他出资人等商议股权或份额退出、收益分配及清算等事宜，并对子基金实施情况的专项审计报告、受让子基金股权或份额申请以及确认收入所依据的相关资料等进行审核；②受托管理机构根据商议及审核结果，提出转化引导基金退出及收入收缴实施方案，报科技部、财政部审定；③受托管理机构根据科技部、财政部的审定意见，办理股权或份额转让、收入收缴等手续，并向有关缴款单位发送缴款通知；④缴款单位在收到缴款通知后的 30 日内，将应缴的转化引导基金投资子基金收入缴入转化引导基金在托管银行开设的指定账户。

自转化引导基金落地以来，截至 2017 年 4 月，科技部已批准 2 批共 9 只子基金，总规模 173. 5 亿元，其中转化引导基金出资 38. 3 亿元（按年度分期出资），引导地方政府和社会资本出资 135. 2 亿元。2017 年批准的子基金包括规模达 100 亿元的“国投（上海）科技成果转化创业投资基金企业”及规模达 10 亿元的“国投京津冀科技成果转化创业投资基金”等。

转化引导基金对激励科技创新创业，促进经济结构调整和转型升级，具有重要意义。通过引导子基金投资，可以加速科技成果更好更快地转化为现实生产力，支持科技企业和战略性新兴产业发展，更好地发挥科技对经济社会发展的支撑和引领作用，加快形成我国经济发展的新增长点。转化引导基金也是促进科技和金融结合，改善科技型中小企业融资环境，缓解“融资难、融资贵”瓶颈的有效途径。转化引导基金设立子基金，培育和发展一批以科技成果转化为目的的创业投资子基金，将增强资本市场对科技企业的直接投资能力，有效提高直接融资在企业融资中的比重，不断为企业做强做大注入资金动力，进一步改善科技创新的投融资环境。未来，转化引导基金通过设立子基金方式，将更好地发挥政府资金倍增效应，提高公共资金的使用效率，使政府引导和市场配置共同作用，支持科技成果转化。

当前我国经济发展进入新常态，为了适应新常态，寻找经济中长期增长新动力成为促进经济成功转型的关键环节。政府投资基金作为 LP 参与私募股权投资是以政府财政资金带动社会资本共同参与投资的有效尝试，属于创新型融资方式。相比 2008 年政府投资基金投资基础设施拉动经济需求端，政府投资基金作为 LP 参与私募股权投资更像政府投资的升级版，通过母基金股权投资方式带动社会资本先后跟进投资，充分放大财政资金产业引导作用，实现供给端产业结构调整及升级。随着财政资金对创业投资、中小企业及特定产业支持力度的加大，政府投资基金作为本土 LP，将成为募资机构日益重要的争取对象。政府投资基金运用市场化运作方式通过私募股权基金投入各类型、各阶段企业，也将获得更强的生命力和发展前景。

第四节　企业型 LP 政策解读

企业投资者是中国本土 LP 的主要组成部分，也是最活跃的参与者。据不完全统计，截至 2016 年 12 月，企业投资者在境内 LP 群体中占比达 61%，这一比例与上一年度相比虽未发生明显变化和波动，但是，企业投资者依然是目前私募股权基金募资的主要对象。

一、国有企业 LP

国有企业是我国市场经济中一类重要的主体，随着私募股权基金的不断发展，国有企业对私募股权基金领域的参与程度也在不断加深。我国《合伙企业法》明确禁止国有企业作为 GP 参与有限合伙制私募股权基金的运作和管理，虽然实务操作中已出现国有企业通过间接方式担任 GP 并完成登记的实例，但是大部分国有企业仍然青睐于以 LP 的身份参与私募股权基金投资活动并分享收益。

（一）国有企业 LP 概述

国有企业一直是有限合伙制私募股权基金的重要投资主体，近年来，国有企业参与有限合伙制私募股权基金运作的规模与程度一直呈现出扩大和深化的趋势。

私募股权基金引入国资成分时通常格外关注基金的结构设计，这主要是因为国有企业的参与有可能导致整个基金被定性为国有企业，这对于基金的日常管理和运作以及投资者收益回报的实现都将产生一定的影响。具体而言，一方面，如果私募股权基金被定性为国有企业，基金本身及其投资活动均需受到国有资产监督管理部门的监管；另一方面，如果基金被定性为国有企业，该基金所投资的标的企业首次公开发行股票并上市时，该基金需依照相关法律规定履行国有股转持义务。

（二）国有企业 LP 相关法规政策解读

与一般类型 LP 不同，国有企业作为 LP 直接参与私募股权基金投资时，除了满足合格投资者的要求之外，还需要受到上级国有资产监督管理部门的监督和管理，这种监管覆盖了国有企业 LP 对外投资、国有产权转让等各个方面。另外，当被投资企业成功上市时，国有企业 LP 还需依照相关规定履行国有股转持义务。

1. 国有企业 LP 的审批决策程序

根据《企业国有资产法》的相关规定，不同类型的国家出资企业进行重大投资，需经不同的审批决策程序。具体而言，国有独资企业除由履行出资人职责的机构决定以外，应经企业负责人集体讨论决定；国有独资公司除由履行出资人职责的机构决定以外，应由董事会决议决定；国有控股公司、国有参股公司根据公司章程由公司股东大会、董事会决定，履行出资人职责的机构委派的股东代表应当按照委派机构的指示提出提案、发表意见、行使表决权，并将其履行职责的情况和结果及时报告委派机构。因此，若国有企业 LP 对私募股权基金的投资被确认为重大投资，则应当结合自身的类型并根据上述规定履行相应的审批决策程序。

2. **国有产权转让**

国务院国有资产监督管理委员会、财政部联合发布的《企业国有产权转让管理暂行办法》（国务院国有资产监督管理委员会、财政部令第 3 号）、《企业国有资产交易监督管理办法》（国务院国有资产监督管理委员会、财政部令第 32 号，以下简称“32 号令”）以及国务院国有资产监督管理委员会发布的《关于企业国有产权转让有关事项的通知》（国资发产权〔2006〕306 号）等文件构成了国有产权转让的主要法律依据，其中 32 号令明确指出，履行出资人职责的机构、国有及国有控股企业、国有实际控制企业转让其对企业各种形式出资所形成权益的行为应当在依法设立的产权交易机构中公开进行，相较于之前的相关法律文件更加全面、具体地就国有产权转让的方式、条件、程序等事项进行了明确规定，并增加了信息预披露制度等程序性规定以及对于执行程序的要求。

值得一提的是，32 号令首次明确界定了“国有及国有控股企业、国有实际控制企业”的范围，在以国有出资比例作为基本认定标准的原则下，引入现代公司治理规范中的“实际控制人”概念，增加了对于国有企业作为第一大股东虽未绝对控股但能实际控制企业这一情形的认定。按照这一原则，在有限合伙制私募股权基金中，即使国有企业 LP 合计出资比例低于 50%，但是，如果某一国有企业 LP 持有合伙份额比例最高，且有证据表明其可以通过协议等其他安排对有限合伙企业进行控制或施加影响，则该有限合伙制私募股权基金亦有可能被认定为国有及国有控股企业、国有实际控制企业。

有限合伙制私募股权基金中所涉及的国有产权转让行为主要包括两种：一种是国有企业 LP 转让其所持有的基金份额，另一种是含有国资成分的私募股权基金转让其所持有的被投资企业股权或股份。在第二种情况下，如果基金引入国有企业 LP 后被认定为 32 号令所规定的“国有控股企业或国有实际控制企业”，则基金转让被投资企业股权或股份也属于企业国有资产交易行为，亦应按照相关规定通过产权交易机构公开进行。因此，考虑到项目退出的便捷性，私募股权基金在引入国有企业 LP 时往往对其出资比例、金额等情况格外关注，以避免受上述规定所涉及的特殊程序影响。

需要注意的是，一些地区对于国有企业参与产业（创业）基金存在特别政策，还需视基金所在地等具体情况而定。例如，《上海市国有创业投资企业股权转让管理暂行办法》（沪发改财金〔2010〕050 号）规定，国有创业投资企业在投资协议中事前约定股权转让事项的并按规定进行备案的，转让股权时可依事前约定进行决策，并在产权交易机构按协议转让方式办理交易；《国有企业参与设立产业（创业）投资基金若干政策措施》（辽政发〔2016〕29 号）规定，国有企业出资的基金企业可与确定对象协商转让基金股权，并在产权交易机构公开进行。国有企业控股设立的基金企业在投资时以固定收益率或固定价格约定退出的，经国有资产监督管理部门备案即可实施投资和退出。

3. **国有股转持义务**

IPO 一直被看作是私募股权基金最主要、最理想的退出方式，在被投资企业成功上市后，基金以逐渐减持该公司股份的方式将股份转化成现金资本。但是，对于国有企业 LP 来说，当被投资企业完成 IPO 时，国有企业 LP 必须按照相关法律法规的规定履行国有股转持义务。其主要法规依据如下：

2008 年 3 月 4 日，国务院国有资产监督管理委员会发布《关于施行〈上市公司国有股东标识管理暂行规定〉有关问题的函》（国资厅产权〔2008〕80 号，以下简称“80 号文”），具体规定了 4 类持有上市公司股份并标注国有股东标识的情形：（1）政府机构、部门、事业单位、国有独资企业或出资人全部为国有独资企业的有限责任公司或股份有限公司；（2）上述单位或企业独家持股比例达到或超过 50% 的公司制企业，上述单位或企业合计持股比例达到或超过 50%，且其中之一为第一大股东的公司制企业；（3）上述（2）中所述企业连续保持绝对控股关系的各级子公司；（4）以上所有单位或企业的所属单位或全资子公司。

80号文以国资比例作为判定国有股东的标准，是确认上市公司国资成分最基本、最主要的法律依据，但是，此文件仅涉及有限责任公司、股份有限公司等公司制企业，并未明确规定有限合伙企业是否适用前述判断标准。在实务操作中，确实存在援引80号文将私募基金认定为国有股东的实例，如上海国有资产监督管理委员会在《关于西安通源石油科技股份有限公司国有股权管理有关问题的批复》（沪国资委产权〔2015〕55号文）中，参照80号文的认定标准将上海联新投资中心（有限合伙）确认为国有股东并批复其履行国有股转持义务。其中，上海联新投资中心（有限合伙）包含上海联合投资有限公司和中国科学院国有资产经营有限责任公司两位国资合伙人，分别持有其48.29%和19.32%的份额。

2009年6月19日，财政部、国资委、证监会、全国社保基金理事会联合发布《境内证券市场转持部分国有股充实全国社会保障基金实施办法》（财企〔2009〕94号，以下简称“94号文”，已停止执行），该实施办法从国有股转持的条件、范围、比例、流程等方面做出了具体的规定，是有关国有股转持义务的最主要的法律依据。此文件明确指出，凡在境内证券市场首次公开发行股票并上市的含国有股的股份有限公司，除国务院另有规定的，均须按首次公开发行时实际发行股份数量的10%，将股份有限公司部分国有股转由全国社保基金理事会持有，国有股东持股数量少于应转持股份数量的，按实际持股数量转持。

2010年10月13日，财政部、国资委、证监会、社保基金理事会联合发布了《关于豁免国有创业投资机构和国有创业投资引导基金国有股转持义务有关问题的通知》（财企〔2010〕278号，已失效），明确提出对符合条件的国有创业投资机构和国有创业投资引导基金投资未上市中小企业形成的国有股可以申请豁免国有股转持义务，并就资质条件、申报资料、办理程序做出了具体的规定。该通知的出台，在一定程度上能够提高国有资本从事创业投资的积极性，鼓励和引导国有创业投资机构加大对中早期项目的投资，对我国创业投资事业的发展和科技创新目标的实现起到了促进作用。

2013 年 8 月 14 日，财政部、国资委、证监会、社保基金理事会发布了《关于进一步明确金融企业国有股转持有关问题的通知》（财金〔2013〕78 号），明确指出，金融企业投资的企业首次公开发行股票并上市的，如果金融企业股权投资的资金为该金融企业设立的公司制私募股权基金，财政部门在确认国有股转持义务时，按照实质性原则，区分基金的名义投资者和实际投资者。如私募股权基金的国有实际投资者持有比例合计超过 50%，由基金（该比例合计达到 100%）或其国有实际投资者（该比例超过 50% 但低于 100%）按照 94 号文等相关规定，履行国有股转持义务。

值得一提的是，虽然《关于进一步明确金融企业国有股转持有关问题的通知》仅列明了金融企业设立的公司制私募股权基金，并未涉及合伙制私募股权基金。但在实践中，合伙制私募股权基金也需履行国有股转持义务。如中国文化产业投资基金（有限合伙），其主要投资者包括财政部、中银投资资产管理有限公司等，在其投资的新华网 IPO 上市时（2016 年 10 月），根据《财政部关于批复新华网股份有限公司部分国有股权转由全国社会保障基金理事会持有的函》（财文资函〔2012〕12 号），中国文化产业投资基金作为合伙制私募股权基金同样需履行国有股转持义务。

2015 年 8 月 11 日，财政部根据《国务院关于取消和调整一批行政审批项目等事项的决定》（国发〔2015〕11 号）的要求，发布了《关于取消豁免国有创业投资机构和国有创业投资引导基金国有股转持义务审批事项后有关管理工作的通知》（财资〔2015〕39 号，以下简称“39 号文”），该通知明确提出对豁免创投机构和引导基金国有股转持义务事项不再进行审批，改由证券投资基金业协会承担豁免国有股转持义务资格的审查和公示职责，并在资质条件、办理程序、国有股回拨、监督管理等方面进行了具体的规定，以加强后续监管的力度。

2017年11月18日，国务院发布《划转部分国有酱充实社会保障基金实施方案》（国发〔2017〕49号）（以下简称“49号文”），94号文停止执行。根据49号文的规定，股权划转范围由“在境内证券市场首次公开发行股票并上市的含国有股的股份有限公司”，变更至“中央和地方国有及肋有控股大中型企业、金融机构”；股权划转比例由“实际发行股份数量的10%”变更为“国有股权10%”。另外，根据94号文的规定，股权划转的时间节点的确定由强制在被投资企业上市前划转变更为“根据各级国有资产监督管理机构制定的划转建议方案执行”，取消了强制在上市前划转的硬性规定。

不难看出，国有股转持对拟上市公司现有股东和潜在投资者的利益关系产生了重大的影响，政策利好和资本市场整体环境使私募股权基金作为拟上市公司股东的现象愈发普遍，国有股转持亦直接影响着私募股权基金的投资收益。因此，众多基金都试图采取合法合理的措施规避国有股转持义务造成的影响，一方面，在做出投资决策或退出路径选择时考虑被投资企业转持义务的履行情况，或对国有资产监督管理机构对被投资企业划转建议方案的相关筹划情况进行调研。另一方面，私募股权基金可以从优化产品结构的角度控制国资成分的出资比例，以避免履行国有股转持义务，主要表现在：（1）所有具有国资背景的投资者直接或间接持股比例不应超过50%，且国有背景投资者不存在通过协议等其他方式对私募股权基金实施控制的约定和安排；（2）私募股权基金单独持股比例最多的投资者不应具有国资背景，需要注意的是，如果单独持股比例最多的投资者为合伙企业，则应当遵循穿透原则至合伙企业LP的投资者来判断基金单独持股比例最多的投资者是否为非国有背景投资者。

（三）国有企业投资私募股权基金的发展前景

对于国有企业而言，与私募股权基金的合作使其在企业的发展、管理、风险防范等多方面获益良多。首先，基金的参与为国有企业并购提供了充足的资金来源，在一定程度上解决了中小型国有企业因资金不足产生的并购规模限制问题，促进了国企并购在数量和规模上的提升，有助于国有企业通过并购重组实现产业布局和升级转型；其次，基金一般都具有优秀的管理团队，在并购过程中可以将管理资源注入目标公司，加强目标公司的运营管理，弥补国有企业管理方式落后的不足；最后，中小型国有企业往往欠缺风险防范意识和问题解决能力，难以规避并购过程中存在的法律、财务等各方面风险，而基金参与并购时一般会对目标公司或资产展开全面的尽职调查活动，以减少交易过程中的重大风险，为并购方的国企规避和转移风险提供了帮助。

自2015年以来，随着国有资本投资、运营公司组建以及“三个一批”等政策的提出，国有企业并购重组迎来了新的发展局面。在一定时期内，并购重组成为国企改革发展的中心枢纽，强强联合、拆分重组、混合参股、关停并转、内部重组等多种并购重组形式持续涌现，私募股权基金的出现对国有企业并购市场的发展产生了深远的影响。

当然，私募股权基金参与国有企业并购重组的过程中会遇到一定的阻碍和问题，如受限于国有资产监督管理的特殊规定，私募股权基金在国企并购退出方面没有灵活的机制支撑等。私募股权基金参与国有企业并购尚须进一步清除障碍，国有企业须加强在体制机制上改革，完善国有产权制度和国有企业用人制度，积极探索与社会资本的合作共赢方式，借助私募股权基金优化国有资产的配置和利用。

二、上市公司LP

随着国内政策环境和资本市场的逐步完善，中国私募股权投资市场蓬勃发展，LP队伍也随之日益壮大，政府引导基金、母基金、社保基金、保险公司、上市公司等成为LP的主要类型。其中，上市公司虽然加入较晚，但是具有增长速度快、资本管理量大、活跃度高的特点。据不完全统计，截至2016年底，已有793家上市公司加入了LP的队伍，在数量上占比5%左右；同时，上市公司LP的可投资本量约为1.7万亿元人民币，约占LP总体可投资本量的24%。

（一）上市公司LP概述

上市公司参与私募股权基金投资活动能够挖掘相关产业上下游的资本价值，分享产业成长收益。部分从事传统实业的上市公司通过私募股权基金的运作寻求新的利润增长点，实现自身商业模式转型和产业升级、转型。另外，上市公司参与股权投资面临的赎回压力较小，更关注所投企业的长期发展态势，希望通过加强与各方的资源共享和互补，推动公司股权投资业务的开展。

在众多参与方式中，考虑到《合伙企业法》对于上市公司承担无限责任的禁止性规定和自身投资经验不足、行业投资研究能力匮乏、自身投资团队规模有限等因素，上市公司普遍青睐于成为私募股权基金LP，通过投资业内优秀的基金间接分享私募股权投资的收益。

（二）上市公司LP相关法规政策解读

2014年10月，证监会发布《上市公司重大资产重组管理办法》（中国证券监督管理委员会令第109号），该办法第九条明确提出，鼓励依法设立的并购基金、股权投资基金、创业投资基金、产业投资基金等投资机构参与上市公司并购重组，这为上市公司与私募股权基金开展合作提供了原则性的法律支持。

2014年3月，国务院发布《关于进一步优化企业兼并重组市场环境的意见》（国发〔2014〕14号），该意见取消了对于上市公司重大资产购买、出售、置换行为的审批（构成借壳上市的除外），在一定程度上为上市公司以发起设立并购基金的形式参与私募股权投资活动提供了便利。

除此之外，考虑到公众公司对于社会公众的信息披露义务以及

“上市公司+PE”模式在实际操作中暴露出的诸多问题，监管机构从信息披露监管的角度做出了尝试。2015年9月11日，上海证券交易所发布《关于〈上市公司与私募基金合作投资事项信息披露业务指引〉的通知》（上证发〔2015〕76号）；同日，深圳证券交易所发布《中小企业板信息披露业务备忘录第12号：上市公司与专业投资机构合作投资》，这些文件从信息披露的条件、范围、相关人员的披露义务等方面对上市公司与私募股权基金合作投资事项在信息披露业务方面做出了相关规定，并加大了事中、事后监管力度，主要体现在以下几个方面：

第一，细化合作投资事项的信息披露标准。以往的业务规则对于信息披露事项要求过于简略和原则化，加之上市公司与私募股权基金进行投资合作的方式灵活多变且涉及诸多层次的社会关系和领域，投资者获知双方具体合作模式、决策机制、收益分配和潜在风险等重要信息的途径极其有限。就此，上述文件就相关信息披露做了较为明确和具体的要求，要求相关方除披露投资合作方及合作协议的基本情况外，还须披露合作的主要业务领域、投资项目、管理模式、退出机制、利润分配、业绩影响及相关风险因素等情况。

第二，强化对关联关系和利益安排的监管。在基金运作过程中，上市公司、公司管理层、私募股权基金、投资者等各方之间复杂且隐蔽的利益关系为相关方利用内幕信息或者通过隐瞒关联关系谋取不当利益提供了温床。对此，上述文件均要求上市公司、私募股权基金等相关方全面披露可能存在的利益安排，如是否存在一致行动关系或者关联关系、是否持有或者买卖上市股份、公司管理层是否参与投资合作等。

第三，确立分阶段信息披露原则。通常而言，在上市公司与私募股权基金建立合作关系之初，双方合作的前景具有较大不确定性，能够确定下来的信息也仅限于双方的基本合作框架或投资方向。以往的信息披露制度仅要求上市公司在项目合作初期就项目的基本情况进行披露，而上述文件则根据分阶段信息披露原则，要求上市公司必须及时披露投资合作的后续进展和阶段性成果，如并购基金的工商登记、资金募集、标的项目置入、重大事项筹划等情况，以此来降低因信息不对称引发的潜在风险，最大限度地保障众多投资者的财产安全和资本市场交易的有序进行。

第四，加强对违规行为的打击力度。上市公司与私募股权基金的合作确实在一定程度上带来了资本市场新的发展趋势和合作模式，但也不可避免地为一些违规行为提供了温床，如个别上市公司借与私募股权基金合作之机，以市值管理之名进行市场操纵、交易内幕信息，有选择地释放利好信息炒作股价。对此，监管机构有针对性地强化了相关监管要求，如针对拟筹划重大项目的合作，要求相关方披露此前是否存在买卖公司股票的情形；针对上市公司拟置入并购基金项目资产的合作，要求私募股权基金披露在该项目资产的权益情况等。同时，上述文件明确规定当监管机构发现上市公司股价有异动或存在内幕交易嫌疑时，有权启动交易核查，必要时还可提请证监会依法查处。

不难看出，监管机构在肯定“上市公司 + PE”模式在实现资源优势互补、激发资本市场活力等方面产生的积极作用的同时，也对该模式运作过程中暴露出的问题和潜在风险给予了足够的关注和重视。在实践操作中，多家上市公司因旗下并购基金收到了证券交易所的问询函，并购基金投资领域与上市公司主营业务是否存在协同效应，上市公司所面临的投资失败或亏损的风险、内部管理风险，上市公司与相关方是否存在关联交易及其他利益安排等，均是监管机构重点关注的方面。

（三）上市公司参与私募股权基金的发展前景

上市公司与私募股权基金的结合是资本市场的新常态，上市公司与私募股权基金联合发起设立产业并购基金，已成为上市公司产业布局、并购重组抑或市值管理的标配。多数并购基金以投资上市公司主业相关领域为目的，在资产达到约定条件后，通过优先出售给上市公司以实现退出。2014 年以来，“上市公司 + PE”逐渐成为资本市场上的热点，并受到广泛关注。据初步统计，仅 2015 年初至 7 月底，沪市就有 56 家上市公司与私募股权基金设立 81 只产业基金（或者并购基金），总投资规模达 1 274 亿元。同期，私募股权基金还通过参与定增或者重大资产重组、协议转让、二级市场举牌等，共入股 200 余家上市公司。

在这种合作模式中，上市公司可以通过并购基金提前了解目标企业，降低未来并购信息不对称的风险。同时，私募股权基金投资团队所拥有的对于项目的甄选经验和运作能力可以帮助上市公司发掘并购机会，在提高并购项目成功率的同时有效降低并购带来的风险和负面效应。另外，上市公司仅需付出部分资金，且能够根据项目推进程度逐期支付，剩余资金由外部募集，具有杠杆收购的特质，这样在加强公司外延扩张的同时合理降低了公司投资整合可能存在的风险。这种模式也因此成为众多上市公司 LP 的最优选择。

但是，上市公司 LP 在双方合作过程中所承担的风险亦是不容小觑的，主要表现在：一方面，产业投资具有周期长、流动性低的特点，且投资并购过程中将受宏观经济、行业周期、投资标的公司经营管理、并购整合等多种因素的影响，上市公司极有可能面临投资效益不达预期或基金亏损的风险。另一方面，双方在合作过程中往往涉及一些敏感的商业信息，为内幕交易、操纵股价、利益输送等违规行为的发生提供了便利，在一定程度上对投资者和证券市场的交易安全造成了负面影响，上市公司也极易因为上述行为受到监管机构的问询和行政处罚。

总体而言，上市公司通过并购基金的设立放大自身的投资能力并培育或锁定潜在的并购对象，能够最大限度地提高并购效率与资金使用效率。但对于私募股权基金而言，能否拥有长期的价值投资视野，结合或评估上市公司及潜在并购对象的增长战略，挖掘产业及公司运营的潜在增长点，通过持续地向企业输入运营管理、市场等方面的战略性资源，协助企业主体优化并提升商业模式，以提高企业经营效率和可持续发展能力则是私募股权基金需要关注和思考的问题。

鉴于国内并购基金发展仍然处于初级阶段，短期内上市公司与私募股权基金，或券商合作设立并购基金进行协同并购的模式仍不成熟。随着监管政策完善和上市公司自身业务整合需要，上市公司参与设立并购基金并投资的领域将进一步拓宽、加深，我国并购基金或将步入快速发展期，未来数年内协同并购基金有望成为我国私募股权投资市场较重要的基金类型。

专题2　民间型LP、非营利性LP以及母基金型LP的法律分析

随着中国经济的快速发展以及“一带一路”倡议等政策的规划和实施，越来越多的资本需要更为市场化的投资平台，私募股权基金也迎来新的发展机遇。中国私募股权投资市场的传统LP主体，如：社保基金、保险资金等在一段时间内仍将是中国私募股权投资市场的主流投资者形式。另外，以家族基金、高净值人群为代表的民间型LP，以捐赠基金、公益基金、慈善基金为代表的非营利性LP以及母基金型LP等形式的投资者也已经出现，并将日渐成为更为主流的投资者形式。尽管民间型LP、非营利性LP以及母基金型LP已经逐步参与到私募股权投资中，但目前并没有具体的法律法规对于这些类型主体如何参与私募股权投资予以具体规制。关于这些类型LP的相关法律问题，本文简要分析如下。

一、民间型LP的法律分析

民间型LP并非法律专业词汇，目前并无针对民间型LP的专门定义。就本专题而言，民间型LP是对家族基金、高净值人群为代表的民间型资本类型的统称（以下将家族基金及高净值人群资金统称

为“民间型LP”)。关于民间型LP如何参与私募股权投资并无针对性的法律法规,仍以2014年8月证监会发布的《私募投资基金监督管理暂行办法》(证监会令〔105〕号)中对于合格投资者的基本要求为主要依据。本部分将就民间型LP的基本概念、发展概况及其参与私募股权投资的相关问题进行简要分析。

(一)民间型LP的基本概念

民间型LP主要包括家族基金及高净值人群。家族基金是指资金主要来源于同一家族多个成员的基金,其表现形式包括信托、离岸公司或单一户头、银行账户等。家族基金的资金主要来源于一个家族或同一个家族成员的捐赠,反映了创始人对家族未来发展、家族成员凝聚力和传承家族精神的愿望。一般情况下,家族基金至少由一个家族成员无偿担任家族基金的理事、财产受托人等重要监管职位。

高净值人群是指具有相当经济实力的富裕人群,根据相关法规规定[①],一般是指个人资产规模在600万元人民币以上的个人。随着中国经济的不断发展,高净值人群的规模也在急剧增长。胡润研究院的调查显示,2012年中国高净值人群的规模为270万,2016年此数字已经增长至340多万。

(二)民间型LP的发展概况

得益于较高的GDP增长、人口红利、资本市场的快速发展等因素,中国富裕人口的规模正在不断扩大。家族基金经历了从无到有的发展,高净值人群也经历了规模从小到大的阶段。以家族基金及高净值人群为代表的民间型LP的形成与发展成为国家社会经济生活中必不可少的因素。

---

① 此处相关法规是指国家税务总局、财政部、中国人民银行、中国银行业监督管理委员会、中国证券监督管理委员会、中国保险监督管理委员会联合发布的《非居民金融账户涉税信息尽职调查管理办法》。

1. 家族基金的发展概况

美国作为一个超级大国以及经济最为发达的国家，是家族基金发展得最早和最为成熟的国家。美国家族基金起源于镀金时代①以摩根家族、洛克菲勒家族为代表的富豪家族为管理和传承家族资产成立的家族办公室。21世纪初创立的比尔及梅琳达·盖茨基金会，创建了资产管理与施赠项目管理分离的双治理模式，成为现代家族基金的重要代表，该家族基金会也是目前全球最大的家族基金。美国的家族基金会作为全球家族基金资产管理的标杆，在不同领域对美国本土甚至全球的公益事业起到了重要的推动作用。

日本作为亚洲发达国家之一以及典型的东方文化的代表，家族基金的发展也较为成熟。家业的维系是日本家族企业发展的原动力之一，家族企业的蓬勃发展为家族基金提供了健康持久的成长环境和充分的物质基础。基于家族企业发展中平衡企业内外环境的考虑，日本家族基金成为日本家业传承和社会发展的有效载体。

中国的家族基金发展目前仍处于起步阶段。公开的资料显示，截至目前中国家族基金大部分由改革开放后第一代创业者以股权捐赠和信托等形式创立。较为著名的包括蒙牛乳业集团创始人牛根生创立的老牛基金会以及福耀玻璃集团创始人、董事长曹德旺创立的河仁基金会，2014年马云创立的马云公益基金会也属于家族基金范畴。中国的家族基金发展时间较短，多数通过资产管理与慈善信托双治理的模式运作。捐赠股权是中国家族基金成立的主要方式，创业者通过转让其持有的部分或全部股权至基金会建立家族基金，基金会通过获取股息红利的方式维持运转。

2. 高净值人群的发展概况

社会经济的持续稳定增长是高净值人群形成及规模增长的重要原因。相关公开资料显示，作为发达国家的典型代表，美国至少有

① “镀金时代”一词取自马克·吐温于1873年出版的小说《镀金时代》，后来人们习惯用“镀金时代”来形容自南北战争结束到20世纪初的那一段美国历史。

2 023 518 个家庭的资产超过300 万美元，其中716 611 个家庭的资产达到500 万到1 000 万美元，318 978 个家庭的资产超过1 000 万美元；美国的高净值人群主要来自中产阶级家庭，1/5 是白手起家，只有10%是通过继承获得了财富。

经过30 多年的持续高速增长，中国目前已经成为世界第二大经济体，人均可支配收入突破2 万元人民币，私人财富得到了迅速的积累。相关公开资料显示，2015 年底中国个人可投资资产总额达到114 万亿元人民币，其中高净值家庭财富约占全部个人资产的41%，全年高净值人群可投资总额达到37 万亿元。目前中国的高净值人群呈现出地域分布集中、理财方式相对单一等特点。

（三）民间型LP 参与私募股权投资的法律探讨

随着中国富裕人群规模的不断扩大，民间型LP 的财富值也在不断增长。民间型LP 数量的不断增加及民间型LP 自身理财能力相对薄弱，引发了社会各界对于该部分财产管理及保值增值的关注。根据相关资料的整理分析，我国目前民间型LP 参与私募股权投资大致存下以下三种方式。

1. 直接参与私募股权投资

民间型LP 以其自身名义参与私募股权投资，即在家族基金及高净值人群满足私募股权基金合格投资者规定的情况下直接参与私募股权投资。民间型LP 采用直接参与私募股权投资的方式，可以享受较高的投资回报，满足其财富增长的目的，但由于民间型LP 进行私募股权投资的经验有限，如何选择较为可靠的GP 及相对稳健的投资产品仍然是民间型LP 面临的重要问题。民间型LP 直接参与私募股权投资，就目前情况而言，仍要承担一定的投资风险，且由于私募股权投资存在一定的投资周期，所以其流动性相对较差。

2. 间接参与私募股权投资

民间型LP 作为投资者通过证券公司、保险公司或信托公司提供的资产管理产品投资私募股权基金。民间型LP 通过间接方式参与私募股权投资存在一定的优势条件，如银行、保险公司等传统的金融机构一般具备专业投资者及完善的风控机制，可以有效地降低投资风险，另外银行以及保险公司等传统金融机构具备较强的资金实力，民间型 LP 资金的安全在一定程度上有所保障。但民间型 LP 间接投资私募股权基金也存在一定的不足之处，如收益相对于直接投资私募股权较低，在考虑通货膨胀因素的情况下，不能完全满足资金保值增值的投资需要。

3. 咨询模式

民间型 LP 接受财富管理公司的咨询服务并进行财富配置从而实现财产保值增值的目的。财富管理公司一般情况下会针对民间型 LP 提供较为多样性的资产配置建议，其中投资私募股权为其建议之一。就财富管理公司的咨询服务而言，一方面，投资经验相对丰富的财富管理公司提供的建议相对专业，能够满足民间型 LP 财产增值的需求；另一方面，由于我国对于财富管理公司并没有专业的评价机制或公认的行业标准，目前民间型 LP 尤其是高净值人群的投资经验尚存不足，部分财富管理公司以承诺较高投资回报为手段吸纳个人投资，甚至引发了非法吸收公众存款、集资诈骗等刑事案件。财富管理公司的可信度及投资的安全性受到一定挑战。

民间型 LP 是发达国家私募股权基金比重最大的投资群体，但在中国私募投资领域中所占比重仍然较小。总体来看，民间型 LP 基于财富增长而引发的资产配置需求已经引起了自身的重视。民间型 LP 开始寻求商业银行、保险公司、信托机构以及律师事务所、会计师事务所等专业机构为其提供资产配置的相关专业服务。另外，为了培养自身的投资理念并最大限度地实现自身财产的保值增值，通过设立私募股权基金管理人自行管理基金也成为诸多民间型 LP 的优先选择。随着银行、保险公司、信托公司以及会计师事务所、律师事务所等机构对于家族财产服务内容的日益全面，家族基金及高净值人群将逐渐成为私募股权投资中的重要主体。

二、非营利性 LP 的法律分析

随着社会财富的不断积累和国民教育程度的不断提升，公益基金、捐赠基金、慈善基金等具有非营利性质的社会团体不断出现。以公益基金、捐赠基金、慈善基金等为代表的基金会对我国公益事业的发展起到了重要作用，具有广泛的代表性。国务院于 2004 年 3 月 8 日发布的《基金会管理条例》（国务院令第 400 号），是规范我国基金会组织和活动针对性的制度规范。此处所述非营利性 LP 仅指以公益基金、捐赠基金、慈善基金为代表的基金会，下面就非营利性 LP 的基本概念、发展概况以及参与私募股权投资的相关政策进行简要分析。

（一）非营利性 LP 的基本概念

基于社会普通大众参与社会公益事业的需求，以公益基金、捐赠基金、慈善基金等基金会为代表的非营利性社会团体在社会生活中发挥着日益重要的作用。基金会是利用自然人、法人或者其他组织捐赠的财产，以从事公益事业为目的，按照《基金会管理条例》的规定成立的非营利性法人。基金会一般通过一个或多个赞助人捐赠来筹资，并通常由教育、文化和慈善机构以及某些专门为实现基金会特别目的而设立的机构来管理。随着社会功能的不断强化和拓展，致力于慈善、体育、教育等相关领域的非营利性 LP 在相应公益事业中存在持续的资金需求，因而非营利性 LP 财产的保值增值问题也日益受到关注。

（二）非营利性 LP 的发展概况

根据目前公开资料显示，专注于高校发展通过大学校友捐赠运行的教育基金会以及以捐赠形式建立并专注于慈善项目的慈善基金会，因资产管理和运作能力相对成熟和完善，在国内外均具有广泛的代表性。

1. 教育基金会的发展概况

在美国，教育基金会资金规模较大，对美国大学教育的促进作用极其显著。美国各大学教育基金会的资金除了校友募捐和富豪的捐赠外，还来自各领域投资收益的积累。美国的大学教育基金会多数由大学自己管理，大学教育基金会成立投资委员会负责基金投资决策，其资金主要用于支援学生奖学金、教授研究基金、兴建实验室和教学大楼等。得益于多元化的投资途径以及较为专业的理财方法，美国的大学基金会大多数形成了较大规模的资金汇集，构成大学发展的重要资金支持。

从募集渠道来看，中国的教育基金会多属于公募基金会，校友捐赠是基金会资金来源的一部分，基金会同时也接受社会各界的捐赠。以高校命名的教育基金会的资金多数来自校友捐赠，主要致力于支持大学的发展建设、奖励教学科研工作中的优秀教师以及资助优秀学生。其中，清华大学教育基金会与北京大学教育基金会在资产规模及组织管理方面具有较强的代表性。除高校教育基金会外，还存在以特定教育领域为关注点的教育基金会。如以支持我国学前教育、校外教育和家庭教育为主要目的的中国下一代教育基金会，以重点资助家庭经济困难学生顺利完成学业为宗旨的中国教育发展基金会等。这些基金会一般为公募基金会，且均具有一定的政府背景，旨在协助政府解决相应领域的教育问题。

2. 慈善基金会的发展概况

美国的慈善基金会主要以家族基金会的形式存在。基于社会因素及文化因素的考虑，富豪家族多通过建立基金会的形式管理家族财富，这些基金会大多数也存在慈善属性。美国的慈善基金会多在全球范围内从事慈善事业，包括促进第三世界国家医疗条件的改善等领域。1913 年建立的洛克菲勒基金会是美国成立较早的慈善基金会，其资金来源于洛克菲勒家族的捐赠，主要关注医疗卫生、农业改良、社会科学、人文艺术、种族问题、人口和环保等领域。比尔及梅琳达·盖茨基金会既是全球最大的家族基金会也是全球最大的慈善基金会，主要着眼于解决发展中国家的贫困、疾病等问题，具有广泛的影响力。

与中国的教育基金会相似，中国的公益基金会亦多为公募基金会，也存在一定数量个人捐赠的非公募基金会。中国的公益基金发轫于1981年7月成立的中国儿童少年基金会。自2004年国务院颁布《基金会管理条例》以来，公益基金行业进入快速发展阶段。2004年，全国公益基金会数量为733家，截至2016年7月末，全国公益基金会已经达到6 106家。影响力较大的公益基金会包括中国扶贫基金会、中国红十字基金会、中国荒漠化治理基金会等。

（三）非营利性LP参与私募股权投资的相关政策

根据《基金会管理条例》的相关规定，基金会参与私募股权投资已经得到认可，其作为非营利性LP参与私募股权投资已经在实践中取得了一定的成效。非营利性LP参与私募股权投资的相关政策汇总如下。

1. 非营利性LP具备参与投资活动的主体资格

《基金会管理条例》第二十八条规定："基金会应当按照合法、安全、有效的原则实现基金的保值、增值。"该条款从原则上对于基金会参与投资活动给予了认可。根据该条款，基金会参与投资活动首先要以自己的名义，其次要坚持合法、安全、有效的原则，再次要坚持财产的保值、增值，这也是基金会投资的唯一目的。另外，《基金会管理条例》第二十一条第三款规定，重要事项的决议，须经出席理事表决，2/3以上通过方为有效，如章程规定的重大募捐、投资活动等。可见基金会参与投资活动，应当遵守一定的程序规则以保证基金会投资活动的合法性。

2. 非营利性LP参与私募股权投资的相关规定

2014年8月证监会发布的《私募投资基金监督管理暂行办法》首先对慈善基金等参与私募股权投资给予了肯定，该办法第十三条规定，社保基金、企业年金等养老基金以及慈善基金等社会公益基金可视为合格投资者。2016年12月证监会发布的《证券期货投资者适当性管理办法》针对慈善基金等给予了专业投资者的清晰定位，该办法第八条规定，社保基金、企业年金等养老基金，慈善基金等社会公益基金，合格境外机构投资者（QFII）、人民币合格境外机构投资者（RQFII）均为专业投资者。2017年6月基金业协会发布《基金募集机构投资者适当性管理实施指引（试行）》，就专业机构投资者做了进一步规定，非营利性LP参与私募股权投资得以进一步细化。

3. 非营利性LP参与私募股权投资的实践效果

从投资标的来看，目前我国非营利性LP通过在企业上市之前（Pre-IPO），或预期企业可近期上市时的股权投资活动已经取得了一定的成绩，如清华大学教育基金会对诚致股份、众合机电、农业银行等上市公司均有投资。但目前基金会的投资方式仍以委托资产管理为主，同时也出现了自己设立投资部门或投资公司进行投资管理的情况，如友成企业家扶贫基金会设立了北京友成资产管理有限公司。

从投资效益的角度来看，投资收益对于基金会资金规模的积累作用仍然有限，基金会投资管理能力有待加强。根据北京市社会科学界联合会基金会中心网公布的数据，2015年资产规模前十与投资收益前十同时上榜的共有6家，包括清华大学教育基金会、河仁慈善基金会、北京大学教育基金会、中国青少年发展基金会、浙江大学发展基金会以及上海市慈善基金会。通过榜单对比来看，非营利性LP参与投资活动取得了一定的成绩，如投资收益最好的清华大学教育基金会，2015年度投资收益达35 709万元，但整体来说投资收益率仍有一定的提升空间。

三、母基金型LP的法律分析

由于公募基金投资方向的限制以及本书只专注于私募股权LP的法律分析，此处的母基金指的是通过非公开方式募集且投资方向主要是私募股权基金的母基金。本部分将就该类型母基金型 LP 的基本概念、发展概况及法律监管体系等方面进行简要分析。

(一) 母基金型 LP 的基本概念

私募股权投资基金的基金(PE Fund of Funds,以下称“PE FOF”或“私募股权母基金”)是指专门向私募股权基金投资的基金,一般不直接投资企业(跟投除外),在全球,它已成为私募股权基金产业链条上的重要一环。与普通的私募股权基金相比,PE FOF 同时扮演了 GP 和 LP 的双重角色。面对投资者时,PE FOF 充当 GP 角色,为投资者管理资金并选择私募股权基金进行投资;而当面对创业投资基金、并购基金和成长基金等私募股权基金时,PE FOF 又充当了 LP 的角色,成为私募股权基金的投资者。PE FOF 的业务主要包括两类:初级投资和二级投资。前者指母基金在私募股权基金募集时对基金进行投资,成为基金投资者;后者指母基金在私募股权基金募集设立完成后,对存续基金或其投资组合公司进行投资。PE FOF 也可按照其投资对象特点进行分类,有的专门投资于中等规模的收购基金,有的主要投资于小规模基金,有的投资于特定产业的私募股权基金。

PE FOF 的主要特点包括:第一,专业度高。PE FOF 通过资深的研究员和投资决策委员会来决定所投基金标的,因此其决策往往更专业科学,对于市场的投资方向更有把握。第二,风险分散。投资者通过投资 PE FOF 等于间接地投资了多只基金产品,这样能有效避免将鸡蛋放在一个篮子里的风险,同时专业的私募股权母基金团队还能通过资产配置获得一定收益。第三,具有规模效应。PE FOF 作为一个渠道,可以将募集到的个人投资者资金以机构投资者的身份进行投资,因此往往可以获得一些投资高门槛或者名额稀缺的私募基金的机会。

(二) 母基金的发展概况

PE FOF 起源于 20 世纪 70 年代的美国,其最初形式为投资于一系列私募股权基金的基金组合。20世纪80年代，先锋基金推出了第一只共同基金FOF，此后FOF产品种类日益繁多，并逐渐被用于养老金的投资与管理。2000年之后，PE FOF产品在美国迎来了新的爆发式增长。美国FOF行业集中度极高，其中先锋基金、富达基金、普信基金等占据了较大的市场份额。美国PE FOF的主要管理模式包括内部PE FOF管理人 + 内部基金模式以及全外包模式等。

PE FOF进入中国较晚，第一只PE FOF成立时间为2003年，但随后发展平稳，年复合增速达到35.41%，特别是在2015年以后出现井喷式增长。根据清科研究中心数据，截至2016年上半年，中国私募股权市场上活跃的FOF共计1175只，管理资本总量近25 000亿元人民币。政府引导基金、国有企业参与设立的市场化PE FOF、民营资本运作的市场化人民币PE FOF为私募股权母基金的三大阵营。其中，占据主导地位的政府引导基金，利用私募股权母基金的运作，选择专业的投资团队可以有效地扩大财政资金影响范围，引导社会资本介入，快速培育本地产业，特别是政府希望扶持的新兴产业。近年来，国有企业参与设立的市场化PE FOF和民营资本运作的市场化PE FOF的发展也呈现明显加速态势。市场化PE FOF中比较典型的代表机构是歌斐资产、紫马基金、盛世投资、景天控股等。

（三）母基金法律监管体系

1. 政策演变

2003年10月28日发布的《证券投资基金法》并未明确母基金的主体地位，其第五十九条规定："基金财产不得用于买卖其他基金份额，但国务院另有规定的除外。"2011年发改委发布的《关于促进股权投资企业规范发展的通知》（发改办财金〔2011〕2864）提到规范对象包含以股权投资企业为投资对象的股权投资母基金，随后母基金参与私募股权投资得以进一步发展。2014年6月证监会发布《私募投资基金监督管理暂行办法》，私募基金的主管部门由发改委变更为证监会，该办法第二条明确规定："私募基金财产的投资包括买卖股票、股权、债券、期货、期权、基金份额及投资合同约定的其他投资标的”，意味着PE FOF也由证监会及其派出机构进行监管。总体来说，由于目前我国公募基金FOF、私募基金FOF发展存在差异，所以我国公募基金FOF的监管政策相对全面具体，私募基金FOF的监管政策则相对泛化。

2. 私募股权母基金作为基金产品类型的业务规则

2017年初，基金业协会资产管理业务综合报送平台进行了更新，更新后在私募股权基金备案类型中可以选择PE FOF进行备案，意味着基金业协会正式对私募股权母基金进行自律监管。私募股权母基金在运营过程中也需要遵守私募股权基金管理的自律规则及业务操作规范，募集、投资、监管及退出均需要遵从私募股权基金的内控原则。

总体而言，不论是证监会层面还是基金业协会层面针对私募股权母基金的监管都已经初具规模，但私募股权母基金作为私募股权LP投资于私募股权基金仍处于初级阶段，根据相关资料，截至2016年底，已登记的私募股权母基金规模约为1万亿元，但管理规模在100亿元以上的私募股权母基金机构仅20家左右，母基金型LP存在很大的发展空间。

专题3 在中国谁不可以投资私募股权基金

一般而言，只要满足合格投资者相关规定的个人或企业均可成为私募股权投资基金的投资者。即便如此，基于我国当前的现实情况，除了前述章节中提到的养老型基金LP、金融机构型LP、政府型LP、企业型LP以及民间型LP等主体外，还存在诸多其他特殊类型的主体，这些“特殊主体”能否在私募股权基金中担任LP，将在本专题中予以探讨。

根据2017年3月15日全国人民代表大会颁布的《民法总则》，民事主体分为自然人、法人及非法人组织。其中，法人包括营利法人、非营利法人、特别法人。本章讨论的大部分主体均属于营利法人的范畴，在大多数情况下，它均可担任私募股权基金的LP。本专题将就非营利法人、特别法人以及非法人组织中部分特殊主体能否担任私募股权基金LP整理汇总如下。

一、非营利法人

根据《民法总则》的规定，非营利法人是指为公益目的或者其他非营利目的成立，不向出资人、设立人或者会员分配所取得利润的法人。非营利法人主要包括事业单位、社会团体、基金会、社会服务机构等。此处将主要讨论事业单位、社会团体、社会服务机构等是否具备LP主体资格的问题。

（一）事业单位

事业单位是指国家为了社会公益目的，由国家机关举办或者其他组织利用国有资产举办的，从事教育、科技、文化、卫生等活动的社会服务组织。事业单位的功能主要是提供公共事业产品，其所从事的事业多是政府职能所派生出来的具体事务。在经费来源方面，事业单位基本上是由国家财政统一拨款，涉及教育、科学、技术、文化、卫生、体育等各个领域。

国务院机关事务管理局于2009年发布的《中央行政事业单位国有资产管理暂行办法》（国管资〔2009〕167号）第二十九条规定："各部门行政单位和参照公务员法管理的单位，不得将国有资产用于对外投资。其他事业单位应当严格控制对外投资，不得利用国家财政拨款、上级补助资金和维持事业正常发展的资产对外投资。"该规定对参照《公务员法》管理的单位参与投资给予了否定，而对其他事业单位则予以限制。财政部于2012年发布的《事业单位财务规则》（财政部令第68号）明确禁止事业单位投资私募股权基金，该规则第四十四条规定："对外投资是指事业单位依法利用货币资金、实物、无形资产等方式向其他单位的投资。事业单位应当严格控制对外投资。在保证单位正常运转和事业发展的前提下，按照国家有关规定可以对外投资的，应当履行相关审批程序。事业单位不得使用财政拨款及其结余进行对外投资，不得从事股票、期货、基金、企业债券等投资，国家另有规定的除外。”

综上所述，事业单位不能直接参与私募股权投资，不能担任私募股权基金LP。但由于事业单位可以对外投资成为企业法人的股东，因而事业单位通过间接方式投资私募股权基金仍是可行的。从立法本意来看，由于事业单位具有公益属性，其财产多为财政拨款并具有明确的资金用途，参与私募股权投资风险相对较大，因而禁止其直接参与私募股权投资。

（二）高校

高校是对国民教育体系中高等教育阶段承办院校的统称，包括大学、专门学院、高等职业技术学院、高等专科学校等。高校按照办学单位即资金来源，分为公办高校及民办高校，其中公办高校属于事业单位，民办高校属于社会服务机构。

公办高校属于一种特殊类型的事业单位，其不能直接成为私募股权基金的LP。在实践中，有些高校通过组建资产公司对外进行投资，成为私募股权基金投资主体。根据《教育部关于积极发展、规范管理高校科技产业的指导意见》（科技发〔2005〕2号）第七条规定：“高校除对高校资产公司进行投资外，不得再以事业单位法人的身份对外进行投资。高校以出资人身份向高校资产公司派出董事会和监事会成员，董事会和监事会依据《公司法》的规定行使相应职权。”由该规定可见，正是基于事业单位的公益属性，要求高校不得以事业单位法人身份直接对外投资，同时高校从事投资活动也具有一定的程序性要求。

民办高校存在社会服务机构及企业法人两种形式，以有限责任公司或股份有限公司等企业法人实体经营的民办高校当然可以参与私募股权投资成为私募股权基金的LP，属于社会服务机构的民办高校能否成为私募股权基金的LP参见本专题社会服务机构部分。

（三）社会团体法人

社会团体，是指中国公民自愿组成，为实现会员共同意愿，按照其章程开展活动的非营利性社会组织。社会团体具有准官方性质，主要包括人民群众团体、社会公益团体、文学艺术团体、学术研究团体等。基金会是社会团体的特殊形式，其参与私募股权投资的情况前文已经阐述，本处讨论的主体为除基金会之外的社会团体。

国务院出台的《社会团体登记管理条例》（2016年修正）第四条第二款规定："社会团体不得从事营利性经营活动。"因此社会团体法人不能直接从事营利性活动。另外，在1995年国家工商总局、民政部发布的《关于社会团体开展经营活动有关问题的通知》（已失效）规定："社会团体开展经营活动，可以投资设立企业法人，也可以设立非法人的经营机构，但不得以社会团体自身的名义进行经营活动。社会团体从事经营活动，必须经工商行政管理部门登记注册，并领取《企业法人营业执照》或《营业执照》。"虽然该通知已经于2010年失效，但从各地民政部门的答复来看，对于社会团体（基金会除外）开展经营活动的总体宗旨未变，社会团体（基金会除外）开展经营活动，仍需要通过设立企业法人的形式开展。

综上所述，社会团体（基金会除外）不能以自身名义进行经营活动，即不能直接参与私募股权投资，但可以通过设立企业法人的方式间接参与私募股权投资，成为私募股权基金的LP。

（四）工会

根据《工会法》规定，工会是职工自愿结合的工人阶级的群众组织。工会的一般法律性质是社团法人。中华全国总工会、地方总工会、产业工会具有社会团体法人资格。工会的主要职能是保证工人的基本权益。

《工会法》第十四条规定："中华全国总工会、地方总工会、产业工会具有社会团体法人资格。基层工会组织具备民法通则规定的法人条件的，依法取得社会团体法人资格。"工会属于社会团体的一种，其不可以直接参与私募股权投资，但可以通过间接方式成为私募股权基金的LP。但需要提示的是，根据证监会发布的《关于职工持股会及工会持股有关问题的法律意见》(法协字〔2002〕第115号)，工会成为上市公司的股东与其设立的宗旨不符，并据此停止对工会作为发起人或股东的公司的发行申请进行审批。该反馈代表了证监会的倾向性态度，但并未明确工会持股违法。

综上所述，工会间接成为私募股权基金的LP并通过私募股权基金投资企业时，被投资企业上市申请可能面临不被证监会接受的风险，但鉴于现行私募股权基金的退出渠道日益多样化，选择上市以外的退出方式有可能避免前述风险。鉴于此，工会间接作为私募股权基金的LP时，需多方面慎重考虑。

(五) 职工持股会

职工持股会是指公司工会下属从事内部职工持股管理，代表持有内部职工股的职工行使股东权利并以公司工会社团法人名义承担民事责任的组织。职工持股会由持有内部职工股的职工组成，承担内部职工股发行、登记及管理的职能。

《社会团体登记管理条例》(2016年修正)第三条第三款规定，机关、团体、企业事业单位内部批准成立、在本单位内部活动的团体不属于本条例登记范围。职工持股会作为内部活动的组织已经不再登记为社会团体。职工持股会不是合法的组织形式，不再具备合法的对外投资主体资格。因此，职工持股会不能参与私募股权投资，不能成为私募股权基金的LP。

(六) 社会服务机构

社会服务机构即民办非企业单位，是指企业事业单位、社会团体和其他社会力量以及公民个人利用非国有资产举办的，从事非营利性社会服务活动的社会组织。

国务院于1998年发布的《民办非企业单位登记管理暂行条例》（国务院令第251号）第四条规定："民办非企业单位不得从事营利性经营活动。"因此，民办非企业单位被禁止参加私募股权投资。值得关注的是，在2016年5月26日出台的《社会服务机构登记管理条例草案》中，删去了"不得从事营利性经营活动"的条款，但是该条例并未生效，且社会服务机构的非营利性质并没有改变。未来的趋势是，社会服务机构仍然不能担任私募股权基金的LP。前文所讨论的民办高校也属于本范畴，因此也不能成为私募股权基金的LP。

二、特别法人

《民法总则》的特别法人包括机关法人、农村集体经济组织法人、城镇农村的合作经济组织和基层群众性自治组织。本部分将就机关法人、全民所有制企业、乡镇企业以及村民委员会等主体能否作为LP参与私募股权投资进行探讨。

（一）机关法人

机关法人是指依法享有国家赋予的权力，以国家预算作为活动经费，因行使职权的需要而享有民事权利能力和民事行为能力的各级国家机关。机关法人成立的方式为特许设立，取决于宪法和法律的规定，无须经专门机构核准登记。

国务院机关事务管理局于2009年发布的《中央行政事业单位国有资产管理暂行办法》（国管资〔2009〕167号）第二十九条规定："各部门行政单位和参照公务员法管理的单位，不得将国有资产用于对外投资。其他事业单位应当严格控制对外投资，不得利用国家财政拨款、上级补助资金和维持事业正常发展的资产对外投资。"机关法人属于行政单位，不能参与私募股权投资。

（二）全民所有制企业

全民所有制企业是指企业财产属于全民所有的，依法自主经营、自负盈亏、独立核算的商品生产和经营单位。全民所有制企业是广义的国有企业中的一种。

目前，针对全民所有制企业的专门法律为《全民所有制工业企业法》（2009年修订），该法律中并无对于全民所有制企业参与投资活动的禁止性规定。全民所有制企业是我国特殊的社会制度条件下的一种特殊企业形式，其本质上仍属于企业法人，因而在法律法规无特殊禁止性规定的情况下，全民所有制企业可以投资私募股权基金，成为私募股权基金的LP。

（三）乡镇企业

乡镇企业是指农村集体经济组织或者农民投资为主，在乡镇（包括所辖村）举办的承担支援农业义务的各类企业。此处所称投资为主，是指农村集体经济组织或者农民投资超过50%，或者虽不足50%，但能起到控股或者实际支配作用。乡镇企业符合企业法人条件的，依法取得企业法人资格。

乡镇企业并非一类特殊的企业主体，而是从所有制性质上对企业的一种划分，此类企业可能是公司，也可能是非公司制的企业。全国人大常委会于1996年颁布的《乡镇企业法》中并没有对于乡镇企业参与私募股权投资的禁止性规定，从原则上来说，只要其符合合格投资者的相关要求即可投资私募股权基金，成为私募股权基金的LP。

（四）村民委员会

村民委员会为中国大陆地区乡（镇）所辖的行政村的村民选举产生的群众性自治组织，是村民自我管理、自我教育、自我服务的基层群众性自治组织，村民委员会有管理村民集体财产的职能。

全国人大常委会颁布的《村民委员会组织法》（2010年修订）

第八条第二款规定："村民委员会依照法律规定，管理本村属于村农民集体所有的土地和其他财产，引导村民合理利用自然资源，保护和改善生态环境。"通过该条文可见，村民委员会可以管理属于村民集体所有的全部财产，其参与投资活动并未被法律所禁止。因而在法律并未禁止的情况下，只要村民委员会履行了《村民委员会组织法》的民主程序，便可以参与私募股权投资，成为私募股权基金的LP。

三、非法人组织

非法人组织是指不具有法人资格，但是能够依法以自己的名义从事民事活动的组织。其主要包括个人独资企业、合伙企业、不具有法人资格的专业服务机构等。其中个人独资企业以及合伙企业符合合格投资者的相关规定，可以成为私募股权基金的LP，本专题就律师事务所、会计师事务所等不具有法人资格但从事民事活动的专业机构是否能够成为私募股权基金LP进行探讨。

（一）律师事务所

律师事务所是指律师执行职务进行业务活动的工作机构，其在规定的专业活动范围内，接受当事人的委托，提供各种法律服务。依照成立人数的不同，律师事务所可以分为个人律师事务所和合伙制律师事务所。

《律师法》第二十七条规定："律师事务所不得从事法律服务以外的经营活动。"因此，律师事务所基于其特殊的社会分工，在社会中应当承担中立的角色，故而只能专注于法律服务。由于律师事务所参与投资活动是被法律禁止的，因而律师事务所不能投资私募股权基金，不能成为私募股权基金的LP。

（二）会计师事务所等专业服务机构

会计师事务所是指依法独立承担注册会计师业务的中介服务机构，是由有一定会计专业水平、经考核取得证书的会计师组成的，受当事人委托承办有关审计、会计、咨询、税务等方面业务的组织。

目前，对于会计师事务所等专业服务机构参与私募股权投资没有禁止性规定，但鉴于国家工商总局于1998年1月7日出台并于2006年6月13日废止的《公司登记管理若干问题的规定》第二十一条规定："会计师事务所、审计师事务所、律师事务所和资产评估机构不得作为投资主体向其他行业投资设立公司。"各地工商局有普遍拒绝中介机构对外投资的实践做法。一般认为，此类中介机构设立的目的是为会计师等提供执业与管理的平台，在法律条文中对其设立目的、执业范围及行业管理均有明确规定，其应该具备中立的地位，参与投资会影响其在主营业务中的中立地位。因此不建议此类中介机构参与私募股权投资，成为私募股权基金的LP。另外，公司制的会计师事务所等专业机构，原则上来说，其作为企业法人参与对外投资并不存在实质性障碍，但鉴于其特殊的经营范围，也不建议其参与私募股权投资。

鉴于当前我国处于经济转型的特殊历史时期，因而存在诸多特殊的主体。综上所述，非营利法人一般情况下均不能成为私募股权基金的LP，事业单位、职工持股会、社会服务机构均在法律法规层面受到了直接禁止，社会团体法人、高校、工会虽然并未受到明确禁止，但均不得直接参与私募股权投资。在特别法人中，机关法人绝对不能参与私募股权投资，全民所有制企业、乡镇企业以及村民委员会等由于未有禁止性规定，因而可以参与私募股权投资。非法人组织中，基于律师事务所具有行业自律的特殊性，所以对其参与私募股权投资予以绝对禁止；其他中介机构如会计师事务所等，虽未有行业自律规则，但在实践中也一般不会参与私募股权投资，所以不会成为私募股权基金的LP。

第三章 私募股权LP的多样性与价值取向

进入21世纪后，中国私募股权基金进入快速发展阶段。同时，随着我国综合国力的提升和社会经济的发展，各类实体以及个人所拥有的资本越来越多，资本的质量也在不断提升，由此也产生了大量的投资需求。在我国经济持续高质量发展和投资政策不断优化的背景下，我国私募股权LP在呈现出多样性特征的同时，也表现出了不同的价值取向。

第一节　私募股权LP的多样性

随着我国私募股权基金投资政策的不断放开，根据投资者主体类型、投资目的以及投资资金性质的不同以及是否具有营利性，LP表现出多样性。

一、个人LP与机构LP

根据投资者形态的不同，私募股权LP可以分为个人LP和机构LP。个人LP主要指高净值个人，需要满足严格的准入限制，尤其在收入方面需要满足较高的资产要求；机构 LP 主要包括养老型基金 LP、金融机构型 LP、政府型 LP 及企业型 LP。机构 LP 通常具有较强的资金及资源优势，能够运作较大规模的资金。

二、营利性 LP 与非营利性 LP

从营利性的角度出发，私募股权 LP 可以分为营利性 LP 和非营利性 LP，市场中的大多数私募股权 LP 为营利性 LP。非营利性 LP 包括公益基金、捐赠基金、慈善基金，它们多以基金会的形式存在，是利用自然人、法人或者其他组织捐赠的财产，从事公益性事业的社会团体，在社会生活中发挥着日益重要的作用。

三、产业投资型 LP 与财务投资型 LP

根据投资目的的不同，私募股权 LP 可以分为产业投资型 LP 和财务投资型 LP。为了和产业上下游建立联系，构建协同关系，产业投资型 LP 的主体多为谋求获得长期回报和企业可持续发展的大企业、大集团。一般来说，产业投资型 LP 倾向于长期持有投资项目，通过私募股权基金间接与被投资企业进行业务协同，从而在一级市场获得更高的收益和回报。

财务投资型 LP 以获得短期利益为投资目标，其多以金融机构型 LP 为主，更注重直接的投资收益，一般不参与企业日常经营管理，更关心其所投资的私募股权基金的回报情况，对被投资企业的长期发展并不是十分重视。

四、政策型 LP 与市场型 LP

根据资金来源的不同，可以分为政策型 LP 和市场型 LP。政策型 LP 通常由政府参与出资、设立、监督管理，带有一定的政策性目标，主要通过吸引社会资本发挥政府资金的杠杆放大作用，并引导社会资本投向特定地域或特定产业。由于政策型 LP 带有政策性目标，因此在参与私募股权投资时，对被投资基金的要求较多，有时还会采取公开招标的方式进行筛选。

市场型 LP 在投资私募股权基金时以收益最大化为原则，在合法合规的前提下可以投资的领域较为广泛。另外，市场型 LP 通常会参考信息库、数据库的内容或通过其长年积累的资源与经验，更加专业地筛选私募股权基金或基金管理人。

第二节　私募股权 LP 的价值取向

价值取向，可以理解为人们把某种价值作为自身行动的准则和追求的目标。因此价值取向具有一定的实践特征，它的突出作用是决定、支配主体的价值选择。中国式私募股权 LP 在参与私募股权投资的过程中，基于自身的特征、属性、资金来源、监管要求等差异形成风险偏好、投资收益、投资领域、投资方式等不同的价值取向，作为其参与投资的准则和目标。

一、投资风险偏好

（一）概述

风险偏好是指机构或个人投资者在承担风险种类方面的基本态度以及对风险大小的接受程度。风险意味着不确定性，投资者面对此种不确定性所表现出的态度、倾向便是其风险偏好的体现。一般而言，能够承受一定风险的投资者，在投资时会选择风险较大的投资项目，如期货、股票等；风险承受能力一般的投资者，在投资时会选择风险相对较小的稳健投资产品，如国债、银行存款等。

根据风险偏好的不同，大致可以将投资者分为三大类：保守型投资者、稳健型投资者和进取型投资者。

保守型投资者在投资私募股权基金时，希望本金的安全能够得到保障，并在此基础上获得较为稳定的投资收益。本金不受损失和保持资产的流动性是保守型投资者的首要目标。

稳健型投资者往往专注于私募股权基金的长期、稳步增值。该类投资者可以承受一定的投资收益波动，但又希望自己的投资风险小于市场的整体风险。

进取型投资者高度追求私募股权基金的投资回报，愿意且有能力承受较大的风险。该类投资者会为提高投资收益而采取一些行动，以换取资金大幅度增值的可能性。

（二）代表性 LP 的风险偏好分析

1. 社保基金

社保基金作为专门用于人口老龄化高峰时期的养老保险等社会保障支出的补充与调剂资金，它的投资原则是安全性、收益性和长期性，投资理念是坚持长期投资、价值投资和责任投资。社保基金按照审慎投资、安全至上、控制风险、提高收益的方针进行投资、运作与管理，以确保资金的安全并实现保值增值。从上述社保基金的投资原则、投资理念以及投资方针可以看出，社保基金最为看重的就是“安全性”，因此其属于保守型的私募股权 LP。

2. 保险资金

保险资金主要来源于保单的销售，具有资金稳定且规模较大的特点。由于保险资金属于保障性资金，其对投资对象与交易结构的安全性要求较高。另外，保险资金在投资运作时还需满足较高的内控标准以及严格的监管要求。因此，保险资金投资私募股权基金的三项原则依次为：安全性、流动性、收益性。从上述保险资金的资金来源特点可以看出，保险资金作为机构 LP，属于保守型的私募股权 LP。

二、投资收益

（一）概述

投资收益是指投资者对外投资所得的收入。LP 投资私募股权基金，意在获得资本增值、取得投资回报。私募股权基金的更高回报率，是 LP 永恒不变的追求目标。社会资本主导的 LP 往往具有先天的逐利性，但具有政策属性的政府型 LP 基于其自身性质，并不将更高投资收益作为其首要目标。

（二）代表性 LP 投资收益偏好分析

为更好地发挥政府出资的引导作用，政府型 LP 在参与私募股权投资时会选择适当让利。以 3 个较有代表性的政府型 LP 为例：（1）吉林产业投资引导基金原则上将其应享有子基金增值收益的 30% 奖励给子基金管理人，30% 让利给子基金其他出资人；（2）哈尔滨创业投资引导基金将超出门槛收益的部分让利给私募股权基金 GP，前提是投资于黑龙江省行政区划范围内企业的资金不低于子基金可投资总额的 50% 或引导基金出资额的 2.5 倍，其中，投资于哈尔滨市行政区划范围内企业的资金不低于子基金可投资总额的 40% 或引导基金出资额的 2 倍；（3）江西省科技成果转化引导基金的让利规定是：子基金对江西省内企业投资额达引导基金出资额 3 倍以上的，引导基金可将部分投资收益奖励子基金管理机构。

但在提供让利的同时，政府型 LP 也对其参与投资的私募股权基金设定了特殊条件，比如要求基金必须对当地企业的投资达到一定比例，基金必须投资当地的某些新兴产业和领域，或要求基金协助地方政府吸引更多优秀企业落户当地。

三、投资领域

（一）概述

投资领域是指LP通过私募股权基金所投向的行业或产业，以下因素会影响其对投资领域的选择：第一，分散风险。投向单一行业或产业领域，可能因宏观调控、政策导向、市场波动等客观情况的影响而出现较大投资风险，因此LP通常会选择多个投资领域。第二，追逐热点。我国社会经济进入高速发展阶段，新兴行业或新生事物层出不穷。部分LP倾向于跟随投资风口，追逐时下热门行业或产业进行投资，以期未来实现高投资回报。第三，贴合政策。部分LP因其资金来源、设立目的、自身性质等特征，通常专注于投资符合国家产业政策、经济导向的领域。

（二）代表性LP的投资领域分析

1. 政府型LP

政府型LP基于其资金来源的特性以及自身性质，宗旨是发挥财政资金的杠杆放大作用，投资目的主要是支持和吸引社会资本进入特定的领域和产业。社会资本更偏好于投资期相对较短且收益率高的领域，政府型LP以政府信用吸引社会资本投向投资期长但收益相对不确定的领域，以此调整和改善社会资金配置，有利于我国产业结构的调整升级。政府型LP偏好的投资领域包括：基础设施领域、住房保障领域、生态环境领域、区域发展领域、战略性新兴产业和先进制造业领域以及创业创新等领域。

2. 保险资金

保险资金具有金额总量庞大、投资周期长等特性，可投资领域相对广泛，涵盖金融、医疗、养老、健康、消费、汽车服务、新型商贸流通以及电信、科技、军工制造、机械制造、基础设施、节能环保、新技术等诸多领域。因此，保险资金是服务实体经济、支持国家社会经济发展战略的中坚力量。新经济形势下，保险资金将更加倾向于投资"一带一路"相关领域、国家重大基础设施项目、国家区域经济发展项目等。

四、投资方式

（一）概述

股权投资中，直接投资是指投资者将货币资金或其他资产直接投入被投资企业，从而取得被投资企业的股权（份）；间接投资是指投资者进行私募股权投资，通过持有私募股权基金份额的方式间接取得被投资企业的股权（份）；共同投资，也称跟投，是指 LP 在投资私募股权基金的同时还直接投资于基金所投资的企业，即直接投资和间接投资相结合。

近年来，一些机构型 LP 已经逐渐开始进行直接投资。这样不仅能降低 LP 所负担的总费用，也提高了 LP 的投资效率。一般来说，这些直接投资都是通过共同投资来实现的。共同投资中 LP 的合作对象通常为与其关系密切的 GP，投资对象为私募股权基金投资的企业或者 GP 推荐的其他企业。

共同投资产生的原因通常是私募股权基金有投资多元化要求，不能大规模地投资到单一项目中。LP 通过共同投资，除了能节约费用以外，还能在尽职调查、项目监督和项目退出等方面积累经验。

（二）代表性 LP 的投资方式分析

1. 母基金

母基金一般偏好于间接投资，但在某些情况下也会考虑跟投。例如，私募股权子基金对外投资时存在单个项目投资额的比例限制，如果 GP 想就同一投资项目加大投资额，就可能邀请母基金进行跟投。

2. **保险资金**

保险资金倾向于选择间接投资主要基于以下三个方面的考虑：

第一，相对于直接投资而言，间接投资的回报率较高且投资周期较短。

第二，监管部门对进行直接投资的保险机构的资金实办专业性及专业人员经验能力等方面的要求高于进行间接投资的保险机构。

第三，间接投资基于投资多样性的要求通过采取组合投资等方式分散风险。保险资金通过私募股权基金进行间接投资，将投资范围扩展到更广阔的产业领域。

在进行间接投资的同时，有些符合监管要求的保险机构也会要求GP提供项目跟投机会，把“私募股权基金＋跟投”即共同投资作为一种配置策略。

3. **上市公司**

上市公司采取的投资方式具有阶段性特征，即当不具备直接投资能力时，上市公司会借助私募股权基金实现投资目的，而在具备直接投资能力后，就可能摆脱私募股权基金进行直接投资。

首先，当上市公司投资团队经验有限、行业研究能力相对较弱时，其可作为LP，投资于优秀私募股权基金，间接分享投资收益。

其次，当上市公司，具备了一定股权投资经验时，就会脱离间接投资，成立投资部门、子公司、分公司来进行直接股权投资，以实现其主营业务增长、整合产业链上其他企业的目标。

第三节　私募股权基金组织形式对LP的制约与影响

现阶段，私募股权基金的法律组织形式主要有公司制、有限合伙制和契约制三种。在我国法律规制下，这三种法律组织形式在法人地位、治理结构、分配机制以及税收政策等方面存在着显著的差异。下面将讨论的LP指的是广义上的私募股权基金投资者，包括公司制私募股权基金的股东、有限合伙制私募股权基金的合伙人以及契约制私募股权基金的投资者。

一、公司制私募股权基金

私募股权基金的法律组织形式是确定基金管理人与 LP 关系以及基金内部运行机制的法律基础。因法律性质的不同，公司制、有限合伙制和契约制的私募股权基金各具特点。

（一）概述

公司制私募股权基金是以公司为法律组织形式的私募股权基金。公司制私募股权基金具有独立法人地位，公司股东就是私募股权基金的 LP，以其出资额为限对公司承担有限责任。

基金业协会发布的《私募投资基金管理人登记和基金备案办法（试行）》第二条对私募投资基金进行了定义："本办法所称私募投资基金（以下简称私募基金），系指以非公开方式向合格投资者募集资金设立的投资基金，包括资产由基金管理人或者普通合伙人管理的以投资活动为目的设立的公司或者合伙企业。"从该条可以看出，私募股权基金作为私募投资基金的类型之一，也可以采取公司制的组织形式。除《私募投资基金管理人登记和基金备案办法（试行）》外，我国《公司法》《外商投资创业投资企业管理规定》以及《创业投资企业管理暂行办法》也对私募股权基金采取公司制的组织形式给予了准许。

（二）特点

1. 拥有独立的法人地位

《公司法》第三条规定："公司是企业法人，有独立的法人财产，享有法人财产权。公司以其全部财产对公司的债务承担责任。有限责任公司的股东以其认缴的出资额为限对公司承担责任；股份有限公司的股东以其认购的股份为限对公司承担责任。”因此，公司制私募股权基金属于企业法人，拥有独立的法人地位。

2. **完整的治理结构**

公司制私募股权基金严格依照《公司法》及相关法律法规设立，具有较为完备的组织架构，治理结构完善、运营管理规范，依据公司章程及其他内部管理制度进行经营活动。

（三）运作模式

公司制私募股权基金的运作模式可以分为自主管理型和委托管理型两种。

1. **自主管理型**

自主管理是指公司制私募股权基金同时担任自己的基金管理人。根据《私募投资基金管理人登记和基金备案办法（试行）》第十一条的规定，公司制基金自聘管理团队管理基金资产的，该公司制基金在作为基金履行备案手续时，还需作为基金管理人履行登记手续。该规定为公司制私募基金同时担任私募基金管理人提供了合法依据。自主管理型的公司制私募股权基金在治理结构上与其他公司基本一致，LP 为股东，公司的经营管理团队对基金财产进行管理和投资。

2. **委托管理型**

委托管理型的公司制私募股权基金是由公司股东（大）会或董事会委托专业投资管理公司或投资顾问公司作为基金管理人。委托管理可以实现专业化管理及 LP 利益最大化，我国有很多公司制的私募股权基金采用委托管理的运作模式。

（四）对 LP 的制约与影响

股东（大）会是公司的权利机构，由全体股东组成，依照《公司法》行使权利。根据《公司法》规定，公司股东依法享有资产收益、参与重大决策和选择管理者等权利。在公司制私募股权基金中，LP 作为股东，权利地位高，有经营决策权，对基金有直接的管控力。

但公司制私募股权基金相对来说成本较高。除设立成本较高外，复杂的组织架构也导致其日常运营成本较高。一方面，运营成本通常无法进行事先约定与限制，即使做出预算，在实际的执行中也是实报实销，成本的软约束容易造成公司运营成本的上升。另一方面，公司制私募股权基金不仅需要缴纳企业所得税，LP 在获得分配利润后还需缴纳个人所得税，这使得公司制私募股权基金需承担双重税负。

除成本高外，公司制私募股权基金的机制也不够灵活。由于公司制私募股权基金具有完善的治理结构，因此其内部运营与管理需根据《公司法》、公司章程及其他内部管理制度进行。在投资阶段，LP 投入的资金就是公司的注册资本，因此必须按照《公司法》、公司章程等的要求缴纳。在基金运作与退出阶段，LP 增加或减少持有股权（份）或获得利润分配时，均须满足法定条件并履行一定程序。因此，对于灵活度要求高的 LP 来说，公司制私募股权基金机制在高效性、便捷性方面存在一定不足。

二、有限合伙制私募股权基金

（一）概述

《私募投资基金管理人登记和基金备案办法（试行）》第三条规定，私募投资基金可以采取合伙企业的形式。有限合伙制私募股权基金是指采用有限合伙的形式，由 GP 和 LP 共同组建而成的私募股权基金。GP 负责基金的经营管理和具体的投资运作，并承担无限连带责任；LP 以认缴的出资额为限承担有限责任，一般不参与基金的实质性经营管理和投资决策，但对基金相关事务有知情权、建议权、监督权等，在基金完成退出后获得收益分配。

有限合伙制私募股权基金源于美国，至今仍然是美国最主流的私募股权基金组织形式。在我国，有限合伙制私募股权基金是自 2007 年《合伙企业法》修改后才被确立并逐渐发展起来的。我国有限合伙制私募股权基金的法律依据主要包括《合伙企业法》《证券登记结算管理办法》《创业投资企业管理暂行办法》等。

（二）特点

1. 在决策制度方面的高效性

在有限合伙制私募股权基金中，LP 主要是资金投入者，对基金债务仅承担有限责任，不参与基金的经营管理与投资决策，对投资拥有知情权和监督权；GP 作为基金的发起人，一般会向合伙企业投入少量资金，同时其作为基金管理人全面负责私募股权基金的具体运作，并承担无限连带责任。有限合伙制私募股权基金这种出资与管理相分离的组织结构高效且灵活，作为投资者的 LP 和基金管理人之间建立了有效的“隔离墙”，基金管理人具有投资决策的最终决定权，多数项目可以在短时间内做出决策，更易获得优质的项目资源。

2. 避免双重纳税的优势

相对于公司制私募股权基金，有限合伙制私募股权基金在税收优惠方面具有明显优势。《企业所得税法》第一条第二款规定：“个人独资企业、合伙企业不适用本法。”《合伙企业法》第六条规定：“合伙企业的生产经营所得和其他所得，按照国家有关税收规定，由合伙人分别缴纳所得税。”根据上述法律规定，有限合伙企业不构成税法上独立的纳税主体，合伙企业的生产经营所得和其他所得，由合伙人分别缴纳所得税。

3. 收益分配机制更为灵活

在有限合伙制私募股权基金中，收益分配机制较为灵活。首先，有限合伙制私募股权基金的收益分配由各合伙人事先协商一致并在合伙协议中进行约定，各方遵照执行；其次，合伙协议对收益分配未约定或者约定不明确的，可以由各个合伙人协商一致后补充确认；最后，协商不成的，由合伙人按照实缴出资比例分配收益；无法确定出资比例的，由合伙人平均分配收益。

（三）对 LP 的制约与影响

在有限合伙制私募股权基金中，LP 拥有一定程度的知情权和监督权，缺乏对基金（也就是有限合伙企业）的管控权，话语权较弱。

与公司制私募股权基金相比，LP 在有限合伙制私募股权基金中承担的成本更低。在日常运营成本方面，LP 和 GP 一般通过协商的方式确定日常费用。通常情况下，有限合伙制私募股权基金都是通过协议事先约定管理人每年从投资本金中提取一定比例的金额，用于支付有限合伙企业日常的费用。如果管理费用超过了事先协商确定的数额，则由管理人自行承担，LP 不再另行支付。在税负成本方面，有限合伙制私募股权基金不缴纳企业所得税，由合伙人按所获得的收益承担各自纳税义务，避免了双重纳税的问题。

有限合伙制私募股权基金更具有人合性且灵活便捷，LP 在增持、减持或退出时需要满足的法定条件较少，多数事项均可通过合伙协议进行约定。另外，基于有限合伙制灵活便捷的特点，LP 在投资私募股权基金、与 GP 合作的过程中，有较大的谈判、协商空间，能够为自己争取更多的利益。

三、契约制私募股权基金

（一）概述

契约制私募股权基金是指通过订立契约的形式设立的私募股权投资基金。它不是独立的法律实体，不具有独立法人地位，基金管理人、LP、托管人三方当事人的行为通过契约来规范。LP 通过购买基金份额享有基金投资收益。

契约制私募股权基金在信托制度非常发达的国家，例如英国、日本等比较常见，在一些不具备有限合伙条件或者有限合伙制尚不成熟的国家也能见到。在我国，契约制私募股权基金受《私募投资基金监督管理暂行办法》《私募投资基金管理人登记和基金备案办法（试行）》的规制。

（二）特点

与公司制和有限合伙制私募股权基金相比，契约制私募股权基金具有低成本运作、无双重税负、退出方式灵活、资金安全性高等优势。

1. 设立便捷、运作成本低

契约制私募股权基金，不是独立的法律实体，无须办理工商登记手续。因此，设立相对简单、快捷。

2. 免于双重纳税

与有限合伙制私募股权基金相同，契约制私募股权基金不是企业所得税的纳税主体，只有基金投资者需要就投资取得的收益缴纳所得税，避免了双重纳税。

3. 退出机制灵活

契约制私募股权基金的LP与管理人可以在基金合同中就退出方式做灵活约定。

（三）对LP的制约与影响

在契约制私募股权基金中，LP对基金的运作不享有管控权和发言权。同时，契约制私募股权基金运作时无须注册成立专门的投资公司或合伙企业，仅依据一系列合同而存在，因此LP需要面对基金稳定性较差的问题。

在契约制私募股权基金中，LP承担的成本较低。基金管理费用通过契约的形式予以确定，契约签署主体可以协商约定超过比例的费用LP不予报销，以此管控成本。此外，契约制私募股权基金基于协议而设立，不需要配备办公场所，从而可以省去大量的不动产、动产等运营成本。

专题4　经典案例：广东（人保）粤东西北振兴发展产业投资基金中LP的结构性安排

人保资本投资管理有限公司（以下简称“人保资本”）系人保集团直接控股的全资子公司，是人保集团旗下专门从事股权投资、债权投资的专业化运作平台。2014年，人保资本发起设立了广东（人保）粤东西北振兴发展产业投资基金项目股权投资计划（以下简称“人保投资计划”）。人保投资计划认购有限合伙制私募股权基金（基金总体规模为121亿元人民币）份额。道可特律师事务所作为该人保投资计划专项法律顾问，参与并为人保投资计划的设立提供了全程法律服务。

2015年11月，在中国保险资产管理业协会（该协会为保监会和民政部批准成立的全国性保险资产管理行业自律组织）举办的首届保险资管产品创新大赛中，人保投资计划荣获大赛最高奖项一等奖。

在保险资金投资行业内，人保投资计划在很多方面进行了创新及开创。人保投资计划投资的广东（人保）粤东西北振兴发展产业投资基金（以下简称“粤东西北振兴基金”）是第一只由省级政府与保险机构合作设立的城镇化基金，采用了省级和地市级两层结构。粤东西北振兴基金采用差异化的结构化设计，保证了保险、银行等大型机构投资者的风险偏好，而其对外投资标的及投资策略又是较为市场化的。

在粤东西北振兴基金层面架构中的重要LP主要为人保投资计划、银行系信托计划以及其他地方企业。

人保投资计划作为保险资金的专业投资通道，募集的资金来源以保险资金为主，它所表现出来的投资偏好具有保险资金的典型特征，即由于保险资金是保障型资金，其要求投资对象与交易结构安全性高。保险资金运用的三项原则依次为安全性、流动性、收益性，可见安全性是第一位的。同时，保险资金具有负债久期长、规模较大的特点，适合相对中长期的投资项目。

而银行系信托计划代表的是银行资金的投资偏好和策略。因为银行资金投资具有灵活性和便捷性的特点，其更重视项目整体的收益情况，在安全性方面的要求没有保险资金那么严苛。

基于上述两类机构投资者的不同偏好和投资策略，粤东西北振兴基金根据各 LP 的情况，进行了结构化设计，尽量满足各个 LP 的诉求。

在普通的有限合伙制私募股权基金中，如无特别约定，各个 LP 间的权利义务地位均为同等。但这种结构无法实现粤东西北振兴基金中各 LP 的差异化投资诉求，因此有必要人为地创设一定的差异化权利义务安排，并与资金来源不同的 LP 紧密结合，最终在粤东西北振兴基金内部实现 LP 的分级机制：人保投资计划作为粤东西北振兴基金中的优先级 LP，银行系信托计划作为次优先级 LP，其他地方企业作为劣后级 LP。

第一，在收益分配、清算退出等直接涉及资金安全和收益安全的关键环节，人保投资计划作为优先级 LP，在收益分配和清算退出时享有最优先的分配权利和顺序；银行系信托计划作为次优先级 LP，在收益分配和清算退出时享有次于人保投资计划的第二顺位的分配权利和顺序；其他地方企业作为劣后级 LP，在收益分配和清算退出时享有次于人保投资计划、银行系信托计划的第三顺位的分配权利和顺序。在此安排下，人保投资计划作为对资金安全要求最高的 LP，实现了在粤东西北振兴基金内部架构设计范围内的最大程度的保障，而银行系信托计划取得了相对的次级优势地位，得到了劣后级 LP 的保障。相应地，优先级 LP、次优先级 LP 在投资收益分配上也会适当地放弃一些浮动的收益。

第二，在合伙人会议、投资决策委员会等权力机构分配的关键环节，有别于普通私募股权基金倾向于 GP 绝对控制投资决策的框架，粤东西北振兴基金采取了“一致决策、共识决策”的表决结构，基本平衡了各个 LP 对风险控制的诉求。但“一致决策、共识决策”与所谓 LP 参与有限合伙事务的情形还是具有较大区别的，在对拟投资项目的类型、投资条件有一定共识的情形下，一致决策机制只是机构投资者的一道风控防火墙，其行使否决权是非常谨慎的。

第三，在基金层面，通过不同 LP 资金来源的组合，粤东西北振兴基金还实现了与商业银行的紧密合作。商业银行资金除通过信托方式认购基金的次优先级 LP 份额外，还通过对合作方提供流动性支持、为项目建设提供结构性融资安排等组合方式，为项目整体提供全面的金融服务。

通过以上的总体结构设计，特别是粤东西北振兴基金内部的 LP 结构化分级设计，实现了不同背景的机构投资者作为 LP 的个性化诉求，同时又实现了各方利益的总体平衡，项目投资得以顺利推进，助力地方区域发展。

第四章

私募股权LP对GP的选择与制约

由于信托理念在中国尚未根深蒂固，中国式私募股权 LP 并不甘愿将大笔金钱置于他人的掌控之下，因此，在选择合作伙伴时显得格外强势和挑剔。他们通常会在国际惯例的基础上，增加诸多限制 GP 各项权利的要求，意在增强自身就私募股权基金的控制，双方的博弈和较量也因此异常激烈。本章将就中国式私募股权 LP 在选择 GP 过程中的主要关注点、专业性步骤及合作模式进行介绍，并就双方如何在激励和制约中实现平衡和共赢进行分析和探讨。

第一节　LP 选择 GP 的系统性考虑和专业性步骤

本节将就 LP 选择 GP 时应当加以关注和权衡的各方面因素及专业化流程进行介绍和分析，并就各个要素及环节存在的法律风险进行提示和探讨。

一、LP 选择 GP 的系统性考虑

一般来说，在 LP 选择 GP 的过程中，囿于 LP 自身特点及拟投资

领域行业发展现状等因素，LP 关注的关键要素不尽相同。下文将从 LP 自身风险偏好及投资目的，以及 GP 的股东背景、治理结构、投资团队、投资策略及投资业绩等方面，详述 LP 在选择 GP 时需要关注和权衡的主要内容。

（一）LP 自身风险偏好及投资目的

活跃在我国私募股权投资市场的 LP 主要包括各级政府、央企、地方国企，银行、保险公司等金融机构，政府引导基金以及依靠实业投资完成资本原始积累的民营企业家等主体。不同类型的 LP 面对风险的态度和承受能力并不相同，导致他们选择 GP 的标准也不尽相同。同时，除了通过股权投资获得现金收益外，LP 往往还希望通过投资行为达到资源整合、潜在客户发掘、政府导向等其他意图。

因此，LP 在对 GP 进行全方位的尽职调查活动之前，应当对自身发展模式和战略以及面对宏观经济周期性波动的风险承受能力做出整体的评估和定位，并结合自身的业务发展特征和规划选择合适的 GP。

（二）GP 的股东背景

面对具有国资、银行、券商、大型实业集团等特殊背景的“背靠大树”型 GP 时，LP 会重点考虑其股东背景。具有丰富的项目来源和储备，并能为私募股权基金搭建通畅的退出路径，是这类 GP 的优势。在当前国内关于私募股权基金的各项监管制度并不健全的情况下，这些先天优势也往往意味着丰富的政府资源和产业资源，因此更加受到 LP 的青睐。

当然，这类 GP 的股东背景也在一定层面上成为 LP 挑选 GP 的负面影响因素，以境外投资者为代表的部分 LP 对其始终保持谨慎态度。这主要是出于对投资决策独立性和利益分配机制的考虑：一方面，这类 GP 在做出投资决策时往往要兼顾收益回报和母公司战略布局等多方面因素，这与 LP 寻求收益回报最大化的最终目的不具备根本的一致性；另一方面，与市场化私募股权基金管理机构不同，这类

GP的利益分配模式会相应受到母公司抽成等其他因素的影响，对核心团队的人才培养和激励造成负面影响，从而使其面临人才流失的潜在风险。

（三）GP的治理结构

LP重点关注的治理要素主要体现在GP的股权结构上。在当前私募股权基金行业中，市场化基金的股权结构主要表现为一股独大型、股权分散型和双核型三种。具有国资背景的私募股权基金也积极着手给予其基金管理团队一定比例的股权，建立管理团队的股权激励机制，以提高基金整体的运行效率。其实，在私募基金行业野蛮生长的中国，不论是股权集中型或是股权分散型都有不少成功的实例，而每一个优质GP的背后都隐藏着不同的关键要素，如团队构成、资源构成、投资策略等竞争优势，其成功都具有一定的历史必然性。

因此，对于GP治理结构的考量应当结合其管理体制、决策机制、利益分配机制等具体因素进行综合分析，以寻求与其他一系列协同制度相匹配的最优模式。具体而言，考量的基本原则是现有的治理结构能否将GP具备的人力资源、产业资源、政府资源等各方面资源整合利用并转化为强大的投资能力，能否与核心团队匹配，是否有利于GP整体的稳定。

（四）GP的投资团队

投资团队可谓是GP项目运营能力的最集中体现，也因此成为LP考量GP的最核心要素。一般来说，团队成员的专业能力、构成及稳定性直接影响着投资团队的决策能力和资源配置能力，而团队内部的决策机制和利益分配机制等亦对成员的工作积极性产生决定性影响，更被视为投资团队内部矛盾的根源，下文将对这几个方面进行分析和探讨。

1. 团队专业能力

LP对于投资团队专业能力的考量体现在其对投资团队尽职调查

执行能力、决策能力、项目运作能力、平衡管理能力等多方面的评估和审核上。

尽职调查执行能力和决策能力直接决定着一只基金能否取得优异的投资业绩，是投资团队专业能力的最核心体现。GP 每年会收到大量的项目推荐，但最终仅有极少数受到青睐。从成千上万的项目雏形中筛选出具有商机和潜力的优质项目是实现 LP 和 GP 共同利益最基础的一步。这方面能力的考量可以从 GP 的尽职调查流程建设、人员配备情况入手，结合团队做出决策的时间跨度、机制等因素，综合考查投资团队是否具备锁定优质项目的能力。

LP 可以从 GP 团队人员规模和配比、项目运作流程和操作方式、团队工作的专一性和持续性、团队在以往投资项目中的角色、风险控制和规避措施、投后管理团队的建设等因素衡量 GP 的项目运作能力。目前，同一 GP 团队同时管理运作多个项目的情形普遍存在，在这样的情况下，GP 现有的团队规模和人员配置是否能够与项目情况相匹配，值得 LP 重点关注。

除了对于单个投资项目和机遇具备准确敏锐的感觉之外，优秀的 GP 往往具备对不同领域、产业、项目规模进行全局把控和平衡管理的能力，能够在基金投资组合的层面完成资源的整合和配置。对于 LP 来说，具有广阔大局观和视野的 GP 往往能够为其带来更可观的收益回报。

2. 团队构成与稳定性

中国乃至全球范围内著名私募股权基金管理人（通常由 GP 担任）的团队规模相对都小而精，最大的机构也一般将团队成员的数量控制在 200 人以下。这些专业投资者士普遍具有在顶尖投行、咨询公司、律师事务所、会计师事务所和实体行业工作的丰富从业经历，并凭借其丰富的技巧和经验在项目筛选、分析及运作的整个过程中发挥着各自重要的作用。一般情况下，投资者会将团队成员的多元化视为 GP 投资能力的积极评价因素，多元化、互补型的团队成员背景往往意味着团队具有更高的全局观，并能协调调动更多领域的资源。通过对团队成员构成的研究和分析，LP 可以对团队的本土化程度、人员规模及配比、工作的专一程度等情况做出初步的认定和评估。

团队的稳定性考察主要包括对团队成员的流动性、成员之间的合作时间长短、协作模式和机制等因素的评估。国内的 GP 投资团队更多地体现为由一位或少数资深成员占据主导权的“核心人物”模式，在这种模式下，更应当注重核心人物对团队整体及其他人员的影响和推动效应，核心人物的向心力在一定程度上直接决定着团队的稳定性和紧密度。

3. **团队利益分配**

长久以来，各方将大部分的注意力集中在 GP 和 LP 之间的较量和博弈上，双方在尽职调查、谈判签署协议、投后监管等各个环节展开或多或少的争夺，殊不知 GP 团队内部的矛盾已悄然出现，而这种内部矛盾的根源之一是团队的利益分配机制。

LP 在选择 GP 投资团队时应当充分关注 GP 内部的利益分配机制和决策机制，以防止团队内部未来出现内讧等潜在问题，因为一旦未来团队内部出来类似问题，对于在项目投资过程中仅享有监督权和有限介入权的 LP 来说往往是致命的。

一般来说，LP 更青睐于分散型并带有浮动变化的利益分享模式的 GP 团队。具体而言，虽然资深的核心人物对于 GP 团队投资业绩具有显著的贡献，但是出于团队内部人才储备和团队稳定性的考虑，亦应当为中层人员设置适当的利益分享空间和可能，他们与核心人物之间的利益分享差距应当在一定范围内有条件地不断缩小。一些机构尝试为团队中层人员设置整体利益分享比例，根据各自的工作状态和结果来确定个人的具体比例，这种方式便是对上述观点的一种有益尝试。

（五）投资策略与投资业绩

GP 的投资策略体现了 GP 对当前经济形势、行业整体发展及投资项目的基本看法，并对自身投资行为产生了实质性影响，LP 可以就此与GP相关人员当面进行交流和探讨。访谈不仅应当涉及GP在过往项目中投资策略的完整性、一致性和连续性以及其对相关行业、地域及投资企业类型的看法，还应当涵盖其对市场整体经济周期的理解，以及当整体环境发生重大变化时，其提出的应对方案及措施。GP是否具有成熟科学的投资策略，直接决定他在未来当面临我国乃至全球经济状况出现剧烈波动时能否保持长久生命力和优秀的投资业绩。

过往业绩是否能够对GP的专业能力和未来发展态势具有指向作用，取决于其背后的业绩归因是什么。例如，以核心人物为主导的团队业绩主要集中在个别成员身上，核心人物的离开往往意味着团队整体投资能力的大幅度滑坡，那么GP将面临较高的核心人物风险；再如，若GP以往的投资业绩大多建立在先驱优势之上，那么在市场竞争日益充分的情况下，GP是否具备其他明显的竞争优势则是LP需要重点关注、考量的一个因素。

简而言之，面对GP提供的大量“经过包装的”业绩资料，LP应当对GP投资业绩的数量、比例、投资规模、项目来源、主导因素等多方面信息进行分析整合，在此基础上判断识别团队整体的优势和潜在风险，辩证看待这些“荣誉光环”。

另外，需要指出的是，在关注GP往日成功业绩的同时，失败案例也应当纳入LP的尽职调查范围之内，因为失败案例往往更能体现出GP在项目运营、风险管理等方面的潜在风险。失败的原因、对失败案例负有主要责任的团队及其成员的整改情况和现状、失败案例的数量及占比等情况均应该引起LP足够的重视和关注。

二、LP选择GP的专业性步骤

在中国，越来越多的LP逐渐意识到优质GP对于私募股权基金投资项目运营的重要性，并青睐于依靠具有专业资质的中介机构完成对GP的甄选和比较，少数成熟的LP亦开始将自身已具备的专业化筛选流程与中介机构的尽职调查结果相结合，以选择适合 LP 自身特点和投资意向的优质 GP，专业化的甄选流程和步骤可以在一定程度上帮助 LP 识别风险，保障自身的合法权益。

（一）初期海选

初期海选阶段的首要任务和目标是，尽可能地通过各种渠道获取大量、最新的资料数据，以帮助 LP 针对不同 GP 的投资行业、地域、投资项目等要素建立全面详细的数据体系。这些数据有的源于 LP 对国内外市场最新发展动态的跟踪和整合研究，有的源于优质投资顾问等第三方渠道。LP 可以结合自身的风险偏好和投资目的，以行业、地域、规模等基本要素预设初步的投资条件，并以此为标准尽可能地发掘具有潜在投资价值和回报的项目机会，并对其进行初步的质量等级评定。对于符合投资条件的项目，则在下一步投资分析阶段由高级管理层对其收益回报、风险防控等进行进一步分析和研究。

（二）投资分析

与初期海选阶段不同，投资分析阶段的首要目的是尽可能地识别双方合作的消极因素，即 LP 应当在现有的数据资料框架下寻找有可能导致双方合作失败的因素。这部分消极因素有可能来源于 GP 某方面的缺陷，亦有可能来源于 LP 自身投资限制等。原则上，LP 的投资分析和假设应当建立在现有数据资料应用的基础上，但在必要时，LP 可以尝试与 GP 进行初步的接触和交流，对 GP 的组织架构、投资团队的基本运作能力有所了解，以确定该项目是否值得进入下一步的尽职调查阶段。

（三）尽职调查

在双方确立初步合作意向后，LP 将对 GP 展开为期 1 ~ 2 个月的尽职调查活动，旨在对 GP 的股东背景、投资业绩、管理人员背景、决策机制等方面情况进行全面深入的了解和评估，在充分衡量 GP 业务能力和潜在风险的基础上，对双方合作的可操作性进行研究和分析。

尽职调查活动一般从商业、财务、法律三个角度展开，同时，LP也将根据自身的特点和需求对尽职调查的内容、方式、程序等做出相应的调整。本部分主要针对法律尽职调查进行研究和分析。

1. 调查问卷设计

在尽职调查活动中，LP通常会要求GP完成一份书面问卷调查，这份问卷以标准化问答的形式涵盖了GP的投资策略、投资过程、组织架构、投资团队等方面问题，具有一定的普适性，基本上可以帮助LP全面了解不同类型GP的基本情况。它的核心作用在于收集信息，因此，LP可以根据自身的投资意向、关注重点等自行设置问答形式。

当然，这类具有指向性和限制性的问题难以完整体现出GP的独特之处，但确实能在一定程度上为尽职调查活动的开展提供大量的基础资料和线索，揭示出一些不利于双方合作的负面信息。LP也将以此为基础，在与GP及其相关人员进行当面交谈时进一步验证问卷信息的真实性和准确性，识别GP的竞争优势和潜在风险。

2. 调查方式

通常情况下，出于募集资金或积累潜在资金来源的考虑，LP的尽职调查活动是受到GP普遍欢迎和配合的，但也正是由于这个原因，GP会有意将一些正面的、经过包装的信息展现到LP面前，这就对LP的尽职调查能力提出了更高要求。

除了前文提到的书面问卷调查之外，LP还可以采取对GP及其相关人员进行访谈、到投资组合公司实地走访、市场调研与分析等尽职调查方式，以全面准确地了解GP的真实情况。需要指出的是，LP应当重视通过第三方渠道获取信息，这既包括政府行政管理部门（如工商局、税务局等）、网络媒体、相关行业协会等公开渠道，也包括GP的合作伙伴（如会计师事务所、律师事务所等）、其他基金投资者、GP曾投资过的企业等非公开渠道。采取多种尽职调查手段的目的是在满足不同调查对象个性化需求的同时，对同一内容进行反复交叉印证，以确保尽职调查结果的准确性和全面性。

另外，需要指出的是，LP 应当尽量为尽职调查活动预留充分的时间和空间，并聘请专业的中介机构人员开展相关的审核评估工作。具体而言，一方面，尽职调查活动本就是一项需要耗费大量时间和精力的分析整合工作，对于一些难以即时确认的事项应当预留足够的观察期和验证期。加之 LP 一般都会对多个 GP 进行比较筛选，因此，充裕的时间安排也是获得准确、全面的尽职调查结论的必要前提；另一方面，尽职调查活动在专业性和严谨性方面有较为严格的要求，LP 在建立自身完备且专业的尽职调查体系的同时，应聘请具有丰富实践经验的中介机构人员辅助或主导尽职调查活动。以法律尽职调查为例，律师可以帮助 LP 有效识别 GP 背后的潜在法律风险，就双方合作的可操作性和法律风险防控提出专业的法律意见，并可协助 LP 与 GP 就涉及双方合作关系和权利义务划分的法律事项进行磋商和谈判。

3. 调查对象

在尽职调查方式实现多元化的同时，调查对象也不应仅仅局限于 GP 主体本身，还应当至少包括：私募股权基金的管理团队，被投资企业，与 GP 有合作关系的律师、会计师等专业人士，GP 的离职人员等，这也是出于尽量保证尽职调查结果准确性和真实性的考虑。通过与 GP 主体之外的第三方进行接触，LP 往往可以获取更多更深入的信息，其中不乏一些 GP 不愿透露甚至极力隐瞒的重要信息。

以被投资企业为例，LP 可以通过与被投资企业的接触对 GP 与被投资企业的关系以及 GP 在投资过程中扮演的角色形成更深入的认识，如 GP 是否为被投资企业带来价值增值，GP 的管理理念是以控制为主还是以服务为主，被投资企业在后续融资运作过程中是否希望继续与该 GP 合作等。

4. 调查内容

根据调查阶段的不同，LP 对于 GP 进行法律尽职调查的侧重点也不同：尽职调查初期，LP 主要对 GP 的股权结构、组织结构、决策机制、管理团队等运营情况的合法合规性进行评估并进行法律风险识别，重点关注问题包括GP的历史沿革、主要股东状况、组织机构、债权债务及对外担保情况、高级管理人员状况、重大诉讼及仲裁等；尽职调查后期，LP主要对GP提供的投资协议进行审查和评估，投资协议一般包含投资目标、管理人、基金存续期、交割办法、运营开支、顾问委员会、第三方支付条款、关键人物条款、GP的解约、转移条款、违约责任、附带权益、分配规定、指定执行人等条款，这也是此阶段法律尽职调查的主要内容。LP对于投资协议的评估，可以帮助LP合理预估双方合作过程中的不利因素，为下一阶段双方的谈判和磋商做好准备。

（四）合同谈判与协议签署

LP和GP在合同谈判和协议签署阶段逐渐表现出剑拔弩张的紧张态势，双方就关键条款的谈判与磋商是“权利倒置”合作模式的必然结果，本部分将围绕合同谈判和协议签署过程中涉及的重要条款和注意事项展开探讨。

1. 出资义务

LP和GP均具有一定的出资义务，双方就出资时间、比例等事项在协议中做出明确约定。按照国际惯例，GP主要负责基金的投资决策和日常运营管理，故其出资义务更具象征意义，通常情况下维持在1%左右。而在我国有限合伙制私募股权基金的操作实践中，LP往往会对GP提出较为苛刻和强硬的要求，以增强自身因管理权丧失而缺失的安全感。实践中，LP往往一方面要求GP的出资比例提高至5%～10%，甚至更高；另一方面，希望GP能够先于LP缴付出资。

其实，对GP出资义务的严格设置，不仅是绑定双方共同利益的一种有效手段，也是对LP前期尽职调查结果的变相验证，同时在一定程度上体现出GP对自身项目运作能力和风险承担能力的信心。在信义理念难以立足的商业环境下，LP很难做到将大笔资产置于GP的绝对管理和控制之下，即便是LP能够依据有限合伙协议行使一定的监管权利，也远不能弥补道德风险带来的恐慌。所以，LP 更希望通过尽可能提高 GP 出资比例的方式实现双方共同利益的绑定，促使 GP 在保证自身资本安全的同时最大限度地实现资本增值。

在实际操作中，经常出现 GP 怠于履行出资义务，导致约定出资比例变相落空的情况，就此，LP 应在合伙协议中就双方出资实缴期限做出明确的规定。例如，双方可约定 GP 的出资进度先于或至少与 LP 保持一致，并应在履行每期出资义务后立即通知 LP，同时设置出资违约条款，以进一步督促 GP 按照协议约定履行出资义务。

2. **基金存续期**

基金存续期，也就是基金投资者约定的基金存续期限，私募股权基金通常都拥有固定的存续期，一般为十年。一般来说，当基金存续期满，就应当对其进行清算。但实践中，双方亦可提前商定特定事由或通过合伙人一致同意等形式对基金存续期进行一次或数次的延长，通常每次延长时间不超过一年。

3. **入伙、转让与退伙**

对于大多数 LP 来说，在缺乏项目投资经验和运营控制权的情况下，一旦私募股权基金出现预期之外的亏损等其他突发状况，方便快捷的退出路径便成为避免自身损失扩大的最有效措施。因此，LP 的加入（入伙）、退出（退伙）以及合伙份额的转让成为双方磋商谈判过程中普遍关注的重要内容。

（1）入伙。

关于合伙人入伙的事项，我国《合伙企业法》做了如下规定：除合伙协议另有约定外，新合伙人入伙，应当经全体合伙人一致同意，并依法订立书面入伙协议。订立入伙协议时，原合伙人应当向新合伙人如实告知原合伙企业的经营状况和财务状况。如无另外约定，入伙的新合伙人与原合伙人享有同等权利，承担同等责任。新入伙的 LP 对入伙前有限合伙企业的债务，以其认缴的出资额为限承担责任。

鉴于 LP 须对其入伙前合伙企业的债务以其认缴的出资额为限承担有限责任，LP 在签订入伙协议之前应当对合伙企业的管理运营、债权债务等基本情况做充分、全面的认识和了解。虽然原合伙人具有法定的告知义务，但是LP仍应秉持谨慎的态度进行独立的尽职调查活动。同时，LP最好在入伙协议中对已知悉的债权债务情况进行详细的列示，并就原合伙人出现虚假陈述、故意隐瞒误导LP等违反法定告知义务之行为时的违约责任进行约定，以进一步促使原合伙人遵守诚信告知义务，避免不必要的损失。

（2）转让。

LP财产份额的转让相对比较简便。LP仅需按照合伙协议的约定，并提前30日通知其他合伙人，即可向合伙人以外的第三人转让其在有限合伙制基金中的财产份额，在同等条件下，其他合伙人具有优先购买权，财产份额受让人经修改合伙协议即成为有限合伙制基金的合伙人。

另外，有限合伙人财产份额的出质和强制执行也有可能最终导致财产份额的转让。在人民法院强制执行有限合伙人财产份额时，亦应当通知全部合伙人，在同等条件下，其他合伙人具有优先购买权。

一方面，LP的出资是有限合伙制基金资金的主要来源，是基金正常运转的最基本财产保障，其财产份额的转让或出质行为只会引起LP的变更，并不会对合伙企业的财产基础造成显著的影响，故基金对LP财产份额的转让和出质的要求较为宽松，体现了有限合伙企业的“资合性”；另一方面，出于对合伙企业“人合性”要求的考虑，在合伙人发生变更时，赋予其他合伙人同等条件下的优先购买权亦是对合伙人之间信任关系的维系。

（3）退伙。

我国《合伙企业法》为合伙人提供了三种退伙路径。第一种是《合伙企业法》第四十五条规定的商定及特定事由退伙，即：“合伙协议约定合伙期限的，在合伙企业存续期间，有下列情形之一的，有限合伙人可以退伙：（一）合伙协议约定的退伙事由出现；（二）经全体合伙人一致同意；（三）发生合伙人难以继续参加合伙的事由；（四）其他合伙人严重违反合伙协议约定的义务。”第二种是《合伙企业法》第四十六条规定的自愿退伙，即："合伙协议未约定合伙期限的，有限合伙人在不给合伙企业事务执行造成不利影响的情况下，可以退伙，但应当提前三十日通知其他合伙人。"第三种是《合伙企业法》第七十八条规定的当然退伙，即："有限合伙人有本法第四十八条第一款第一项、第三项至第五项所列情形之一的，当然退伙。"也就是说，LP 当然退伙情形具体包括：（一）作为 LP 的自然人死亡或者被依法宣告死亡；（二）作为 LP 的法人或者其他组织依法被吊销营业执照、责令关闭、撤销或者被宣告破产；（三）法律规定或者合伙协议约定 LP 必须具有相关资格而丧失该资格；（四）LP 在合伙企业中的全部财产份额被人民法院强制执行。同时，《合伙企业法》还规定，作为 LP 的自然人在有限合伙企业存续期间丧失民事行为能力的，其他合伙人不得因此要求其退伙。LP 退伙后，对基于其退伙前的原因发生的有限合伙企业债务，以其退伙时从有限合伙企业中取回的财产为限承担责任。

由于有限合伙制私募基金普遍设有固定期限，故上文所述之自愿退伙路径往往无法适用。同时，不同于我国《公司法》规定的股东在法定情况下可以提起解散公司之条款，我国《合伙企业法》暂未赋予合伙人强制解散合伙企业的权利，若非一些法定或商定的事由出现，LP 必须与其他合伙人达成一致意见方能解散合伙企业，即 LP 不具有单独解散合伙企业的权利。结合有限合伙企业中的权利义务配置情况，当 LP 与 GP 在投资理念和策略等事项出现分歧和冲突时，很难通过司法途径维护自身的合法利益。

就此，我们建议 LP 从以下两个方面着手扭转自身所处的弱势地位：一方面，LP 应当充分重视对 GP 的尽职调查，建立专业化的尽职调查流程和机制，聘请专业的中介机构人员对 GP 进行全面深入的审核和评估，根据 GP 的股东背景、治理结构、投资业绩等情况对其项目运作、风险承担、内部管理等各方面能力进行分析和研究；另一方面，基于充分全面的尽职调查，LP 应当尽可能地将其可以预期的、对其有益的重大解散事由和条件列入有限合伙协议中，以便在其与

GP 就合伙企业的投资、管理等事项出现分歧或冲突，甚至合伙企业发生重大变化或陷入僵局时，最大限度地保障投资本金、取得投资回报，以弥补司法救济途径的空白。

4. **基金的退出**

对于 LP 来说，进行股权投资的最终目的是通过出售股权实现资本增值，获得现金收益。基金的退出是将股权转化为现金资本的最核心环节，退出路径的选择和操作直接影响着 LP 和 GP 的最终收益。目前，私募股权基金的退出方式主要有包括 IPO 上市、并购、股权/股份回购，清算四种。

（1）IPO 上市。

IPO 上市一直被看作是私募股权基金最主要、最理想的退出方式，在被投资企业成功上市后，私募股权基金以逐渐减持该公司股份的方式将股权转化成现金资本。

这种方式受到追捧的原因主要在于其产生的“多方共赢”的效果。首先，这种方式借助资本市场的放大效应实现了资本的流动性和营利性，使投资者获得相当于其投资金额几倍甚至几十倍的可观收益，最大限度满足了各方在利益回报方面的需求；其次，经过股份制改造、治理结构优化、不良资产清理等上市整改过程，被投资企业从私人企业变为上市公众公司，增强了企业的资金流动性和募集能力，对于企业自身的发展具有积极影响；最后，超预期的收益回报是对基金资本运作及管理能力的彰显和肯定，基金亦可借此收获丰富优质的项目资源储备，提高自身的知名度和行业影响力。

当然，私募股权基金以 IPO 上市为退出路径亦存在一定的缺陷。一方面，证监会对主板市场的上市标准和流程一直秉持谨慎严格的态度，这不仅需要被投资企业根据监管标准完成整改获得上市资格，还需要遵守监管机构对于原始股东持股锁定期的相关规定，这直接导致以这种路径退出的时间成本和机会成本偏高。也正是因为如此，一些私募股权基金退而求其次，选择在监管较为宽松的创业板和中小板上市作为基金退出路径。另一方面，除了企业自身的状况和发展潜力之外，股票市场的整体活跃度、政府的政策导向等因素都有可能导致股票价格的波动，在为各方带来可观收益的同时，不可控的风险也相伴而生。

（2）并购。

并购退出的实质是，在被投资企业的价值达到预期时，私募股权基金以向第三方转让企业股权的形式退出。这种方式虽然在回报率方面远逊于IPO退出方式，但是在交易行为的安全性和灵活度方面略胜一筹。具体而言，私募股权基金只需与股权受让方就股权转让的时机、方式、比例等相关事项达成一致，而无须受到证券监管机构的多方面限制和审查，也即私募股权基金可以在合适的时机迅速、一次性地退出被投资企业。尤其在多个基金项目组合投资的情况下，单个项目的延期退出往往会对后续基金募集及整体计划造成负面影响。

在我国私募股权基金行业发展初期，并购退出方式一度被看作是股票市场低迷或IPO退出受阻的次优之选，但是随着国内资本金融市场的监管和发展日趋成熟，并购退出机制的日益完善，这种方式势将逐渐取代IPO退出成为国内私募股权基金退出的主流路径。

（3）股权/股份回购。

股权/股份回购，是指私募股权基金通过被投资企业大股东或创始股东、管理层将公司股权/股份购回的方式退出被投资企业。相比于并购退出方式，因其股权/股份受让人为被投资企业的股东或管理层，交易行为和过程相对简便，且避免了新股东进入的磨合期。

从理论上来看，股权/股份回购分为两种情况：一种是在被投资企业运营状况和发展态势良好的情况下，由被投资企业股东或管理层主动发起的积极回购行为，这大多是出于保证企业控制权的考虑；另一种情况则是，被投资企业的发展态势与基金的预期产生分歧，基金出于保本或整体投资计划安排的考虑强制要求被投资企业大股东或创始股东、管理层回购股权/股份。

而在实际操作中，有限合伙协议中的股权/股份回购条款大多都是针对后一种情况而设置，它是私募股权基金为未来股权变现预先设置的强制性退出路径，即当被投资企业出现双方预设的特定事由时，私募股权基金有权选择是否发起股权/股份回购。

（4）清算。

企业清算是私募股权基金投资失败时采取的基金退出路径，也是LP、GP及被投资企业等各方最不愿意采取的一种方式。一般来说，面临清算抉择的企业大多已在生产经营或发展前景等方面出现不可调和的重大问题，且其他投资者、公司股东及管理层均没有受让企业股权的意愿。

不论是破产清算还是解散清算，都实属各方无奈之举，被投资企业支付清算费用、员工安置费用等必要费用并清偿全部债务后，如有剩余，才能分配给包括私募股权基金在内的股东。这种情况下，LP往往连保本的目标都难以实现。

5. 关联交易和同业竞争

鉴于LP并不参与合伙企业事务的管理和决策，我国《合伙企业法》第七十条和七十一条对其自由交易权和自由竞业权做出的约束较为宽松，即：除非合伙协议另有约定，LP可以同本有限合伙企业进行交易，可以自营或者同他人合作经营与本有限合伙企业相竞争的业务。

事实上，作为出资比例较大却不享有管理决策权的LP，其自营或者与他人合作经营与本有限合伙企业相竞争的业务或是与本有限合伙企业进行交易，损害有限合伙企业利益的可能性是极低的。相反，当LP遭遇GP违反上述“信义义务”时的救济途径却是相当有限的，其不论是寻求内部权利救济还是司法途径解决，都缺乏相关的操作规则和成功案例。

在《合伙企业法》对于LP权利的行使和维护缺乏具体规制的情况下，LP应当积极地在合伙协议中就其权利的行使条件、救济程序、有限合伙人委员会的设置、未分配利益的追索等具体操作层面的相关事宜进行约定。当然，在赋予LP权利行使空间的同时，亦应辅以必要的权利约束机制，以实现在不影响有限合伙正常经营运转的情况下，LP 和 GP 之间权利义务的合理配置。

（五）投后监督与管理

LP 对私募股权基金的监控贯穿于项目日常运营和管理的各个环节，这既是“中国式”私募股权 LP 坚持以自身成功经验介入基金投资和管理的强势手段，亦是对 GP 专业水平和职业道德水准良莠不齐的无奈之举。

1. 对于管理团队的监督

私募股权基金管理团队的变化，对该基金整体的管理运作能力及未来的投资业绩都会产生或多或少的影响，尤其是对国内普遍存在的由核心人物主导的私募股权基金，少数核心人物的离开或变化往往意味着团队整体水平的大幅度滑坡。

LP 对于基金管理团队的关注和重视早在对 GP 的尽职调查阶段就已开始了。LP 基于对管理团队人员构成、成员背景、协作模式、决策机制等方面的综合评估，针对不同类型 GP 面临的管理层变动风险设计了应对方案和措施，这主要体现在有限合伙协议中的关键人条款。

关键人一般是指在基金募集、投资、管理、退出等各个环节发挥核心作用的团队成员。这些关键人物往往对各个环节的决策和执行产生实质影响，因此，作为有限合伙协议的必备条款，关键人条款的主要内容就是出现关键人离开或变更情况时的应对方案。一般来说，LP 通常会要求关键人在基金存续期间不得变更或离开，关键人一旦变更或离开，LP 有权中止对基金的出资义务以及后续的一切投资行为，若双方未能在一定期限内就替代人选达成一致，则基金将进入清算程序。

在具体操作中，LP 应当在合伙协议中尽可能地就关键人的范围和界定标准进行具体列示和描述，当出现多个关键人时，亦可对各关键人的关键程度进行等级划分。一旦出现关键人离开或变更的情况，

LP应当全面衡量该情况对基金运作等各个方面的实际影响，并积极与关键人进行沟通，以确保团队未来的稳定性。

2. **对于投资决策的影响**

根据我国《合伙企业法》规定，合伙企业事务由GP执行，LP不得执行合伙事务，亦不得对外代表合伙企业。现实中，GP往往担任私募股权基金的管理人。据此，一个投资项目通常会由GP主持展开全面详细的尽职调查活动，并由GP组成的投资项目评审委员会就尽职调查结果进行评审表决，最终的投资决策权一般掌握在GP手中。

我国有限合伙制私募股权基金在具体操作过程中与国际惯例和法律规定存在一定的分歧和差距，这主要是由于有限合伙制度和私募股权基金监管制度尚未细化和完善，而GP的专业水平和职业道德水准良莠不齐，加之一部分由创业者转化为投资者的LP坚持以自身成功经验介入基金的投资和管理。总体而言，我国LP参与私募股权基金投资决策主要是通过投资决策委员会、顾问委员会和联席会议等方式直接或间接地对项目的投资决策事项产生影响。在这几种方式下，LP往往对投资项目的决策具有“一票否决权”或有其他实质性的影响，也正因如此，中国式的有限合伙制私募股权基金并未切实发挥有限合伙制“权利倒置”合作模式的优势，大多数GP的独立决策和管理受到LP不同程度的抑制和干涉。

3. **对于合伙事务的管理**

我国《合伙企业法》规定，合伙企业事务由GP执行，LP不得参与合伙企业事务的执行。若第三人有理由相信LP为GP并与其进行交易的，该LP对该笔交易承担与GP同样的责任，即无限连带责任。上述规定的实质是限制LP的权利，如若超出权利范围，LP就有可能突破有限责任而对合伙企业债务承担无限连带责任。

在法律规定和国际惯例的引导下，LP和GP可以在有限合伙协议中就LP参与私募股权基金管理的权限范围进行界定，详细列示双方接受并认可的具体管理行为，对于LP参与基金管理运作的排斥和抑制程度应当视基金自身的具体情况而定。一般来说，GP 应当为 LP 提供能够反映基金及被投资企业财务状况、经营情况等真实情况的详细资料，以协助 LP 对基金和投资项目进行监控。

4. 对于退出时机的把控

当被投资企业满足双方预先设定的退出路径先决条件时，私募股权基金就面临着选择合适的时机退出被投资企业的情形，LP 在这一阶段的监控重点是退出时机的选择和把控。例如，选择以 IPO 上市作为退出路径，被投资企业的股票价格在瞬息之间就会受到市场整体活跃度、政策导向等因素的影响，出现较大的波动；一些成长型的被投资企业在发展过程中往往存在较多的不确定因素，各方对不确定因素的识别和潜在发展机遇的预测往往直接影响着项目整体的收益回报。因此，LP 应当督促 GP 有效排除基金退出的障碍，避免资金流失等问题的出现。

第二节　LP 与 GP 的合作模式

有限合伙是国内外私募股权基金最主流的组织形式。基于西方行业经验，我国私募股权基金的 LP 和 GP 经过实践摸索，既发展出了经典的合作模式，又在现行法律法规框架内根据自身需求衍生出一些变化，丰富了有限合伙制私募股权基金在中国的实践。

一、典型合作模式

有限合伙制私募股权基金的运作有其自身的特点，集中体现了 GP 与 LP 的特殊关系。GP 与 LP 的合作模式，很大程度上决定了所运作基金的决策管理模式。

由于部分 LP、GP 对自己的身份认知不足，导致私募股权基金在运行决策管理中出现两个极端。一个极端是冗长的组织管控与决策链条，主要表现为：项目立项要经过 LP 层层审议、决策，导致 GP 无法全面履行管理职责、自主有效决策，甚至可能在项目竞争激烈的局面下错失投资机会，这种情况往往出现在具有国有资本背景的私募股权基金。另一个极端是过度扁平化与集中决策，主要表现为：所有项目集中由 GP 的一位或几位管理者决策，这种情况往往出现在规模较小的民营资本为主的私募股权基金，尤其是 GP 和 LP 的实际控制人合一时，经验判断主义便往往占上风，导致项目风险加大。随着中国私募股权投资市场日益成熟，中国的 LP 和 GP 逐渐发展出相对成熟的合作模式和典型的决策机制。

（一）典型决策机制

有限合伙制私募股权基金的典型决策机制为：GP 与各 LP 通过合伙协议设立有限合伙制基金，而有限合伙制基金委托 GP 作为基金的管理执行机构，即私募股权基金的管理人；有限合伙制基金下设合伙人会议、投资决策委员会和顾问/咨询委员会，其中，合伙人会议为有限合伙制基金最高权力机构，投资决策委员会为有限合伙制基金投资决策机构，而顾问/咨询委员会为投资决策委员会及合伙人会议的决策参考机构。

有限合伙制基金的典型决策机制具有以下特点：

第一，投资决策委员会在决定有限合伙制基金的对外投资上起到了决定性作用，全权负责有限合伙制基金对外投资事宜。同时，合伙人会议就一些重大的非投资事宜进行关键性决策，各决策机构进行决策时将适当参考顾问/咨询委员会的意见。

第二，一般情况下，基金对外投资决策事宜由 GP 主导，虽然投资决策委员会有时会吸收部分 LP，LP 可以在进行投资决策时发表意见并参与表决，但是最终是否投资应由 GP 决定。

第三，涉及 GP 存在道德风险或不适宜 GP 单独决定的基金事务，如关联交易、利益冲突或对外投资额超限等，由合伙人会议或 LP 组成的顾问委员会进行投票表决。

（二）典型决策机制中的各机构组成及职能

1. 合伙人会议

合伙人会议由包括 GP 和 LP 在内的全体合伙人组成，属于基金的最高权力机构。根据《合伙企业法》第三十一条规定："合伙人对合伙企业有关事项做出决议，按照合伙协议约定的表决办法办理。合伙协议未约定或者约定不明确的，实行合伙人一人一票并经全体合伙人过半数通过的表决办法。本法对合伙企业的表决办法另有规定的，从其规定。"实务中，较为常见的合伙协议对合伙人会议的约定是，所有合伙人具有相同的投票权，不论投资额比例及合伙人身份，且一般要求合伙人会议应有全体合伙人 1/2 以上出席会议方为有效。

《合伙企业法》第三十一条规定："除合伙协议另有约定外，合伙企业的下列事项应当经全体合伙人一致同意：（一）改变合伙企业的名称；（二）改变合伙企业的经营范围、主要经营场所的地点；（三）处分合伙企业的不动产；（四）转让或者处分合伙企业的知识产权和其他财产权利；（五）以合伙企业名义为他人提供担保；（六）聘任合伙人以外的人担任合伙企业的经营管理人员。"

基于私募股权基金的运作特点，实务中，除以上事项由合伙人会议决策外，有限合伙制私募股权基金的下述事项也一般由合伙人会议审议决策：（1）听取 GP 关于合伙企业的年度报告；（2）基金托管人的选聘和更换；（3）基金管理人的更换；（4）合伙协议内容的修订；（5）延长合伙企业的合伙期限；（6）合伙企业的解散及清算事宜；（7）以合伙企业名义为他人提供借贷或合伙企业对外融资事宜；（8）审议批准合伙人入伙、退伙、合伙人资格继承事宜；（9）批准合伙人转让财产份额；（10）审议依合伙协议约定需经全体合伙人一致同意的其他事项。

为了防止合伙人会议越权干预 GP 执行合伙实务，通常合伙协议约定合伙人会议的审议事项不包括合伙企业的潜在投资项目或其他与合伙企业合伙事务执行有关的事项，合伙人会议不应对合伙企业管理施加控制，合伙企业对外投资事项将由投资决策委员会决定。

如果设有顾问/咨询委员会，合伙人会议的主要权限则为处理一些合伙企业自身的事务，比如合伙企业的分立、合并、解散、清算等，合伙协议的修改，GP的权益变化（入伙/除名/退伙）等。

2. 投资决策委员会

投资决策委员会的职责是对私募股权基金的投资建议进行审核和决策，有时也包含退出事项的审议，它是基金投资事务的最高决策机构。投资决策委员会一般由GP组成，具体人员由GP任命或委派。当然，也存在比较强势的LP个人愿意参与投资决策委员会的情形。有时，投资决策委员会还会吸纳行业专家、会计师、律师等第三方机构的代表，和GP及投资达到一定比例的LP共同组成投资决策委员会，三方互相配合、互相制衡，从而最大限度地保护各方的利益。

投资决策委员会会议通常由GP召集，会议可以成员亲自到场参会、电话会议或其他方式召开。投资决策委员会一般不以出资额多寡定表决权大小，而是每一位委员均有一票表决权。通常，投资决策委员会表决要求全体委员一致或多数通过方能投资。在实践操作中，对于初投、跟投项目与退出项目的表决制度有所区别：初投、跟投项目，由特定多数即超过2/3成员通过；而退出项目由超过1/2成员通过即可。

在实践中，出于种种原因，部分强势的LP往往会要求在投资决策委员会中对某些项目或情况拥有一票否决权。LP参与决策虽然在某种程度上保护了其权益，但也在一定程度上扭曲了有限合伙制私募股权基金的权责结构，LP一旦参与投资决策，LP和GP的责任便难以分清，GP作为基金管理人的积极性也可能因此下降。

3. 顾问/咨询委员会

根据《合伙企业法》第六十八条第二款规定，有限合伙人有权对合伙企业的经营管理提出建议。为了落实LP的建议权和知情权，加强LP对GP经营管理的监督，可以在有限合伙协议中约定由LP代表组成顾问/咨询委员会。

顾问/咨询委员会一般由GP指定的若干LP组成，有些机构也称之为“有限合伙人会议”，有时也会有一部分由GP推选的外部专业人士作为独立委员。设立顾问/咨询委员会的目的，一方面，是就与本基金的管理执行相关的主要问题向GP提出建议，从而作为对LP的保护机制，对投资决策委员会的权力进行一定的制衡，但通常其建议对GP而言仅仅是一种参考意见，不一定会促使GP采取相应的配合行动；另一方面，根据合伙协议，对某些事项可以进行最后决策。

顾问/咨询委员会作为处理内部关系的机构，主要处理一些涉及GP存在道德风险或不适宜GP单独决定的基金事务，如基金期限的延长，合伙人之间关联交易和利益冲突事项，超出投资限额或投资范围等投资限制的事项，有关审计机构、托管机构的聘请和变更，GP募集新基金等。GP及所有LP，均可要求将某一事项提交顾问/咨询委员会评议。顾问/咨询委员会会议方式灵活多样，可以是电话会议方式也可以是视频会议方式，通常约定有过半数表决权成员参加即为有效，会议决议由参与会议有表决权的成员过半数通过即可。需要注意的是，有些基金会将基金存续期限的延长，审计机构、托管机构的聘请和变更等事项约定为合伙人会议的权限。此外，有些基金还规定投资项目在提交投资决策委员会表决前，尽可能地公开征求顾问/咨询委员会的意见，接受顾问/咨询委员会的指导。

实践中，还存在一种较为特殊的情况，有限合伙制私募股权基金的GP与某个或某些LP单独签订协议，对有限合伙协议投资决策权或其他重要条款做出其他解释、修改或补充，该类协议往往赋予特定LP某些其他LP并不享有的优先权利。此类协议一般不向其他LP披露，其面临的最大法律风险是效力存在较大不确定性。这类背对背协议除非得到全体合伙人的追认，否则并不当然具备有限合伙协议补充协议的性质，鉴于目前我国不存在直接规制此类背对背协议的法律法规，在监管缺失的情况下，这类背对背协议的效力需要从以下多个维度进行综合考量和判断：（1）签约主体适格情况；（2）GP签署该类协议的授权；（3）该类协议向其他利益相关主体（如合伙企业及其他 LP）适当披露；（4）该类协议对有限合伙协议约定内容的实质变更；（5）该类协议内容对利益相关主体利益的影响；（6）多份背对背协议之间存在的权利冲突。

4. **风险控制委员会**

为了防范私募股权基金在运作过程中可能遇到的风险（道德风险、市场风险以及法律风险），部分有限合伙制基金内部会设立风险控制委员会。风险控制委员会的人员组成可以由 GP 与 LP 协商确定，也可以全部由 GP、LP 或 LP 委托的人组成。

风险控制委员会的职责由 GP 与 LP 协商确定，一般主要包括以下三个方面：第一，监督、督促 GP 的工作；第二，参与投资项目的调查研究，提出风险防范方案；第三，进行法律方面的研究，或者负责与法律服务中介机构进行沟通和交流。

上述各类机构并非每个有限合伙制私募股权基金都会设置，具体由基金根据实际情况而定；同时，实践中还会出现一些变通做法，如将合伙人会议与投资决策委员会职责统一，将投资决策委员会与顾问/咨询委员会职责统一。需要注意的是，某些非常规做法，实际上赋予了 LP 参与基金投资运营决策的权限，这与法律规定的 LP 不得执行合伙事务存在一定矛盾，是有限合伙制私募股权基金各方利益在中国的一种本土化安排。

二、委托管理

在典型合作模式中，有限合伙制私募股权基金通常由承担无限责任的 GP 执行合伙事务并担任基金管理人。为了满足监管要求和相关主体自身商业需求，GP 也可以将基金管理职能另行委托专业私募基金管理人执行。

（一）委托管理的原因

在我国，不少有限合伙制私募股权基金实行直接管理，即由基金的GP担任私募基金管理人，负责基金的运营、投资决策以及其他合伙事务的管理和执行。近年来，虽然直接管理仍占主流，但委托管理数量也一直在增加。委托管理模式下，GP仍作为有限合伙制基金的执行事务合伙人，但将基金管理业务委托给专业的私募股权基金管理人进行管理。

由GP进行直接管理的模式被广泛采用的主要原因在于：相较于现在，以前有限合伙制私募股权基金相关规章及监管制度不太健全，投资管理人市场尚未形成，专业基金管理机构尚不成熟，委托代理风险大，对专业私募基金管理人市场声誉机制的激励和约束效力还远不能充分发挥等。

委托管理近年来不断涌现，与以下因素分不开：

第一，专业投资机构尤其是专注于行业的专业私募股权基金管理人越来越多，使得GP及基金愿意将基金管理事务委托给专业的私募基金管理人。

第二，自2014年1月17日《私募投资基金管理人登记和基金备案办法（试行）》颁布以来，随着监管的加强，部分GP未能通过基金业协会对私募基金管理人登记的审核，暂不具备私募基金管理人资格，但又有设立、备案私募基金产品的迫切需求，故委托有资质的第三方私募基金管理人进行管理。

第三，GP和其委托的外部第三方私募基金管理人可能存在关联关系，如GP和第三方管理人受同一控制人控制，或第三方管理人实际由GP设立等。

（二）委托管理的制度基础

从证监会规章及基金业协会自律规则来看，私募股权基金采取委托管理方式没有法律障碍。

证监会在《私募投资基金监督管理暂行办法》中对采取委托管理的私募基金的备案提出了要求，侧面说明私募股权基金可以采取委托管理模式。该文件第八条规定，各类私募基金募集完毕，私募基金管理人应当根据基金业协会的规定，办理基金备案手续；其中，采取委托管理方式的，应当报送委托管理协议。

基金业协会作为私募基金行业的自律管理组织，对合伙制私募股权基金采取委托管理模式给予了肯定。基金业协会在《私募投资基金合同指引起草说明》中指出，合伙型基金本身不是一个法人主体，其执行事务合伙人为普通合伙人（GP），GP负责合伙事务并对基金承担无限责任。在基金管理方式上，GP可以自任为私募基金管理人，也可以另行委托专业私募基金管理机构作为管理人具体负责投资管理运作。基金业协会发布的《私募投资基金合同指引3号（合伙协议必备条款指引）》明确，合伙制基金的管理人可以是合伙企业执行事务合伙人，也可以委托给其他私募基金管理机构。

委托管理模式下，GP仍作为有限合伙制私募基金的执行事务合伙人，但基金与外部第三方签署《委托管理协议》，委托第三方作为私募基金管理人对基金进行管理。需要注意的是，在GP担任有限合伙制私募基金管理人的情况下，GP须满足监管部门规定的相关条件和要求，并在基金业协会完成私募基金管理人登记；在委托管理情况下，GP可以不具备私募基金管理人资格，但接受委托的第三方必须满足监管部门对于私募基金管理人的相关条件和要求，并在基金业协会完成私募基金管理人登记。

（三）委托管理与直接管理的比较

委托管理和直接管理存在以下几个方面的区别：

第一，管理权来源不同。直接管理的管理权来源于有限合伙制私募股权基金合伙人会议的授权，GP执行基金管理事务无须另行签署《委托管理协议》；委托管理则是通过基金与外部第三方私募基金管理人签订《委托管理协议》确定管理职责。

第二，管理机构不同。直接管理是通过GP及其内设的管理机构自行管理，而委托管理则是由专业的外部第三方私募基金管理人进行管理。

第三，管理方式不同。直接管理更侧重于内部职能部门的划分，明确各职能部门的职责范围，通过各职能部门的分工合作实现管理；而委托管理则是由外部第三方私募基金管理人与基金通过《委托管理协议》确定各自的权利义务，是通过第三方专业管理实现委托协议约定的管理职责。

第四，管理流程不同。直接管理是按照基金内部职能部门划分和内部规定进行管理；而委托管理则是在委托基础上，由第三方受托机构严格按照《委托管理协议》履行委托事宜，并履行必要的报告审批程序。

第五，管理风险防控不同。直接管理是按照基金内部职能部门划分完成管理风险防控；而委托管理在风险防控上，需要委托外部私募基金管理人重点予以防控，并且履行相应的职责和承担相应的责任。

总之，区别是客观存在的，但两种模式却无优劣之别。私募股权基金可以根据自身情况，包括 GP 的构成、组织模式设计需要等情况，选择合适的私募基金管理方式。

（四）委托管理模式下的基金事务管理

在委托管理模式下，私募股权基金全体合伙人同意 GP 将基金管理事务全部或部分剥离出去，委托具备私募基金管理人资格的第三方机构承担，但 GP 作为基金的执行事务合伙人仍负责其他合伙事务的执行。可见，“基金管理事务”可以从“合伙事务”中分离。根据基金业协会发布的《私募投资基金合同指引》及相关法规的规定，基金管理事务一般包括但不限于：

（1）为基金配置独立、专业的管理团队，具体从事投资项目的开发、调查、评估和实施。

（2）采取一切必要行动以维持基金合法存续、以基金的名义开展经营活动。

（3）开立、维持和撤销基金的银行账户、证券账户，开具支票和其他付款凭证。

（4）必要时，聘请专业人士、中介及顾问机构为基金提供服务。

（5）向现有LP或新的LP继续募集资金，根据合伙人的变动情况修改合伙协议。

（6）积极寻求、开发有投资价值的项目，负责对项目进行审慎的投资调查和评估，必要时，聘任专业顾问提供外部咨询服务，组织投资条款的谈判，准备有关投资的文件，实施投资项目并进行跟踪监管，取得投资回报等。

（7）代表基金签署投资协议，监督投资项目的后续实施，代表基金在被投资项目公司行使投票权。

（8）对投资项目处置提出合理的建议，采取合适的方式退出投资项目。

（9）根据国家税务管理规定处理基金的涉税事项。

（10）合理解决合伙企业与第三方的争议（如为基金的利益提起诉讼/仲裁或应诉，与有争议的合作方进行协商或和解等）。

（11）采取所有可能的行动以保障基金的财产安全，减少因基金的业务活动而对基金、合伙人及其财产可能带来的风险。

（12）采取其他行动以实现、维护或争取基金合法权益。

（五）委托管理模式下的注意事项

委托管理模式下，私募股权基金及全体合伙人需要注意以下事项：

1. 受托方的资质

根据2014年1月基金业协会发布的《私募投资基金管理人登记和基金备案办法（试行）》，私募基金管理人应当向基金业协会履行基金管理人登记手续。GP作为管理人自行直接管理私募基金时，需满足一定条件并在基金业协会完成私募基金管理人登记。同样地，委托管理模式下，基金管理事务的执行必须依托具备基金管理人资格的主体，因此委托前应确保受托方在基金业协会已完成私募基金管理人登记，且满足基金业协会对私募基金管理人的其他要求。

2. 责任承担的主体

委托管理中应特别注意GP与受托管理的私募基金管理人的关系。委托管理模式下，受托的私募基金管理人主要是利用其专业人员对投资项目进行专业分析、评估和建议，并且负责有关投资具体运作事宜。受托管理的私募基金管理人更多作为具体执行机构，是受基金委托根据《委托管理协议》约定管理范围进行基金事务管理，并无权进行投资决策。而且，GP委托私募基金管理人执行基金管理事务并不免除其责任和义务。

3. 基金管理人的更换

在有限合伙制私募股权基金中，有时基金管理人是在基金发起募集设立之前已经选定，LP投资时也将基金管理人作为其投资条件之一。在此前提下，在基金成立后，如涉及有关基金管理人的变更，就可能不是GP单独能决定的，而是需要GP和LP（有时不是全部LP，而是出资一定数额以上的LP）共同决定，具体取决于合伙协议的约定。

4. 管理费的分配

委托管理模式下，受托管理基金的私募基金管理人费用一般由GP、LP商定从有限合伙制基金管理费中分担。此时，GP的管理费一般会压缩，而外部私募基金管理人的管理费将占有限合伙制基金管理费的大部分。这是因为，在委托管理模式下，私募基金管理人通常全权负责基金的投资执行操作事宜以及日常事务的执行，而GP基本通过投资决策委员会或合伙人会议行使有关合伙权利，GP不存在具体的管理费支出，因此基金的管理费支出主要体现为私募基金管理人的费用支出。在实践中，私募基金管理人会与基金签订协议，约定基金管理费收取、分配事宜。

5. 收益的分配

在委托管理模式下，受托的外部私募基金管理人一般不参与收益分配，只收取既定的管理费，但是不排除为了体现对私募基金管理人的激励，基金与管理人约定一定比例的收益分成，即达到一定收益且在已回报 LP 的前提下，在剩余投资收益中对私募基金管理人予以分成。

三、双 GP/双管理人模式

近年来，随着产业集团、上市公司、地方政府引导基金的兴起，原来经典模式及委托管理模式已经不能满足大型国企 LP、上市公司 LP 及政府引导基金 LP 的要求，双 GP 模式随之出现。

（一）概述

有限合伙制私募股权基金若存在两个或多个管理人，管理人既可以由基金内部具备私募基金管理人资格的 GP 担任，也可以由外部具备私募基金管理人资格的第三方担任，还可以兼而有之。

尽管“双 GP”不是投资界主流，但它确实客观存在。实践中，产业集团、上市公司、地方政府引导基金，更倾向于采用双 GP 模式。《合伙企业法》第六十一条规定：“有限合伙企业由二个以上五十个以下合伙人设立；但是，法律另有规定的除外。有限合伙企业至少应当有一个普通合伙人。”很显然，立法已经给双 GP 模式留出足够的生存空间。

2015 年 4 月 17 日，山东齐鲁股权新三板产业基金正式获批，这是山东省乃至全国私募股权投资行业出现的首只双 GP 模式的国有混合制新三板产业基金。该产业基金的双 GP 分别为山东金泽霖股权投资管理股份有限公司（以下简称“金泽霖”）以及山东蓝色经济资产管理有限公司（以下简称“蓝色资管”）。该基金主要面向新三板转板企业，依托金泽霖强大的市场研发和运营能力，背靠蓝色资管稳固的风险抵御能力，基金从管理人的战略合作伙伴齐鲁股权交易中心优选而出的转板上市公司中优中选优，作为投资对象，力求在投资收益回报和市场风险把控方面做到最好。

2016 年的双 GP 基金，更多的是在上市公司、国有企业与投资机构合作成立的产业投资基金中出现。立思辰（股票代码：300010）于2017年2月13日发布《关于拟参与设立国际教育产业投资基金的公告》，公告称："公司与北京金古投资管理有限公司及新航道（北京）管理咨询有限公司签署合作意向书，公司与金古投资管理有限公司拟共同指定普通合伙人发起设立'立思辰金古国际教育产业投资基金'（暂定名），新航道（北京）管理咨询有限公司作为有限合伙人参与基金投资。"此外，该公告还显示，普通合伙人——金古投资以及立思辰指定的管理机构或自然人，二者共同为普通合伙人，其中金古投资为执行事务合伙人。

除投资机构之间的合作和投资机构与产业资本的合作外，地方政府引导基金和市场化投资机构的合作，以及大型国企与投资机构的合作中，会出现"双GP"的现象，这类基金采用"双GP"机制主要是出自合规层面的考虑。

（二）双GP模式的法律结构

在整个有限合伙层面，双GP与单GP没有太大区别。事实上，双GP模式中的两家GP一般为合作关系，两者同饰GP角色，只是内部分工不同。基金内部分工、投资决策委员会的建立等诸多基金运作环节，更多是谈判的结果；二者之间具体权限的划分取决于合伙协议条款的设计，执行效果则取决于双方信任程度和长久合作意愿。

双GP在双方资源存在互补性的情况下更容易发生，比如，一方善于找项目，另一方善于募集资金；或者，一方有很强的产业背景资源，另一方有较丰富的基金管理经验等。

实践中，一般由一个GP担任基金投资管理人，主要负责投资管理事务；另一个GP担任基金运营商，负责基金日常运营及监督负责投资管理的GP。

双GP模式具有优势互补的特点，两家GP可在管理架构、对外投资和风险控制等诸多方面取长补短。但与此同时，双GP模式可能带来沟通、磨合等不确定性的弊端，以及双方预期和实际情况可能存在差距，两家GP可能在部分问题上存在分歧，从而导致效率低下。因此，合伙协议条款的设计显得尤为重要，通过合伙协议确定两家GP的分工、合作至关重要。

（三）双管理人模式的登记备案

GP不一定担任私募股权基金管理人，基金可能在双GP情况下只有一个管理人，这种情况下该基金备案在唯一管理人名下。

如果基金有两个GP，且均担任私募基金管理人，考虑到统计问题，此前基金业协会旧系统的做法是仍要求基金备案在一个管理人名下，并需另行说明该基金还存在另一个管理人。自2016年9月资产管理业务综合报送平台系统上线以来，基金业协会允许一只基金产品在系统里直接备案在两个管理人名下，由一个管理人填报系统，第二个管理人自动链接管理人系统，且链接时只能在已完成登记的管理人名单内选择。

需要注意的是，根据《合伙企业法》，有限合伙企业可以存在两个GP及执行事务合伙人，并且，双管理人目前在资产管理业务综合报送平台登记备案没有障碍。但从实操层面看，个别地方工商管理部门不同意登记两个执行事务合伙人，对此，建议拟采取双GP模式的各方提前与当地工商管理部门充分确认协商。

第三节　私募股权LP对GP的激励和制约之惑

LP和GP之间的博弈和较量自双方洽谈合作伊始就一直持续。一方面，LP希望依靠GP专业的管理运营能力实现自身收益的最大化，并将项目投资运营所承担的各方面风险最大限度地降低；另一方面，GP坐拥全部资产管理权引发的道德风险又使得LP不得不采取诸多制约和限制手段，以弥补自身安全感的缺失。因此，在最大限度调动和激发GP的积极性和潜力的同时，实现对GP的有效制约和限制成为

LP时刻关心的核心问题。本节将以有限合伙制私募股权基金为例，就LP对GP的激励和制约的形式、手段等内容进行分析和探讨。

一、激励机制

LP对GP的激励主要体现在收益提成、管理费等其他必要支出费用的支付上，分配顺序、比例、时点的不同都直接影响着GP的项目收益，从而对GP发掘优质项目资源和投资时机的积极性产生重大的影响。但是，在国内私募基金行业融资困难、LP普遍强势的大环境下，LP通常会对GP提取管理费和收益提成的条件和门槛加以限制，以实现自身投资保值增值的目标。

（一）管理费支出

管理费是GP项目运营收益的一部分，随着国内私募股权投资市场的不断发展和变化，中国式私募股权LP也在管理费的比例、支付方式等方面提出了新的要求和条件。

1. 管理费的比例

基金管理费是指在基金存续期间，LP因委托GP对私募股权基金进行管理运营而应当支付的费用，通常每年按照承诺投资额的2%提取。在实际操作过程中，小规模的私募股权基金多使用承诺投资额作为基数计算管理费用，以避免管理费用过低影响基金基本运营的问题；大规模的私募股权基金多以实际到位资金或具体投资金额作为基数计算，提取比例也会出现0.5%左右的浮动，这主要取决于GP自身的财务状况和双方的谈判地位等因素。

谈及管理费的收取方式，目前主要存在两种模式：一种是固定管理费模式，也就是说，在基金的整个存续期内，LP只需按照全部承诺出资额的既定比例向GP支付管理费。这种模式虽然在实际操作方面较为简便，但是却渐渐被大多私募股权基金所摒弃，究其原因，主要有以下两个方面：一方面，GP对于私募基金管理投入的工作量往往集中在基金设立之初对项目的挖掘和投资阶段，随着项目进入投后管理和退出阶段，GP 的工作量会逐渐减少，因此以同一基准支付管理费似乎并不符合私募股权基金运作的业务特点；另一方面，一成不变的管理费模式无法对 GP 产生显著的激励作用，尤其是对于规模较大的基金产品，获得丰厚管理费的 GP 缺乏继续挖掘新项目的动力，很容易出现 LP 后续收益受损的情况。

结合 GP 投入工作量的阶段性特征，越来越多的 LP 倾向于向 GP 支付递减式的管理费用，即自基金投资期结束或进入延长期之日起，以逐年递减的方式下调基金管理费用，直至基金实现完全退出，下调后的管理费提取基数也相应变更为当前实际管理资本总额或尚未退出的成本总额。这样的递减式支付在一定程度上更有利于 LP 对 GP 的有效激励，是双方利益一致的重要保证。

2. **管理费的支付**

通常情况下，管理费由 GP 按年度从 LP 的投资份额中相应扣除即可，但是，在 LP 普遍强势的国内私募股权基金市场，一些 LP 往往会要求 GP 在优先向其支付预期收益的前提下才能获得相应年度的管理费用。如双方约定，若当年基金整体收益少于 LP 的预期收益，GP 无权向 LP 收取管理费用，相应年度的管理费用应当累计至下一年度能够足够分配收益时收取。

3. **管理费的区分**

除了管理费之外，私募股权基金的设立和存续仍然需要一些其他必要支出，即基金运营成本，它通常包括私募基金的设立费用，对被投资企业的投资、管理、运营及持有、出售股权发生的费用，托管费用，审计费用，聘请专门中介机构的费用，合伙人会议，顾问委员会会议费用等必要支出。

从理论上来说，基金运营成本与管理费在内涵及范围上存在本质差异，应当在合伙协议中予以明确界定和区分。在国际惯例中，一般将 GP 投资团队的办公场所、人力等其他日常运营费用计入管理费，不计入基金运营成本；其他与基金运营管理相关的支出计入基金运营成本。分配收益时，应首先由双方分摊基金日常运营成本，再向 GP 支付相应比例的管理费。当然，在国内私募股权基金市场融资困难、LP 普遍强势的大环境下，一些 GP 也会接受将基金运营成本计入管理费的要求，以达到吸引资金的目的。

（二）收益提成分配机制

私募股权基金的收益提成分配机制属于基金重大条款，参与分配的时点、条件、优先或是劣后的顺位、取得收益分配的份额比例等因素都直接关系着 LP 资产保值增值的最终目标能否实现，也因此成为 LP 最为关注的问题之一。

1. **分配比例**

与管理费相比，收益提成的分配更能促进 LP 和 GP 实现共赢，是有限合伙制私募股权基金 LP 与 GP 相互制约激励机制的最核心体现，也是公司制私募股权基金和信托制私募股权基金无法与之媲美的绝对优势。通常情况下，作为资金主要来源的 LP 承担基金 99% 左右的出资，获得 80% 左右的收益回报；而作为基金管理人的 GP 虽然仅投入基金总额 1% 左右的资金，却因其对私募股权基金募集、投资、管理、退出等各个阶段的运作投入，获得收益回报的 20% 左右。相较于其他私募股权基金业绩激励方案等手段，这样的分成比例设置在为 GP 提供丰厚的利益分享和激励机制的同时，也最大限度地保障了 LP 保本增值的最终利益要求。

2. **分配方式**

通常来说，根据 LP 和 GP 分配收益的时点不同，主要有以下两种收益分配方式：

第一种是“项目分配法”，即按照私募股权基金已经投资的单个项目进行分配，每个项目之间实现独立核算和收益分配，也即在单个项目实现退出并获得收益时，LP 和 GP 即按照既定的比例（通常为 8∶2）进行收益分配。这种方式常见于以美国并购基金为代表的已经实现独立团队交易运作的私募股权基金，既是独立团队运作特点的内在要求，亦为团队提供了高效的投资收益回转模式。

当然，这种模式的缺陷也是显而易见的：GP参与了每个项目的收益分配，却并未承担项目的亏损，其实际获得的收益分配比例远远大于既定的分配比例，这直接导致LP的利益没有得到充分的保障，很容易出现项目整体实现退出时LP的本金无法收回的情形。

第二种是“基金整体分配法”，即将基金视作一个整体，当基金开始产生投资回报或基金整体实现退出进行清算时，优先返还LP的初始投资金额，只有当LP的初始投资金额全部返还完毕的情况下，才能就剩余的部分按照LP和GP约定的比例进行收益提成分配。

这种方式在一定程度上保证了LP和GP能够按照有限合伙协议中既定的收益分配比例获得收益回报，但是，由于各个项目的退出时点不同，双方的时间成本都有所提高，延时分配容易造成资金的闲置和浪费，影响GP的投资积极性和LP的投资回报。但是，从另一个角度来看，这种方式将GP的专业能力和收益分配形成更加紧密的联系，若GP具备优异的项目运作能力并能够实现基金整体的收益目标，自然能够获得相应的收益回报。相较于“项目分配法”，这种方式形成了一种更加显著有效的激励机制，也因此受到更多LP和GP的青睐。

3. **分配顺序**

收益提成的分配顺序也是影响双方收益回报的重要因素，LP往往希望采取整体分配法，在向其全额返还本金和优先利益的前提下，再向GP支付投资本金和一定比例的收益提成；而GP则青睐于以单个项目独立核算分配利益，并按照既定比例分配剩余收益。双方均以能够最大限度保障自身回报收益的分配顺序为基础进行谈判和磋商，而最终在有限合伙协议中约定的模式往往是各方妥协折中的结果。

大多数合伙协议中均会设置门槛收益，也称优先收益，即只有在首先满足LP获得门槛收益率的前提下，GP才能按照合伙协议中约定的比例获得收益提成，否则GP无权获取收益提成，其实质就是优先保障LP的投资权益。按照行业惯例，门槛收益率通常为8%，这主要取决于GP的投资实力以及双方的谈判地位。与此同时，GP也会相应地获得一定比例的业绩提成，通常为20%，形成一种有效的激励机制。

二、制约机制

在私募投资基金的运营和管理中，拥有绝对控制权的GP看似是强势的一方，而实际情况是，LP强势、过度地介入GP的运营管理活动已是私募股权投资行业的频发现象。LP通常会在合伙协议中就基金的投资决策权限、资产监管、信息披露、关联交易等方面设置相应的制约机制，以对GP控制权的行使进行约束。

（一）基金投资决策权限

中国的LP普遍比较强势，对于将大量财产置于GP的掌控之下而自身却不具备实质管理决策权限的情形并不满意，甚至时时感到来自道德风险的恐慌和担忧，因此，其对于私募股权基金的日常运作及管理往往具有较强的“看管”意识，并试图以各种手段扩大自身在基金对外决策、对内管理等各个方面的权利范围。

LP对于基金投资决策权的参与和介入主要体现在投资决策委员会和顾问委员会两个方面。

投资决策委员会一般由GP组成，主要负责就拟投资项目相关的购买、部署或调整等合伙企业的重大事项进行最终决策或向GP提出建议与意见。拟投资项目经过充分的尽职调查和评审委员会审核之后，GP会将投资意向报告递交有限合伙企业的投资决策委员会进行表决。强势的LP们往往在谈判过程中试图委派一至两名LP代表进入投资决策委员会当中，参与拟投资项目的决策过程。更有甚者，还会要求赋予LP“一票否决权”，也即仅当投资决策委员会所有成员一致通过时，项目才能通过审核进入下一阶段。

顾问委员会一般由LP和独立委员组成，主要就关联交易、利益冲突或对外投资额超限等事务进行决策，并就与基金管理和执行相关的主要问题向 GP 提出建议。通常情况下，GP 在将投资意向报告提交投资决策委员会之前，会就项目核心问题尽可能地公开征求顾问委员会的意见，只有当顾问委员会所有成员一致通过后，投资意向报告方可提交决策委员会表决。在极少数的私募股权基金中，LP 甚至可以通过顾问委员会向投资决策委员会推荐投资项目，建议 GP 发起对该项目的尽职调查活动，这实质上是对 GP 独立管理经营权的进一步冲击和僭越。

不难看出，LP 通过各种手段和形式对 GP 管理经营权的介入和限制，在一定程度上扭曲了有限合伙制私募基金的权责体系和结构，抹杀了这种结构形式的特点和天然优势，LP 一旦参与项目的投资决策，LP 和 GP 的责任便难以分清，GP 的积极性亦受到损伤。但是，考虑到我国私募股权基金市场的发展现状，GP 专业水平的参差不齐、潜藏道德风险、本土信托观念发展的不成熟等诸多因素都使 LP 的介入成为必然的结果。

（二）收益提成追回

如前所述，若私募股权基金采取“项目提成法”，以独立项目的清算退出时点进行分配收益提成，一旦出现亏损比较严重的项目，很容易导致 LP 无法实现投资本金保值的基本目标。在这种情况下，由于前期已经实现清算退出的项目已向 GP 支付了相应比例的收益提成，而 GP 并未承担与此收益相对应的风险，导致 LP 的投资利益受到了不同程度的损害，大多数合伙协议也因此赋予 LP 相应的收益提成追回权。

具体而言，合伙协议中一般会设置收益提成追回条款，也称“钩回”条款，具体表现为以下三种形式：（1）双方约定，在整体项目实现退出时，GP 将其获得的超出既定分配比例的收益返还给 LP；（2）双方约定，在每个项目进行分配时，GP 预留一部分收益作为保证金，以作为其他项目亏损时的补足；（3）双方约定，在项目收益完成基金管理费、投资成本、亏损项目补足等费用支出后，再按照既定的比例在LP和GP之间进行收益分配。

不难看出，“钩回”条款的实质就是最大限度地保障LP的利益、降低LP的损失，在项目出现亏损等其他问题时优先保证LP收回其初始的资本投入，也因此无法在LP和GP之间形成有效的激励机制。

（三）资产监管

LP主要通过外部托管和内部监管两种方式实现其对私募投资基金的资产监管，这不仅是LP自身“看管”意识根深蒂固的必然要求和结果，也是有效防止GP管理权滥用，及时避免因GP经营投资不善等其他行为导致亏损情况蔓延的有效手段和措施。

1. 外部监管

《证券投资基金托管业务管理办法》第二条对基金托管进行了明确的定义，托管是指由依法设立并取得基金托管资格的商业银行或者其他金融机构担任托管人，按照法律法规的规定及基金合同的约定，对基金履行安全保管基金财产、办理清算交割、复核审查资产净值、开展投资监督、召集基金份额持有人大会等职责的行为。

就现行的相关法律规定来看，监管部门并未强制私募股权基金进行托管，但是，对于未托管的私募股权基金设置了一些特殊规定。一方面，如私募股权基金合同约定私募股权基金不进行托管，则应当在基金合同中明确保障私募基金财产安全的制度措施和纠纷解决机制。另一方面，在私募基金产品备案的过程中，基金业协会明确要求未进行托管的私募股权基金补充提交所有投资者签署的无托管确认书，并应当在无托管确认书中说明本基金无托管或者在“管理人需要说明的其他问题”条款中进行说明。此外，私募基金管理人须在推介材料中明确私募股权基金的托管情况，未托管的应当以显著字体特别标注，并视为特别风险，令投资者充分知晓基金未托管的风险。不难看出，监管机构倾向于私募股权基金选择有托管资质的托管人进行托管，事实上，存在基金托管人也有利于提高申请机构登记的通过率。

从保障基金财产独立和投资者基金安全的角度来看，资产托管制度可以有效地将私募基金募集、投资、管理及退出的整体过程置于第三方服务机构的监督之下。依据托管协议，托管人对资金的去向进行监督，并依据私募基金管理人的划拨指令直接对外收支，按照投资者的基金投资数额和比例对基金投资利润收益进行分配。因此，即便现行法律法规并未强制要求私募股权基金进行托管，出于规范运作管理以及对投资者负责的考虑，大部分私募股权基金还是青睐于采取托管的模式。

2. **内部监管**

私募股权基金的内部资金监管，主要体现在日常账目、财务报告等财务资料的记载、查阅以及内部审计等方面。

在基金存续期内，合伙企业的财务资料应当在基金的注册登记地址以财务账簿或财务记录的形式妥善保存，或以全体合伙人一致认可的其他形式完整、准确地予以保存。同时，上述财务资料应在发生后保存至少15年或相关法律法规规定的或合伙协议约定的更长时间。

LP可出于合理相关的目的，提前在合理时间内通知GP的情况下审查和复制财务资料，上述“合理相关的目的”可由双方在合伙协议中进行明确详细的列举。另外，在有限合伙协议有特别约定时，对于GP经营投资不善导致亏损严重或者存在其他严重过错的，LP有权要求对GP进行更换或者提出其他处理建议。同时，LP有权在必要时自行聘请外部专业机构对基金财务管理情况等进行审计，在确认基金或GP存在过错、责任之前，相关费用由LP先行承担。

（四）信息披露要求

信息披露是GP在基金经营和管理过程中必须履行的一项义务，也是LP及时准确了解基金运行的真实情况并发现其中潜在风险的重要途径，全面严格的信息披露制度既是私募股权基金内部控制的必备要素，更是LP知情权和监督权有效行使的重要保证。信息披露涵盖了私募股权基金日常管理运营、投资团队管理、被投资企业营收和治理情况等多方面内容，其中，财务数据资料能够最直接地反映出私募基金和被投资企业的运营状态。通过对财务数据的分析，LP 可以对自身投资保障做出准确及时的判断和反应，以达到保障投资安全和防范 GP 道德风险的目的。

我国《合伙企业法》确实为 LP 权益的保障和 GP 信息披露义务的履行提供了基本框架，有条件地赋予了 LP 查阅企业财务资料、向有责任的合伙人主张权利及提起诉讼的权利，但是却缺乏具体的操作规则和责任承担体系。比如，LP 行使知情权的具体条件和费用承担问题，LP 向 GP 主张权利受损的方式和程序问题，LP 就权益受损提起诉讼的案由、管辖地、诉讼费用承担等问题。这些具体操作的不便往往直接造成 LP 主张权利的时间成本、风险成本及资金成本偏高，影响 LP 主张知情权的积极性和效率，在一定程度上不利于 LP 和 GP 的相互制约和激励。

因此，关于 GP 信息披露的具体要求以及 LP 主张相关权利的具体事宜应当在有限合伙协议等相关法律文件中予以详细列示和规定。具体而言，私募股权基金应当建立定期、持续的信息披露制度，GP 不仅应当就既定的内容按时完成季度报、半年报及年报等定期披露事项，还应当对重大突发事项进行及时详细的披露。同时，对于 LP 主张权利的具体条件和程序，以及内部救济用尽仍无法保障 LP 权益情况的处理等事项也应当在协议中予以具体细化。另外，在强化 GP 信息披露制度的同时，亦应当同步落实相关人员的究责制度，以配合协议中信息披露义务违约条款的适用。

（五）关联交易防范

GP 的关联交易行为是指，GP 及其关联方与合伙企业之间发生的交易行为，其中，GP 的关联方主要包括控制 GP、受控于 GP 或与 GP 同受控于他人的一方。GP 的关联交易行为通常表现为以下三种形式：第一种是以合伙企业购买 GP 关联公司股权或资产为主要表现形式的资产交易型关联交易；第二种是委托管理型关联交易，即合伙企业同时委托GP或GP关联公司对其提供区别于GP一般基金管理服务的其他形式的专业咨询服务，这种服务通常被称为“资产管理服务”，并由资产管理机构另行向合伙企业收取费用；第三种是贸易型关联交易，合伙企业通过GP关联公司采购相关的材料，可以通过材料的购买实现定价转移和利润转移。其实，合理的关联交易行为对LP权益的保障和实现是有利的，因此，此处提及需要LP加以关注和防范的关联交易行为，也仅限于GP滥用合伙企业事务管理权和执行权进行的有可能对LP利益造成不利影响的不正当关联交易行为。

现行《合伙企业法》中关于GP关联交易行为的约束和限制存在着一定的立法缺陷和操作困难。一方面，《合伙企业法》第三十二条仅对GP与合伙企业发生的直接交易行为进行了限制，并未覆盖GP关联交易行为的全部类型，也即类似GP利用其同时管理的多支私募股权基金进行利益输送和转移的情形并未受到法律法规的直接限制和约束；另一方面，当GP存在不正当行为时，《合伙企业法》第四十九条赋予其他合伙人将其除名的权利救济途径，但前提条件是“经其他合伙人一致同意”，这在实际操作中亦是困难重重。

在这样的情况下，我们建议LP通过合伙协议的约定建立起有效的关联交易防范机制，主要可以通过以下两方面的措施实现：一方面，LP应当通过充分的尽职调查全面了解GP目前管理其他基金的情况，尽可能全面地将可预测的关联交易行为在合伙协议中详细列示，并设置相应的违约责任条款和权利救济机制；另一方面，在合伙协议中明确顾问委员会的权限和职责，通过顾问委员会实现对GP同业竞争、关联交易等利益冲突行为的防范和监督。

三、LP与GP的互利共赢

对于LP来说，获得投资收益回报是其进行私募股权基金投资的初衷和最根本目的，通过GP对私募股权基金的募集、投资、管理和退出的运作，LP的投资本金能够得到不同程度的放大和增值。同时，依托一些具有特殊背景的GP，LP可以实现其在相关行业领域的资源整合和深入发掘，对其未来的规划和战略发展有所助益。

对于GP而言，除了获得项目收益，GP还希望在自身管理能力和行业影响力方面有所提升和扩展。一方面，在与LP就项目运营进行协作和磨合的过程中，GP在项目投资决策、内部治理与协调、项目投资后管理、与目标企业的关系、增值服务的提供等各个方面都汲取了丰富的经验；另一方面，随着项目整体的清算和成功退出，GP在这一领域的业绩和影响力亦有所提升，这大大增加了GP在下一轮融资中争取投资项目和资源的可能性。

不难看出，GP与LP双方的利益目标并不完全一致，这亦是激励与制约机制存在的必要性。在博弈与较量中一直在试图实现充分激励和有效约束的平衡，使双方在某种程度上实现利益的趋同或一致，最终实现双方利益的共赢和发展。

专题5　GP选择中的商业考虑和法律规制之平衡

收益性是几乎所有LP在选择GP及进行资产配置时的逻辑起点。拥有成熟行业管理经验、资源整合能力的GP也是众多LP的优先考虑对象。此外，部分LP有选择国有背景GP的特殊需求，甚至部分国有企业LP有自己设立GP的计划。LP的前述商业需求如何在现行法律法规的规制下达到最佳的利益平衡，本专题将分三个方面进行讨论。

一、保底收益

无论是社保基金、国有企业、金融机构，还是上市公司、高净值个人，所有的LP投资者都有一个共同的目标——在一定时期内获取尽可能高的收益，这往往也是私募股权基金的最高理想追求。在高收益的驱使下，部分LP可能会选择提供所谓固定收益或保底收益的GP，而对于银行资金、保险资金等具有稳健投资、低风险偏好需求的资金来说，保障最低收益和固定收益尤为重要；当流动性趋紧、市场募资困难时，一些GP为了吸引投资者，可能会迎合部分LP的需求，以各种形式承诺支付保底收益或固定收益。

（一）保底条款类型及分析

有限合伙制私募股权基金中，常见的固定收益与保底条款是指，承诺部分LP的本金不受损失或保证其获得最低收益，如合伙企业本身的收益不足以支付的，由GP、劣后级LP或外部第三方补足。为方便讨论，根据保底承诺提供方的不同，可大致将保底条款分为以下两类：

1. GP或部分LP为特定合伙人保底

GP或部分LP为特定合伙人保底，通常在合伙协议或其补充协议中约定，由合伙企业的GP或部分LP（劣后级LP）向特定合伙人（优先级LP）做出本金不受损失或本金加固定收益的保证。

《合伙企业法》第六十九条规定："合伙企业不得将全部利润分配给部分合伙人；但是，合伙协议另有约定的除外。"因此，合伙人可以约定排除收益共享原则，但该条并未规定是否可以约定排除风险共担原则。《合伙企业法》第六十条规定："合伙企业及其合伙人适用本章规定；本章未作规定的，适用本法第二章第一节至第五节关于普通合伙企业及其合伙人的规定。"根据《合伙企业法》第三十三条第二款规定："合伙协议不得约定将全部利润分配给部分合伙人或者由部分合伙人承担全部亏损。"基于以上，由于《合伙企业法》第六十九条未规定合伙企业合伙人是否可以约定排除风险共担原则，则应适用《合伙企业法》第三十三条第二款，即不得约定排除风险共担原则。

综上，GP或部分LP向特定LP做出本金不受损失或本金加固定收益的保证，违背了《合伙企业法》第三十三条第二款规定的"合伙协议不得约定由部分合伙人承担全部亏损”的“风险共担”原则，存在较大的违法风险。有观点认为，《合伙企业法》规定的风险共担原则属于强制性规定，上述保证违反法律、行政法规的强制性规定，故应无效。从裁判文书网公布的类似案件的审判结果来看，也有法院最终认定投资者与合伙企业属于借贷关系，判令支付投资者本金及收益。

2. 合伙人之外的第三方提供保底

合伙人之外的第三方提供保底的情况下，合伙协议或其补充协议通常约定，如合伙企业的收益不足以支付 LP 的出资或最低收益，不足部分由外部第三方补足。从法律性质来说，前述保底实质为非典型的保证担保，并不违反法律、行政法规的强制性规定，因此，一般应认定有效。

（二）收益诉求及法律规制下的平衡

有限合伙制的私募股权基金既受到《合伙企业法》的规制，也受到私募基金监管部门证监会及自律组织基金业协会的监管。因此，保底条款除应符合《合伙企业法》的相关规定，还应关注监管部门的监管规则。

证监会发布的《私募投资基金监督管理暂行办法》第十五条规定，私募基金管理人、私募基金销售机构不得向投资者承诺投资本金不受损失或者承诺最低收益。基金业协会发布的《私募投资基金募集行为管理办法》第二十四条第（三）项规定，募集机构及其从业人员推介私募基金时，禁止以任何方式承诺投资者资金不受损失，或者以任何方式承诺投资者最低收益，包括宣传预期收益、预计收益、预测投资业绩等。从上述规定来看，私募基金的基本原则是“利益共享，风险共担”，监管部门认为宣传预期收益、向投资者承诺最低收益等实质上违背了“风险共担”的原则。

GP 或部分 LP 为特定合伙人的保底承诺，由于其本质是排除风险共担原则，因此存在较大风险。但是，如果 GP 或部分 LP 以对合伙企业的出资为限，为特定LP提供有限风险补偿，此约定只是在一定程度上降低了特定LP的风险，但并未完全排除风险，从而因未违反“风险共担”原则而被认定有效。因此，对于GP或部分LP对特定合伙人的保底需求，合伙协议或相关协议不应做“保证本金不受损失、保证本金和固定收益”等表述，建议从分配顺序入手，约定合伙企业优先向特定LP进行分配，直至特定LP收回本金后，再向GP或其他LP进行分配。合伙人之外的第三方为特定LP提供保底的情况下，由于其本质是外部担保方为LP提供保证担保，一般认为有效。

因此，如LP对收益有较高的稳定性要求，可以通过由合伙人之外的第三方与保底收益合伙人就保证事项在合伙协议之外另行约定。对于交易主体可靠、信誉良好、投资收益稳健的项目，也可以通过前述收益分配顺序方面做出有利于特定LP的安排。需要注意的是，按照前述证监会及基金业协会的相关规定，GP不能做出任何类似保底承诺、最低收益的保证，即便实践中存在一些规避的做法，但在监管力度不断加强、信息披露要求越来越高和司法判例观点尚不统一的情况下，即使按照上述方式操作仍存在被监管部门或司法判例否定的风险，建议结合基金投向、收益要求和预测、增信主体与措施选择等诸多项目实际情况及监管尺度综合分析确定。

二、同业竞争

几乎所有LP在选择GP时，都希望对方拥有成熟的行业管理经验、丰富的产业整合资源以及专业的资本运作能力与经验，而这些拥有丰富投资经验和行业资源的“明星团队”往往同时管理着多只基金，甚至是处于同一行业领域的多只基金。

在与GP的后续合作中，LP通常希望GP在其所在的基金事务中尽可能多地投入时间和精力，切实履行GP的忠实、勤勉义务。而GP作为专业的基金管理人，往往在成为一只基金的GP后还会再去成立、运作其他基金，甚至管理同类型的多只基金。

（一）相关法律规定

在通常情况下，LP将大量资金置于GP的完全掌控管理之后，通过从事与合伙企业相竞争的业务损害合伙企业利益的情况十分罕见。对此，《合伙企业法》第七十一条规定："有限合伙人可以自营或者同他人合作经营与本有限合伙企业相竞争的业务；但是，合伙协议另有约定的除外。"可见，LP原则上可以开展同业竞争业务，但是允许例外约定。

由于GP对合伙企业投资模式、投资偏好、资金状况等情况的知悉占尽信息先机，可能通过同业竞争获取商业利益，出于对合伙企业本身利益的保护，《合伙企业法》对GP从事同业竞争做出了限定。《合伙企业法》第三十二条第一款规定："合伙人不得自营或者同他人合作经营与本合伙企业相竞争的业务。"由此可见，GP不得与合伙企业进行同业竞争，但同时也允许例外约定。

（二）同业竞争下的利益平衡

GP向LP募集资金后，能否另行设立其他私募股权基金？这种行为是否构成同业竞争？例如，如果GP管理的私募基金C和D均投向医药领域，C和D之间是否存在同业竞争问题？再如，如果GP设立私募基金A专门投资于电子商务领域，同时，设立私募基金B专门投资于新能源领域，A和B之间是否存在同业竞争问题？目前，这些问题尚无明确的法律衡量标准。

一方面，实践中，具有良好投资眼光和丰富经验的GP较为缺乏，故要求GP只管理运营一家基金不太实际；另一方面，很多GP往往侧重某些特定行业的投资，其丰富的行业投资经验也正是其核心竞争力之一，其在某些行业进行深入、广泛的投资，如果安排妥当，不仅不会损害LP及基金的利益，反而对LP的资金安全和收益更有保障。因此，LP出于对自身利益的考虑，可以就不同的情况做出区分，并在合伙协议中进行明确约定。

1. 基金设立之前GP已经管理其他基金

在基金设立之前GP已经管理其他基金时，LP应当在选择GP的尽职调查阶段全面了解GP已经设立运营的基金情况，要求GP全面、明确地告知相关信息，包括拟为本基金项目配备的人员和其他资源等。在充分衡量上述因素之后，若LP愿意与GP建立合作关系，即意味着LP对于GP管理其他已经获知的基金的行为给予了认可，并放弃追究GP对其他基金进行管理运营行为的任何责任，除非LP能够证明上述行为对本项目的运营和管理已经或有可能产生实质的不利影响。

因此，LP应在合伙协议中详细列出截至协议签署之时其已经知晓的相关情况，并明确GP故意隐瞒、做出虚假不实陈述以及无法对本项目尽到忠实勤勉义务的违约责任，以进一步降低自身因GP同业竞争行为遭受损失的风险，保障自身的投资收益回报。

2. 基金运营期间GP发起其他基金

一般来说，私募股权基金的存续期为5～10年，GP很难在漫长的项目周期中仅负责一只基金的管理和运营，尤其是在资金募集和投资阶段之后，GP的工作量通常会大幅度下降。但是，为防止在GP管理多只基金，尤其管理多只同类型基金可能产生的道德风险，LP可以在合伙协议中从以下角度约束GP：

（1）对GP另行发起设立或受托管理的基金的总数量做出限制，例如最多只能管理4家。

（2）要求GP后续可能发起设立或者受托管理的基金，与本基金在规模、投资地域、产业、投资阶段等方面区别开来。

（3）对GP在基金中应尽的勤勉义务及违约责任进行详细约定，例如，设置关键人条款，要求在项目获取、投资决策、增值服务、投资退出等重要环节发挥关键性作用的团队核心成员在本基金存续期间不得离开，否则LP有权要求中止向基金进行出资承诺和后续投资，若未能在规定期限内就替代人选达成协议，基金将解散并进行清算。

（4）GP作为本基金管理人期间，应在投资期结束前在本基金的运营管理方面投入足够时间和精力；在基金已将所有合伙人认缴出资额之70%用于投资或做出投资安排之前，未经顾问委员会同意，GP不得担任与本基金的投资目标和投资方式相同或相近、存在竞争关系的后续基金的GP或执行事务合伙人，且GP应确保其关联方、关键人士遵守前述承诺。若基金多数资金已被用于投资或基金已处于投资期的末期并达到合伙协议约定的投资进度，在不影响基金运行和管理的前提下，可以赋予GP建立、管理其他基金的权利。

（5）LP还可以要求GP定期如实披露不同基金的投资情况。

通过这些方式对GP同业竞争行为进行规范，既使得LP的资金安全和收益回报得到了有力的保障，又达到了GP运营多只基金避免资源和资金的闲置浪费、加深其在相关领域的投资深度的效果。

三、国企GP

近年来，随着私募股权基金的快速发展，国有企业已经通过各种形式与私募股权基金进行了深度结合，如作为投资者直接成为有限合伙制私募股权基金的LP，或者作为管理人运作一只私募股权基金，或二者兼有。无论是国有企业LP，还是上市公司、政府引导基金等其他类型的LP，出于投资项目需要或其他考虑，都有选择国有背景GP作为管理人的需要，甚至国有背景的LP也有自己设立GP的需求。

（一）国有企业能否担任GP的法律规定

《合伙企业法》第三条规定，国有独资公司、国有企业不得成为普通合伙人。可见法律明确禁止国有企业担任合伙企业中的GP。这是因为，在有限合伙企业，GP需以其全部财产对企业不能清偿的债务承担无限连带责任，如果国有企业担任GP，则国有企业将以其全部财产承担无限连带责任，不利于对国有资产的保护。这种情况下，需要判断哪种类型的国有企业可以担任合伙制私募股权基金的GP。

解决这个问题，首先需要对“国有企业”进行界定。实际上，国有企业一直是一个动态发展的概念，不同部委已出台多部法律文件对国有企业进行了定义，目前，最新的法律规范是国有资产监督管理委员会、财政部于2016年6月24日联合发布的《企业国有资产交易监督管理办法》（国有资产监督管理委员会、财政部令第32号，以下简称“32号令”）。32号令是对以往规定的总结和完善，基于新法优于旧法原则，我们认为对国有企业的定义优先适用32号令。

32号令规定，国有及国有控股企业、国有实际控制企业包括：政府部门、机构、事业单位出资设立的国有独资企业（公司），以及上述单位、企业直接或间接合计持股为100%的国有全资企业；前述所列单位、企业单独或共同出资，合计拥有产（股）权比例超过50%，且其中之一为最大股东的企业；前述所列企业对外出资，拥有股权比例超过50%的各级子企业；政府部门、机构、事业单位、单一国有及国有控股企业直接或间接持股比例未超过50%，但为第一大股东，并且通过股东协议、公司章程、董事会决议或者其他协议安排能够对其实际支配的企业。

据此可知，《合伙企业法》中规定的“国有独资公司”，是指政府部门、机构、事业单位单独出资设立的公司，而“国有企业”的范围则更广泛，包含国有独资企业、国有全资企业、国有控股企业以及国有实际控制企业四种类型的企业。

（二）实践中的突破

目前，尚未查询到国有独资公司担任GP的案例。但在实践中由国有全资公司和国有控股公司担任GP的合伙企业不仅可以进行工商设立登记，而且还可以完成在基金业协会的登记备案。例如：

国开投资发展基金管理（北京）有限责任公司（以下简称“国开基金管理公司”）在基金业协会登记为私募基金管理人，国开基金管理公司系国开金融有限责任公司全资设立，国开金融有限责任公司系国家开发银行全资子公司。2014年12月4日，国开基金管理公司作为GP、国开金融有限责任公司等作为LP共同设立国开（北京）新型城镇化发展基金（有限合伙），该基金于2015年4月24日在基金业协会备案。

福建省国改投资基金管理有限公司（以下简称“国改基金管理公司”）在基金业协会登记为私募基金管理人，并管理福建省国企改革重组投资基金（有限合伙），同时担任该基金的GP。经查询，国改基金管理公司的控股股东为福建省国有资产管理有限公司。福建省国有资产管理有限公司是福建省人民政府国有资产监督管理委员会直接出资设立的国有独资公司，后者持有前者51%的股权，且为第一大股东。

（三）国有企业担任GP的变通方式

从上述案例可知，尽管《合伙企业法》规定了国有独资公司、国有企业不能担任GP，但实践中却存在国有企业担任GP的案例。部分国有企业通过间接的方式担任GP，从而突破《合伙企业法》对国有企业成为GP的限制，顺利地通过了工商登记及基金业协会的私募基金管理人登记。根据实践中的成功案例，国有企业担任GP的变通形式主要包括以下三种，其中第一种形式最为常见。

一是国有企业通过设立全资子公司、控股子公司或者100%间接持股的子子公司担任合伙企业的GP，间接实现对合伙企业的投资和管理，同时避免国有企业以其全部财产承担无限连带责任的风险。

二是国有企业与其他若干民营企业共同出资设立有限责任公司担任GP，几个民营企业合计股权居多且超过50%，但任何一个民营企业股权比例又小于国有企业股权；同时，为增强对基金的管控，国有企业可视情况直接设立管理公司担任基金的管理人。在这一模式下，需区分把握并根据合作伙伴来自境内、境外两种情况妥善安排GP董事会表决事项和表决比例。

（1）如果非国有合作伙伴是境内投资者，应注意合理分配国有企业与这些合作伙伴间的股权比例，以免出现国有企业绝对控股GP

的情况，进而避免GP因“国家资本（股本）所占比例大于50%”而被认定为广义上的国有企业。

（2）如非国有合作伙伴是境外投资者，则GP通常为中外合资经营企业，其法定的最高权力机构为董事会；由此，即使国有企业一方在GP中的股权比例未达到50%，亦可能因其在董事会中拥有“对重大事项决定性的表决权”而被认定为国有企业一方对GP拥有实际控制权，并最终使GP被认定为国有企业。

三是国有企业作为LP、国有企业的合作伙伴作为GP设立有限合伙企业，该有限合伙企业再作为GP发起设立有限合伙制基金。为加强对基金的管控，国有企业可视情况直接设立管理公司担任基金的管理人。

虽然《合伙企业法》规定国有企业不得担任普通合伙人，但《合伙企业法》并未规定“国有企业”应做广义解释，同时实践中已有国有成分超过50%的有限责任公司担任GP的实例，故国有成分超过50%的有限责任公司担任GP具有一定的可行性。在实践操作中，对于包含国有成分的机构拟作为GP时，建议了解拟注册地工商部门态度，结合该地区之前操作实例，进行合理的筹划和安排。此外，需要注意的是，担任基金GP和担任基金管理人没有必然联系，基金可以委托管理，即使基金管理公司因国有持股比例问题导致担任GP资格被提出质疑，其仍可在登记为基金管理人后，不直接担任基金GP，而是接受基金GP委托，从事基金管理事务。

有限合伙企业是享有高度自治的商业机构，对于合伙人之间的权利义务，法律赋予了更大程度的协商空间，有限合伙制私募股权基金的LP在选择GP时，可以在法律框架内多角度考虑、充分博弈，以获取更多的权利，实现自身利益最大化，最终实现私募股权基金赢利最大化。

第五章
私募股权LP的变化和退出

对于LP来说，进行股权投资的最终目的是通过出售股权实现资本增值，因此，将股权转化为现金，实现私募股权基金的退出，是LP实现投资增值最核心的环节。私募股权基金通常会约定较长时间的存续期，但在存续达到约定的期限并进行清算前，LP还可以通过其他方式变更其所持有的私募股权基金权益，增强资本的流动性。

第一节　LP在私募股权基金中的减持、增持和主体替换

在私募股权基金投资运作期间，LP基于主观或客观的原因可能会发生持有权益数量的变化，即增加或减少持有的基金财产份额。

一、财产份额的概念

财产份额这一概念，是我国合伙企业立法上的创新。我国《合伙企业法》中规定的财产份额包含两层含义：第一，在经济上以价值形态存在，代表合伙人出资所形成的那部分合伙企业财产的价值及其在全部合伙企业财产中所占的比重；第二，在法律上以权责形式存在，代表合伙人的资格及其对合伙企业所享有的权利和应当承担的责

任。《合伙企业法》中入伙、退伙、转让、质押、合伙企业财产、合伙企业与第三人关系等条款均对财产份额进行了规定。

实践中，合伙企业财产份额体现的价值形式和权责形式原则上依照合伙协议的约定，在合伙协议未做出约定的情况下，才依照法律的规定。如《合伙企业法》第三十二条规定："合伙企业的利润和亏损，由合伙人依照合伙协议约定的比例分配和分担；合伙协议未约定利润分配和分担比例的，由各合伙人平均分配和分担。"

二、LP减持、增持及主体替换的法律规定

合伙企业财产份额作为合伙人的财产以及身份象征，可以由合伙人在符合一定条件和满足相应程序要求下，在合伙人之间进行份额的减持和增持，或向合伙企业之外的第三人转让，发生LP主体资格替换。《合伙企业法》和私募股权基金相关监管文件对上述情形进行了规制和限定。

（一）《合伙企业法》对增减持的一般性规定

《合伙企业法》第三十四条规定："合伙人按照合伙协议的约定或者经全体合伙人决定，可以增加或者减少对合伙企业的出资。"LP可以通过对内转让份额、受让其他合伙人份额或合伙企业的增资、减资达到增减持的目的，在增减持达到一定程度时会出现主体替换的效果。

《合伙企业法》规定了合伙人转让财产份额时应当符合的条件和程序要求，包括通知义务、决策要求、优先购买权等内容，具体如下：

（1）通知义务。除合伙协议另有约定外，合伙人向其他合伙人以外的人转让其在合伙企业中的全部或者部分财产份额时，须经其他合伙人一致同意。合伙人之间转让在合伙企业中的全部或者部分财产份额时，应当通知其他合伙人。有限合伙人可以按照合伙协议的约定

向合伙人以外的人转让其在有限合伙企业中的财产份额，但应当提前三十日通知其他合伙人。

（2）优先购买权。合伙人向其他合伙人以外的人转让其在合伙企业中的财产份额的，在同等条件下，其他合伙人有优先购买权；但是，合伙协议另有约定的除外。

（3）替换进来的 LP 的权利义务。合伙人以外的人依法受让合伙人在合伙企业中的财产份额的，经修改合伙协议即成为合伙企业的合伙人，依照《合伙企业法》和修改后的合伙协议享有权利，履行义务。

（二）私募投资基金对基金份额转让相关法律规定

《私募投资基金合同指引 1 号（契约型私募基金合同内容与格式指引）》第十七条规定，基金合同中可以约定基金份额持有人之间，以及基金份额持有人向其他合格投资者转让基金份额的方式、程序和私募基金管理人的相关职责。同时，受让人应当是满足《私募投资基金监督管理暂行办法》规定的合格投资者。相关具体监管规则包括：

第一，符合最低份额的要求。根据《私募投资基金监督管理暂行办法》第十二条“投资单只基金的金额不低于 100 万元”的规定，如果转出后原持有人或新受让人所持份额低于 100 万元，便构成违规。转让份额过程中严禁非法拆分，《私募投资基金监督管理暂行办法》第九条规定，任何机构和个人不得为规避合格投资者标准，募集以私募基金份额或其收益权为投资标的的金融产品，或者将私募基金份额或其收益权进行非法拆分转让，变相突破合格投资者标准。

第二，具备合格投资者资格。按照《私募投资基金监督管理暂行办法》第十二条的规定，自然人合格投资者标准为金融资产不低于 300 万元或者最近三年个人年均收入不低于 50 万元的个人，法人或非法人机构的合格投资者标准为净资产不低于 1 000 万元。

第三，符合受让人数限制。《私募投资基金监督管理暂行办法》

第十一条第一款、《合伙企业法》第六十一条均规定，有限合伙制私募股权基金投资者人数不能超过50人。

三、私募股权基金中份额转让存在的法律问题

在有限合伙制私募股权基金份额的转让过程中，代持、回购等法律问题所引发的LP与GP、LP与其他LP或者LP与第三人之间的争议层出不穷，屡见不鲜。

（一）基金份额代持

有限合伙企业是一种自治程度非常高的组织形式，《合伙企业法》未明文规定有限合伙企业份额的代持行为无效。在不存在其他违法事由的前提下，私募股权基金中份额代持应当是有效的。相关案例表明，人民法院承认合伙份额代持行为的效力，可以参照适用公司股权代持的相关规定。

但是，认可份额代持行为的有效性并不能完全消弭代持行为的法律风险。首先，代持存在不能对抗第三人的风险。名义LP与实际LP之间的合伙份额代持协议因为合同相对性原则，不能对抗名义LP与实际LP之外的第三人。第三人基于信任工商部门的工商登记信息与名义LP实施合伙份额转让或质押等法律行为，实际LP以份额代持协议要求确认名义LP与第三人之间的法律行为无效的，不会得到支持。其次，代持份额存在被强制执行的风险。登记在名义LP名下的份额，在法律上被视为名义LP的财产。在名义LP的债权人提出针对代持份额的执行请求时，实际LP以其系实际权利人为由提出执行异议的，不会得到支持。最后，名义LP存在违背实际LP指示的风险。如果名义LP违背诚实信用原则，不按照代持协议约定配合实际LP履行相关职能，则实际LP因不是工商登记的合伙人，无法直接以LP的身份参与合伙事务，其权利将遭到损害。

此外，实际LP“显名化”的过程，也是常见的法律风险点。

《合伙企业法》第四十三条的规定，新合伙人入伙，除合伙协议另有约定外，应当经全体合伙人一致同意，并依法订立书面入伙协议。据此，如果实际LP想成为工商登记的合伙人，除非合伙协议约定了GP有权自行决定或其他合伙人同意，否则须按照法律规定经全体合伙人一致同意，这常常会引发无法“显名化”的风险。在实际操作中，实际LP可以参考公司实际股东的常见做法，要求代持人将代持份额质押给实际LP，以此尽可能降低代持风险。基金份额的质押操作可以根据《物权法》等相关规定执行。

（二）劣后级LP约定回购的效力

目前流行的结构化安排中，常常会约定当基金退出时由劣后级LP回购优先级LP的全部份额。约定的回购情形发生时，有限合伙制基金中的劣后级LP按照约定的价格，购买优先级LP所持有的财产份额，以使优先级LP在取得相应收益的同时实现退出。尽管在政府、国有企业以及一些金融机构参与的基金中，这种回购安排运用十分广泛，但其效力仍存在一定争议。目前普遍认为，不损害有限合伙企业及其债权人利益的回购安排合法有效。理由在于：

第一，劣后级LP与优先级LP之间关于回购的安排具有相对性。在不存在损害有限合伙企业及其债权人利益的情况下，有限合伙人之间自愿达成的回购约定应当对约定双方具有法律约束力。

第二，回购约定不违反合伙企业风险共担原则。如合伙协议提前约定了回购条款，在劣后级LP履行回购义务后，优先级LP不再持有基金的财产份额，此时基金发生亏损的，优先级LP不再承担对应的亏损，而由转让后的全部合伙人承担。《合伙企业法》第三十三条第二款规定，合伙协议不得约定由部分合伙人承担全部亏损。前述回购安排在内容上虽然未排除优先级LP承担合伙企业风险及亏损，未违反合伙企业风险共担原则，但实际达到了降低优先级LP亏损风险的效果。

第二节　LP 与 GP 身份转变和混同的法律解读

在实践中，基于我国的国情以及瞬息万变的市场环境，LP 与 GP 有时会签署某种协议安排，或者 LP 会实施特定的管理行为，这就导致双方身份的转变和混同。本节将结合相关法律规范，对有限合伙制私募股权基金设立、运作中可能发生的 LP 与 GP 身份的转变和混同进行解读。

一、LP、GP 身份的转变

LP、GP 身份的转变，既包括 LP 向 GP 的转变，也包括 GP 向 LP 的转变。

（一）LP、GP 身份转变的法定要求

对于有限合伙制私募股权基金来说，其 LP、GP 身份的转变受到《合伙企业法》的规制。

根据《合伙企业法》相关规定，LP 转变为 GP 和 GP 转变为 LP 的条件基本相同，即：LP 可以转变为 GP，GP 也可以转变为 LP，但有限合伙企业应当保证至少有一名 GP 及一名 LP；GP 转为 LP 或 LP 转为 GP 时，首先应当遵从合伙协议的约定，如无特别约定，须全体合伙人一致同意方可转变。实践中，有的有限合伙制私募股权基金遵从了《合伙企业法》的规定，要求 LP 和 GP 之间的转变须经过全体合伙人的同意；有的则做了更为宽松的约定，例如，仅要求代表出资总额 2/3 以上的合伙人表决通过。

《合伙企业法》对有限合伙企业中 LP 转为 GP 和 GP 转为 LP 后的责任承担的规定完全不同：LP 转变为 GP 的，需要对合伙企业承担无限连带责任，而无须区分债务产生的时间是在转变之前还是在转变

之后，可见，LP 转变为 GP 后，其债务承担的责任升级；GP 转变为 LP 的，也不能对此前的债务免责，仍然要为身份转变前的合伙企业债务承担无限连带责任。可见，GP 转变为 LP 后，其债务承担责任延续。

（二）LP、GP 身份转变的原因

1. GP 转为 LP 的原因

在有限合伙制私募股权基金中，GP 因为种种客观原因不能或自身不愿退出私募股权基金，因而可以通过转变为 LP，不再参与基金的投资管理，仅参与基金的一般利润分配。

在实践中，GP 转变为 LP 的原因和情形包括：LP 较多参与基金管理，GP 与 LP 的身份差别不明显，激励/约束机制不再必要；GP 所管理的多只基金具有同业竞争的可能，经 LP 要求，GP 同意退出基金管理但不退出基金分配；GP 在投资管理决策和资金管理等方面不能满足 LP 的要求，但在程序上无法实现强制退伙。

需要特别注意的是，GP 向 LP 的转变应保证转变后基金至少还有一名 GP，否则将导致基金解散。对于只有一名 GP 的有限合伙制私募股权基金来说，如仅有的一名 GP 转变为 LP，则需要引入新的 GP，或现有 LP 转为 GP。

2. LP 转为 GP 的原因

实践中，有限合伙制私募股权基金的 LP 向 GP 的转变并不多见。一种可能的情况是：基金原先的 GP 退出或转为 LP，导致基金只剩 LP。为避免基金清算，具有管理经验和相关资质的 LP 可依合伙协议约定或法定程序转变为 GP，实现基金存续的目的。

（三）LP、GP 身份转变的实践操作要点

理清有限合伙制私募股权基金中 GP、执行事务合伙人和私募基金管理人的关系，有助于后续讨论 LP、GP 身份转变可能引发的信息披露、基金管理关系改变等实践操作中的常见问题。

1. GP、**执行事务合伙人和私募基金管理人的概念**

根据《合伙企业法》相关规定，GP是指对合伙企业债务承担无限连带责任的合伙人；执行事务合伙人指的是按照合伙协议的约定或者接受全体合伙人的委托，对外代表合伙企业并执行合伙事务的GP。根据基金业协会《私募投资基金合同指引起草说明》，有限合伙制私募基金的GP可以自任为私募基金管理人，也可以另行委托专业私募基金管理机构作为管理人具体负责投资运作管理。

根据上述规定，有限合伙制私募股权基金中GP和执行事务合伙人的身份关系为：如果只有一个GP，执行事务合伙人一定是GP；在多GP的情形下，可以由部分GP执行合伙事务，因此GP不一定是执行事务合伙人。根据私募股权基金管理方式的不同，私募基金管理人和执行事务合伙人的身份关系有两种：在自行管理的模式下，基金的执行事务合伙人担任基金管理人；在委托管理的模式下，由聘任的第三方担任基金管理人。实践中，有限合伙制私募股权基金的GP通常既担任执行事务合伙人，又担任私募基金管理人。

2. LP、GP**身份转变的信息披露**

由以上GP、执行事务合伙人和私募基金管理人的关系可知，有限合伙制私募股权基金LP、GP的转变往往涉及私募基金管理人的变化。

根据《私募投资基金管理人登记和基金备案办法（试行）》及《私募投资基金信息披露管理办法》相关规定，私募基金管理人发生变更属于重大事项，私募基金管理人应当在五个工作日内向基金业协会报告，同时还应按基金合同的约定及时向投资者披露。因此，如LP、GP的身份转变导致有限合伙制私募股权基金的私募基金管理人发生变更，私募基金管理人（通常由GP担任）应当进行及时有效的信息披露工作，维护投资者的知情权。

3. LP、GP**身份转变和基金管理关系**

在传统的有限合伙制私募股权基金中，GP作为基金管理人同时担任有限合伙企业的执行事务合伙人。有限合伙制私募股权基金合伙人的身份转变涉及基金管理人的变更以及基金无限连带责任的转移，无论是对基金本身的运作管理还是对合伙企业的债务承担，都是极为重要的变动。

在 LP 变更为 GP 时，无论是否涉及原 GP 的退出，都需要重新梳理新 GP 和基金之间的管理关系。新 GP 可以仅作为 GP 角色出现，由原基金管理人继续负责基金的投资管理，也可以接任基金管理人，与基金签订委托管理协议，按照约定参与基金的投资管理并享受相应的投资收益激励。在 LP 转变为 GP 且同时担任管理人的情况下，应特别注意新 GP 应提前完成在基金业协会的私募基金管理人登记手续。实践中，有些有限合伙制私募股权基金甚至在合伙协议中明确，只有在 GP 退伙时，才允许 LP 向 GP 转变。

当 GP 变更为 LP 时，如该 GP 曾担任私募基金管理人，则其在身份转变后应当卸任。在这种情况下，基金各方投资者往往会在合伙协议中约定由原 GP 指定一家在基金业协会备案的私募基金管理人担任新的管理人。为避免 GP 转变为 LP 对基金管理带来不稳定影响，在某些情况下，新的管理人可能是原 GP 的关联方或全资子公司。

二、LP 与 GP 身份的混同

LP 与 GP 身份的混同，一般指的是原本承担有限责任的 LP 因执行合伙事务，在达到一定条件之后实际承担无限责任的情形。

（一）混同的原因

根据有限合伙的基本原理，有限合伙企业 LP 和 GP 之间的权力配置是此消彼长的关系。

GP 是有限合伙企业的决策者和实际运作者，在合伙协议授权的范围内，企业的投资决策完全由 GP 执行，不受其他 LP 的干涉和影响。LP 则对合伙企业债务以其认缴的出资额为限承担有限责任。作为 LP 承担有限责任，LP 就要放弃执行合伙事务的权利，这也是权利义务对等的表现。如果 LP 执行合伙事务，则合伙企业债权人有权“刺破”其 LP 身份，要求其承担 GP 相应的责任，这种情况下 LP 不再适用有限责任，因为其由于执行合伙事务而导致自身 LP 身份与 GP 发生混同。

（二）“安全港”原则

西方有限合伙制度创设了“安全港”原则，即 LP 只要不是实质性管理合伙企业，仅行使一些管理建议权、提议权或者督促权，他不会被视为履行了管理职责而被认定为 GP 承担无限连带责任。

我国《合伙企业法》也有类似“安全港”条款。《合伙企业法》第六十八条第一款原则上剥夺了 LP 执行合伙事务的权利，但同时在第二款列举了八种“不视为执行合伙事务”的行为，分别是：（一）参与决定普通合伙人入伙、退伙；（二）对企业的经营管理提出建议；（三）参与选择承办有限合伙企业审计业务的会计师事务所；（四）获取经审计的有限合伙企业财务会计报告；（五）对涉及自身利益的情况，查阅有限合伙企业财务会计账簿等财务资料；（六）在有限合伙企业中的利益受到侵害时，向有责任的合伙人主张权利或者提起诉讼；（七）执行事务合伙人怠于行使权利时，督促其行使权利或者为了本企业的利益以自己的名义提起诉讼；（八）依法为本企业提供担保。

我国《合伙企业法》第六十八条关于 LP“安全港”原则的规定，实质上是列举了 LP 在有限合伙企业中享有的权利，如果超越了所规定的权利，则视 LP 参与了实质经营管理，LP 就有可能突破有限责任而对合伙债务承担无限连带责任。但是，第六十八条是否可以穷尽 LP 参与有限合伙事务管理仍存疑问，有待于实践进一步验证；对于第六十八条未明确列举的其他行为，是否构成 LP“执行合伙事务”，也有待于司法实践进一步明确。

（三）LP 执行合伙事务的法律后果

如果合伙企业授权 LP 执行合伙事务，则直接与《合伙企业法》

第六十八条规定相抵触，理论上应当归于无效。但如果发生了类似于“表见代理”的情形，根据《合伙企业法》第七十六条规定，出于保护善意第三人的目的，此时将由做出“表见代理”行为的 LP 承担无限责任。

1. **法律规定**

《合伙企业法》第七十六条规定：“第三人有理由相信有限合伙人为普通合伙人并与其交易的，该有限合伙人对该笔交易承担与普通合伙人同样的责任。有限合伙人未经授权以有限合伙企业名义与他人进行交易，给有限合伙企业或者其他合伙人造成损失的，该有限合伙人应当承担赔偿责任。”该条规定对 LP 执行合伙事务时的“对外”责任和“对内”责任做出了具体规定，目的是保护合伙企业债权人的利益。

基金业协会发布的《私募投资基金合同指引 3 号（合伙协议必备条款指引）》明确指出，“合伙协议可以对 LP 的权限及违约处理办法做出约定，但是不得做出 LP 以任何直接或间接方式，参与或变相参与超出前款规定的八种不视为执行合伙事务行为的约定”。显然，基金业协会对于 LP 执行合伙事务做出了比《合伙企业法》更加严格的限定。

2. **LP 承担无限责任的法律分析**

根据上述《合伙企业法》七十六条第一款，我们认为，LP 承担无限责任一般需要满足两个条件：

第一，LP 在客观方面存在令第三人误解为 GP 的事由，对此，第三人应当负有举证责任。第三人应当证明：其有理由相信 LP 为 GP，相信该 LP 是在代表合伙企业与自己进行交易，基于这一判断与执行合伙事务的 LP 发生了交易。使第三人产生误认的理由，应当是合理的，并且应当有证据。

在实际生活中，下列情形一般足以使第三人相信 LP 是 GP：（1）LP 对外代表合伙企业与第三人签订合同；（2）LP 的名片上明确注明其为合伙企业负责人；（3）有限合伙企业以 LP 的姓名作为商号；

（4）LP 明知被他人声称是合伙企业的 GP，但不予以否认。

第二，第三人在主观方面必须是善意、无过失的，并基于此与 LP 进行交易。即第三人确实不知其为 LP，并且善意认为其是 GP 并与之进行了交易活动。如果只是确实不知其是 LP，但并没有与之进行任何交易，那么，第三人则不能主张该 LP 承担无限责任。

满足上述两个条件，第三人就可以主张与之交易的 LP 承担由此交易产生的债务。此外，对于责任的承担，应特别注意，LP 仅对因被误认产生的合伙企业债务承担无限连带责任，即第三人有理由相信 LP 为 GP 并与之交易的，该 LP 对该笔交易承担无限连带责任，对于有限合伙企业的其他债务，LP 仍然以其认缴的出资额为限承担有限责任。

（四）LP 参与基金管理的边界

在实践中，我国的有限合伙制私募股权基金的 LP 很少严格遵守“不得参与有限合伙事务”的规定，反而常常参与有限合伙企业的投资决策，甚至对重大投资决策享有一票否决权。这种 LP 参与决策的方式在一定意义上扭曲了有限合伙制私募股权基金的权责结构，LP 一旦参与投资决策，LP 和 GP 的责任便难以分清，GP 作为基金管理人的积极性也会受到打击。

但是，在中国社会评价和信用体系尚未健全的情况下，GP 独占合伙企业的经营、财务等权利，而仅有监督和事后救济权利的 LP 无法有效抗衡违背职业道德的 GP。因此，考虑到有限合伙的人合性特征并从保护 LP 权利的角度出发，LP 与 GP 可以在合伙协议或其他内部协议中对管理权和经营权进行适当且符合基金具体情况的规定，以保证 LP 在不执行合伙企业的日常事务情况下，仍可通过参加合伙人会议、咨询委员会等对合伙事务进行适度参与。此外，在拟订合伙协议时，应特别注意“合伙事务”范围，避免将所有事务纳入“合伙事务”导致排斥 LP 对合伙事务的适度参与。

第三节　私募股权基金的退出与LP二级市场的建立

私募股权基金主要投资于未上市公司股权或上市公司的非公开交易股权，LP投资私募股权基金的最终目的，是通过私募股权基金出售股权的方式实现资本增值并获得投资收益。因此，私募股权基金的退出有着重要的现实意义。随着我国宏观经济环境的改变，私募股权基金行业平均回报有所下降，基金管理人在募、投、管、退全产业链的紧缩中感受着阵阵寒意。部分私募股权基金面临LP无法持续出资的危机，因此LP二级市场开始逐渐升温。

一、私募股权基金的退出

私募股权基金的退出是将股权转化为现金资本的最核心环节，退出路径的选择和操作直接影响LP的最终收益。目前，私募股权基金的退出方式主要有以下四种：IPO上市、并购、股权/股份回购以及清算。

（一）IPO上市

IPO上市一直被看作是私募股权基金最理想的退出方式。资本市场的资本溢价功能会给私募股权基金的投资带来丰厚的回报。然而证监会对于IPO上市的标准和流程一直秉持谨慎严格的态度，这直接导致IPO上市作为私募股权基金退出路径的时间成本和机会成本偏高。也正因如此，私募股权基金所投资的部分公司倾向于在海外资本市场上市。

1. 境内IPO上市

（1）IPO上市的要求。

IPO上市包括在主板市场上市和在创业板市场上市。其中，主板市场包括上海证券交易所主板市场和深圳证券交易所中小板市场。以在上海证券交易所主板市场IPO上市为例，根据《证券法》、《股票发行与交易管理暂行条例》以及《首次公开发行股票并上市管理办法》，被投资企业作为发行人需要在主体资格、公司治理、独立性、信息披露、关联交易、财务要求、股本及公众持股等方面满足严格的要求。

（2）锁定期要求。

被投资企业成功实现IPO上市后，私募股权基金作为股东还需在满足锁定期要求后才能真正实现退出。根据私募股权基金进入被投资企业的时间和所取得的法律地位的不同，其需满足的锁定期要求也不同。下面以被投资企业在上海证券交易所主板IPO上市后私募股权基金的退出为例进行阐述。

私募股权基金作为发起人的锁定期要求：《公司法》第一百四十一条规定："发起人持有的本公司股份，自公司成立之日起一年内不得转让。公司公开发行股份前已发行的股份，自公司股票在证券交易所上市交易之日起一年内不得转让。"例如，私募股权基金进行投资时，被投资企业尚未进行股改，则私募股权基金作为发起人在被投资企业IPO上市后至少一年内不得转让其所持有的股份。

私募股权基金作为控股股东或实际控制人的锁定期要求：《上海证券交易所股票上市规则》第5.1.5条规定："发行人向本所申请其首次公开发行股票上市时，控股股东和实际控制人应当承诺：自发行人股票上市之日起三十六个月内，不转让或者委托他人管理其直接和间接持有的发行人首次公开发行股票前已发行股份，也不由发行人回购该部分股份。"因此，如果私募股权基金作为被投资企业的控股股东或实际控制人，则其需满足的锁定期要求为三十六个月。

另外，对于被投资企业没有或难以认定实际控制人的，证监会在其发布的《发行监管问答——关于首发企业中创业投资基金股东的锁定期安排》中指出："发行人没有或难以认定实际控制人的，对于非发行人第一大股东但位列合计持股51%以上股东范围，并且符合一定条件的创业投资基金股东，按照《公司法》第一百四十条的有关规定，自发行人股票在证券交易所上市交易之日起一年内不得转让。"

2. 境外IPO上市

（1）境外直接IPO上市的要求。

证监会发布的《关于股份有限公司境外发行股票和上市申报文件及审核程序的监管指引》（以下简称《境外发行股票和上市监管指引》）放宽了境内企业境外发行股票和上市的条件，简化了审核程序。根据其规定，依照《公司法》设立的股份有限公司在符合境外上市地上市条件的基础上，可自主向证监会提出境外发行股票和上市申请。

（2）境外间接IPO上市的要求。

境外间接IPO上市也被称为红筹模式。在红筹模式下，境内自然人或企业在境外离岸地域设立SPV，SPV通过持有境内企业股份或进行资产收购以达到控制境内企业的效果，最终由SPV作为上市主体在境外交易所上市交易，实现境内企业在境外间接IPO上市。

自2005年起，红筹模式受到了越来越严格的管制。《国家外汇管理局综合司关于印发〈国家外汇管理局关于境内居民通过境外特殊目的公司融资及返程投资外汇管理有关问题的通知〉操作规程的通知》（汇综发〔2007〕106号）规定，通过返程投资控制境内资产的方式要满足严格的外汇登记审批要求。该通知从外汇登记审批的角度对红筹模式进行了限制。随后，《关于外国投资者并购境内企业的规定》（商务部令2009年第6号）从实质上对境内企业赴境外上市进行了监管和限制，使很多境内企业的红筹模式之路就此止步。

（3）锁定期要求。

境外证券市场锁定期要求的时间相对较短，对于控股股东一般有一年的锁定期要求，而对于非控股股东的锁定期要求一般仅为上市后六个月。与境内 IPO 上市 1～3 年甚至更长的锁定期相比，境外证券市场六个月至一年的锁定期对于私募股权基金和 LP 而言都十分有吸引力。

3. IPO 上市的优势与问题

IPO 上市的优势及问题详见表 5.1。

表 5.1　IPO 上市的优势与问题

优势	问题
对于 LP 而言，私募股权基金所投资的企业成功 IPO 上市，其可获得较高的平均收益； 对于被投资企业而言，成功 IPO 上市可以带来良好声誉和更广阔的融资渠道； 对于私募股权基金而言，被投资企业成功 IPO 上市，可以为其带来良好声誉，有利于其继续融资	对于 LP 而言，不能立即退出，被投资企业 IPO 上市后，私募股权基金仍需持有股票一段时间，不能立即退出获得现金收益； 对于被投资企业而言，IPO 上市难度大、成本高、耗时长； 对于私募股权基金而言，被投资企业股价波动影响其退出时的实际收益

（二）并购

并购，是指在被投资企业的价值达到预期的成熟时机，私募股权基金以向第三方转让企业股权的形式退出。随着国内金融资本市场监管和发展日趋成熟，并购退出机制日益完善，并购将逐渐取代 IPO 上市退出成为国内私募股权基金退出的主流路径。与 IPO 上市退出方式相比，企业并购的退出方式有其自身优势。

1. 并购的要求

（1）关于股权转让的要求。

私募股权基金通过并购退出，与一般意义上的股权转让性质一致，适用《公司法》和公司章程对于股权转让的相关规定。

对于股份有限公司，《公司法》规定："股东持有的股份可以依法转让。股东转让其股份，应当在依法设立的证券交易场所进行或者按照国务院规定的其他方式进行。"

对于有限责任公司，《公司法》规定："有限责任公司的股东之间可以相互转让其全部或者部分股权。股东向股东以外的人转让股权，应当经其他股东过半数同意。股东应就其股权转让事项书面通知其他股东征求同意，其他股东自接到书面通知之日起满30日未答复的，视为同意转让。其他股东半数以上不同意转让的，不同意的股东应当购买该转让的股权；不购买的，视为同意转让。经股东同意转让的股权，在同等条件下，其他股东有优先购买权。两个以上股东主张行使优先购买权的，协商确定各自的购买比例；协商不成的，按照转让时各自的出资比例行使优先购买权。公司章程对股权转让另有规定的，从其规定。"《公司法》的上述规定，体现了有限责任公司的人合性和意思自治，因此私募股权基金在转让股权时，还应当遵守公司章程就股权转让事宜所做的规定。

（2）关于反垄断的要求。

私募股权基金通过并购退出时，受让方除了其他专业投资机构或个人外，还包括与被投资企业处于同行业的企业或其上下游产业链的企业。因此，并购退出方式可能会因"经营者集中"而引发与反垄断有关的风险，需要特别注意。

《反垄断法》第二十条规定："经营者集中是指下列情形：（一）经营者合并；（二）经营者通过取得股权或者资产的方式取得对其他经营者的控制权；（三）经营者通过合同等方式取得对其他经营者的控制权或者能够对其他经营者施加决定性影响。"

《国务院关于经营者集中申报标准的规定》第三条指出："经营者集中达到下列标准之一的，经营者应当事先向国务院商务主管部门申报，未申报的不得实施集中：（一）参与集中的所有经营者上一会计年度在全球范围内的营业额合计超过100亿元人民币，并且其中至少两个经营者上一会计年度在中国境内的营业额均超过4亿元人民币；（二）参与集中的所有经营者上一会计年度在中国境内的营业额合计超过20亿元人民币，并且其中至少两个经营者上一会计年度在中国境内的营业额均超过4亿元人民币。”

2. 并购的优势与问题

（1）并购的优势。

第一，更加高效、灵活。相较于IPO上市漫长的排队等待、严格的财务审查、持续的业绩增长压力，并购程序更为简单且操作过程中的不确定因素少。并购在被投资企业的任何发展阶段都能实现，且对被投资企业的类型、市场规模、资产规模等都没有特定的要求。私募股权基金与受让方在经过协商谈判达成一致意见后即可进行并购，实现资本循环，有利于提高基金的资本运作效率，减少投资风险。

第二，可实现一次性全部退出。并购完成后，私募股权基金即可一次性全部退出，交易价格及退出回报较为明确。在通过IPO上市实现退出的情况下，私募股权基金在被投资企业上市后，还需等待一定时间的锁定期才能真正退出。即使锁定期满后，考虑到被投资企业股价波动的问题，私募股权基金可能还需要分批次实现全部退出。因此，在IPO上市的方式下，私募股权基金全部完成退出所需的时间较长，增加了最终投资回报的不确定性。

第三，可缓解私募股权基金的流动性压力。对于私募股权基金而言，相对于单个项目的超高回报，整只基金的退出清算期短，更具吸引力。在基金的众多投资组合中，某一个项目的延期退出将影响整只基金的收益率，后续基金募集也将受到重大影响。因此，并购的高效和一次性全部退出，可以有效缓解私募股权基金在投资运作中的压力。

（2）并购的问题。

并购虽然具备上述优势，但对于转让方与受让方而言还需要注意可能存在的困难和问题。私募股权基金作为财务投资者，其关心的是被投资企业的成长空间和赢利能力，因此对被投资企业内部的管理介入较少。然而，一旦私募股权基金选择通过并购的方式退出，由于涉及被投资企业股权的转让，并购可能会遭到被投资企业内部管理层的反对。

（三）股权/股份回购

股权/股份回购，是指被投资企业或其他股东和管理层按照事先约定的价格将私募股权基金持有的股权/股份购回，基金完成从被投资企业的退出。相较于企业并购，股权/股份回购方为被投资企业或其他股东和管理人员，交易行为和过程更为简便。

股权/股份回购分为积极回购和消极回购。若被投资企业发展态势良好，则企业其他股东或管理层出于对企业实现更好管理和控制的目的，主动收购私募股权基金持有的股权/股份，此为积极回购；若被投资企业发展态势不甚理想，并与私募股权基金的投资增值意图不吻合，则基金会要求被投资企业或其他股东和管理层回购私募股权基金持有的股权/股份，此为消极回购。

1. 股权/股份回购的要求

被投资企业其他股东或管理层回购私募股权基金持有的公司股权/股份，按照《公司法》和公司章程完成关于股权转让的相关规定操作即可。如果私募股权基金要求被投资企业回购股权/股份，则被投资企业需要进行减资处理。因减少注册资本在一定程度上会动摇公司的资本信用基础，所以公司减资的程序步骤多并且有严格的时间要求。

针对有限责任公司，《公司法》第四十三条第二款规定："股东会会议做出修改公司章程、增加或者减少注册资本的决议，以及公司合并、分立、解散或者变更公司形式的决议，必须经代表三分之二以上表决权的股东通过。"

针对股份有限公司，《公司法》第一百零三条第二款规定："股东大会做出决议，必须经出席会议的股东所持表决权过半数通过。但是，股东大会做出修改公司章程、增加或者减少注册资本的决议，以及公司合并、分立、解散或者变更公司形式的决议，必须经出席会议的股东所持表决权的三分之二以上通过。”

《公司法》第一百七十七条规定：“公司需要减少注册资本时，必须编制资产负债表及财产清单。公司应当自做出减少注册资本决议之日起十日内通知债权人，并于三十日内在报纸上公告。债权人自接到通知书之日起三十日内，未接到通知书的自公告之日起四十五日内，有权要求公司清偿债务或者提供相应的担保。”

《公司登记管理条例》第三十一条第二款规定：“公司减少注册资本的，应当自公告之日起45日后申请变更登记，并应当提交公司在报纸上登载公司减少注册资本公告的有关证明和公司债务清偿或者债务担保情况的说明。”

具体而言，被投资企业回购私募股权基金持有的公司股权/股份，须履行的程序如下：

（1）内部决策。首先由董事会或者执行董事制订减资方案，然后由股东（大）会对公司减少注册资本事项做出决议。

另外，根据《公司法》第二十五条，公司注册资本属于公司章程应当载明的事项，在减资的时候要相应修改公司章程。因此减资与修改章程作为相关联的事项会被一并讨论和决议。

（2）公司编制资产负债表及财产清单。

（3）通知债权人并刊登公告。通知与公告是公司减资必须履行的法定义务，不履行该义务就要承担相应的法律责任。

（4）债权人保护程序。

（5）工商变更登记。

2. 股权/股份回购的优势与问题

股权/股份回购有其自身优势和问题，具体如表5.2所示。

表 5.2　股权/股份回购的优势与问题

优势	问题
股权/股份回购参与主体较少，权利和责任较为清晰明确，回购交易程序相对简单； 私募股权基金通过退出实现资本增值，以便给予投资者更好的利益回报。如果被投资企业发展状况不佳，投资价值不能凸显，基金只能通过股权/股份回购作为其退出的路径； 在被投资企业难有起色的情况下，如果股权/股份回购顺利进行，私募股权基金可以将其获得的资产增值投入到市场上更有价值的项目中	私募股权基金投资的企业多为成长型企业，如果其恰好在被投资企业市场机遇爆发的前期选择退出，往往会错失大好投资机会； 股权/股份回购的退出方式意味着被投资企业的经营状况并不十分理想，故很可能会存在变现风险； 法律对股权/股份回购有着严格的规定，因此股权/股份回购在操作过程中，需要履行严格的法定及内部程序

（四）清算

清算是私募股权基金和被投资企业都不愿意看到的结果，也是投资失败时采取的基金退出路径。一般来说，面临清算抉择的企业大多已在生产经营或发展前景等方面出现不可调和的重大问题，且其他投资者、公司其他股东及管理层均没有受让企业股权的意愿。

企业清算包括破产清算与非破产清算两种形式。一般情况下，私募股权基金通过被投资企业非破产清算的形式实现退出，而不会被动地等到其破产清算时再退出。

《公司法》第一百八十条规定："公司因下列原因解散：（一）公司章程规定的营业期限届满或者公司章程规定的其他解散事由出现；（二）股东会或者股东大会决议解散；（三）因公司合并或者分立需要解散；（四）依法被吊销营业执照、责令关闭或者被撤销；（五）人民法院依照本法第一百八十二条的规定予以解散。"《公司法》第一百八十二条规定："公司经营管理发生严重困难，继续存续会使股东利益受到重大损失，通过其他途径不能解决的，持有公司全部股东表决权百分之十以上的股东，可以请求人民法院解散公司。”

在特定情况下，私募股权基金投资的风险从市场角度来看是无法准确预计的，一旦被投资企业的情况严重恶化，及时进行清算可以避免因继续经营活动导致损失的进一步扩大，将各方的损失控制到最低。私募股权基金及时退出也可以收回一定的投资额，及时止损。

二、私募股权基金二级市场

私募股权基金市场发展到一定阶段时，基金资产缺乏流动性、基金退出渠道有限的缺陷就会催生出私募股权基金二级市场。私募股权基金二级市场在海外已经有几十年的发展历史。在私募股权基金一级市场“洗牌”之际，LP 和 GP 纷纷开始利用私募股权基金二级市场作为“中途退出”渠道，实现基金资产的流动性或优化资产配置。

（一）概念和优势

1. 私募股权基金二级市场的概念

私募股权基金二级市场，是指买方从已经存在的 LP 手中购买相应的私募股权基金权益，或从私募股权基金管理人手中购买基金中部分或所有的投资组合的市场。私募股权基金二级市场由大量的卖方、买方以及中介机构组成，其中 LP 为私募股权基金二级市场的主要卖方。

2. 私募股权基金二级市场的特点

作为加强私募股权基金流动性的重要渠道，私募股权基金二级市场对于原 LP、新 LP 以及管理人而言，均具有一定优势。

（1）对于原 LP 的优势。

第一，增强资产流动性。作为调节私募股权基金一级市场的重要平台，私募股权基金二级市场能够很好地解决股权投资流动性差的问题。对于原 LP 而言，通过私募股权基金二级市场可以提前变现投资收益以缓解流动性压力。

第二，平衡资产投资组合。与传统退出方式不同，在私募股权基金二级市场中，原 LP 有更多选择权，可以重新调整资产配置，减少非核心战略资产，平衡自身资产投资组合。

（2）对于新 LP 的优势。

第一，购买价格优惠。在私募股权基金二级市场中，原 LP 为实现尽快退出，通常会以较为优惠的价格将私募股权基金权益转让给新 LP。新 LP 在私募股权基金二级市场中购得基金权益，能够避免新基金初期管理费用占比较大的问题。因此，私募股权基金二级市场的新 LP 取得基金权益的价格更优惠，管理费用压力小，往往能够获得更高的投资收益。

第二，投资回收期短。私募股权基金存续期限较长，而新 LP 在基金存续期内进行投资，投资期限更短，能够更快地收回投资、获得收益。

第三，投资资产清晰。在私募股权基金二级市场，新 LP 投资的是现存的私募股权基金，这能够使其了解私募股权基金的实际情况并更加合理地预估其价值，有效地做出判断，减少自身的投资风险。

第四，准入壁垒低。投资者都期待与知名的私募股权基金管理人合作，但由于每只私募股权基金的规模有限，知名基金管理人仅能选择部分投资者参与其中。私募股权基金二级市场的新 LP，可以通过购买基金权益的方式与知名基金管理人建立联系、达成合作，为后续的投资做准备。

（3）对于私募股权基金管理人的优势。

第一，由于新 LP 希望通过私募股权基金二级市场与知名基金管理人建立联系，私募股权基金管理人可以有效地拓宽融资渠道。通过私募股权基金二级市场的调节，基金管理人能够与更具积极态度的 LP 达成后续投资合作。

第二，如果私募股权基金即将到期且尚未找到合适的退出方式，私募股权基金管理人面对 LP 的退出诉求，可以通过私募股权基金二级市场“尾部交易”的方式，将私募股权基金的投资组合变现并对

LP 实现分配。

第三，如果私募股权基金到期之后，LP 虽同意基金继续延长期限，但不愿再支付固定的管理费用，此时私募股权基金管理人可以通过私募股权基金二级市场变现部分投资权益，维持基金的日常管理。

（二）交易方式与参与主体

1. 私募股权基金二级市场的交易方式

经过多年的发展，私募股权基金二级市场的运行机制日趋成熟，主要交易方式包括以下 3 种：

（1）原 LP 将其实际出资份额并已经获得的权益以及尚未出资的出资承诺份额出售给其他投资者。该种形式下，原 LP 除了直接出售外，也可以通过各种结构性的交易完成出售，如结构性的联合投资、证券化和紧凑型交易。

（2）私募股权基金管理人将私募股权基金投资于部分或全部被投资企业中的权益出售给其他投资者。该种形式下，出售行为又细分为 4 个类别：直接二级投资、合成或拆分二级投资、尾部交易和结构型二级交易。

（3）原 LP 持有的私募股权基金权益和底层资产混合在一起的复合交易。复合交易可以视为对基金的分割，不但分割原 LP 权益，同时还分割了投资组合权益，因此涉及更复杂的交易结构和投资条款谈判。

2. 私募股权基金二级市场的参与主体

（1）私募股权基金二级市场的卖方。

私募股权基金二级市场的卖方包括 LP 和私募股权基金管理人。LP 主体包括养老基金、捐赠基金、母基金、企业和个人等，其在二级市场上出售基金份额和公司股权。私募股权基金管理人主体在二级市场除了出售基金份额和公司股权，还会选择出售部分或全部其管理的基金投资组合。

（2）私募股权基金二级市场的买方。

私募股权基金二级市场的买方可以分为传统买方和非传统买方两种类型。

传统买方包括私募股权基金二级市场的专业基金和母基金。二级市场专业基金是专注于从事私募股权基金二级市场投资的基金。母基金作为基金中的基金，对私募股权基金二级市场的需求十分强烈。一方面，二级市场为母基金提供了寻找投资标的的平台；另一方面，母基金可以通过二级市场起到为市场创造流动性、帮助私募股权基金平稳运行的特殊作用。

非传统买方则是指进入私募股权基金二级市场寻求投资机会的投资者，主要包括个人和各类机构投资者。近年来，参与私募股权基金二级市场交易中的机构投资者逐渐增多，原因在于二级市场的交易成为机构投资者资产管理的有效手段，能够为其带来更多的资产流动性、更广的私募股权基金覆盖度。同时，机构投资者也可以在私募股权基金二级市场中实现多元化投资及分散风险的目的。

（3）私募股权基金二级市场的中介机构。

私募股权基金二级市场中的中介机构主要包括财务顾问和法律顾问，他们为买卖双方提供专业服务，保障交易的顺利进行。财务顾问具有丰富的私募股权基金专业知识，能够对市场状况进行分析，帮助参与交易的主体选择合适的交易模式。法律顾问具备法律方面的专业知识，负责起草相关的法律文件、协议，并向买卖双方提示法律风险、给出法律建议。

（三）我国私募股权基金二级市场的现状与法律分析

1. 我国私募股权基金二级市场的现状

我国第一家私募股权基金二级市场交易平台为北京金融资产交易所（以下简称“北金所”）。2010 年，北金所发布了《北京金融资产交易所私募股权交易规则》，正式启动私募股权基金二级市场交易。除北金所外，我国其他地区也在积极探索私募股权基金二级市场交易平台的建设。但买方资源匮乏是我国私募股权基金二级市场面临的主要问题。对传统买方而言，我国私募股权基金二级市场专业基金尚属稀缺资源，买方主体以个人投资者为主，机构投资者较少。

虽然我国私募股权基金二级市场面临着一些问题，但其发展潜力巨大。近年来，我国私募股权基金市场蓬勃发展，在管基金数量和基金规模屡创历史新高，LP 对二级市场的需求日益加大。同时，政府引导基金规模日趋庞大，据清科研究中心旗下私募通统计，截至 2016 年 12 月底，已设立政府引导基金 1 013 只，总目标规模达 53 316.50 亿元人民币①。政府引导基金在一定存续期后即退出，或完成政策目标后也可提前退出，这就为我国私募股权基金二级市场带来了更大的发展机遇。专业投资主体投资私募股权基金二级市场的动力和认知也在不断升级，为专业透明的私募股权基金二级市场平台的稳步发展提供了动力。

2. 我国私募股权基金二级市场存在的问题

（1）立法层面尚缺乏完善的监管体系。

我国对于私募股权基金的监管尚缺乏系统、完善的法律规制，规范性文件较为分散且以自律规则为主。作为私募股权基金市场的衍生产物，私募股权基金二级市场的法律法规以及监管体系更是有待建立。

（2）交易环节尚未建立成熟的规则体系。

由于私募股权基金二级市场在我国仍处于起步阶段，其交易规则多由二级市场交易平台自行订立，因此统一、成熟的交易规则体系尚未建立。这导致我国私募股权基金二级市场中的买卖双方在进行交易时都十分“隐蔽”，无论是交易价格还是交易过程都缺乏透明度。另外，由于私募股权基金二级市场交易规则不成熟，二级市场交易平台的作用无法充分发挥，导致二级市场投资者往往需要自行对投资项目进行研判，这无形中加大了投资者的工作量和投资成本。尽快建立健全专业的交易平台和制定完善的交易规则能够有效降低投资者前期尽

---

① 中国私募股权基金二手份额交易市场将迎来爆发期[EB/OL].(2017-11-04)[2018-01-04]. http：//www.cs.com.cn/tzjj/smjj/201711/t20171104_5552965.html.

职调查的成本，提高投资者参与二级市场的热情。

基金业协会于2018年3月30日发布的《私募投资基金非上市股权投资估值指引（试行）》，针对私募股权基金对未上市企业进行的股权投资的估值原则、估值方法进行了详细规定，从而间接为私募股权基金的整体估值提供了具有很强实操性的参照和依据，有利于私募股权基金二级市场公允价格的确定。

（3）服务领域缺少专门的中介机构。

专注于私募股权基金二级市场的中介机构可以评估项目、促成交易、协助管理，对二级市场以及其中的参与者有着十分重要的作用。但是，我国私募股权基金二级市场暂时缺少专门的中介服务机构。

3. 我国私募股权基金二级市场未来的发展方向

（1）健全立法，完善监管体系。

针对现状，我国应首先完善私募股权基金层面的立法体系，将监管层级提升，由上而下形成全面、立体、完善的监管体系。在此基础上，应当就私募股权基金二级市场的监管体系进行完善，促进其成长与发展。

（2）建立交易平台，制定交易规则。

随着私募股权基金二级市场的不断发展，建立专门的二级市场交易平台是必然需要的，也是推动行业规模化发展的有效途径。我国私募股权基金二级市场交易平台数量尚较有限，且交易规则尚未统一，无法真正起到推动行业发展的作用。因此，可以借鉴海外市场成熟的交易规则，丰富转受让资源，进一步完善估值体系，以此推动二级市场交易平台的建立以及交易规则的制定。

（3）构建专门中介机构，助力行业发展。

中介机构在私募股权基金二级市场能够发挥极大的作用，在完善监管体系的同时，立法或监管层面还应当积极引导市场构建专门或重点服务于二级市场的中介机构。专业、中立的中介服务机构在私募股权基金二级市场交易安全、体系完善等方面都能够发挥十分积极的作用。

第六章
私募股权LP的发展空间和趋势

在我国经济发展进入新常态及产业结构逐步转型升级的背景下，私募股权基金将成为支持实体经济转型发展的重要力量。伴随着私募股权基金市场的发展，LP 的准入门槛将得到进一步的规范和完善，其市场化标准也将更加清晰。与此同时，合格机构投资者种类的不断增加，同样有助于推动 LP 逐步走向成熟。

第一节　LP 主体的合法性门槛和市场化标准

由于私募股权基金市场化程度较高且存在一定的投资风险，因此作为投资主体的 LP 应当具备一定的投资能力和风险承受能力。设立 LP 的合法性门槛和自发形成市场化标准相结合的模式有助于筛选具备投资能力和风险承受能力的 LP。但在我国私募股权基金市场体系中，LP 的合法性门槛和市场化标准仍有待进一步明晰。

一、LP 主体的合法性门槛

合格投资者制度可谓是私募股权基金的“基石”。然而近几年来，随着私募股权基金的迅猛发展，私募股权基金行业出现了突破合格投资者标准、以私募股权基金为名进行非法集资等违法违规问题，形成了行业的高风险。因此，进一步规范 LP 主体的合法性门槛，有助于保障私募股权基金持续稳健发展。

（一）合格投资者制度及投资者适当性管理制度的法律规制

从当前我国法律规范和行业自治规范体系来看，对私募股权基金合格投资者认定的规定主要体现在《私募投资基金监督管理暂行办法》和《私募投资基金募集行为管理办法》中，对投资者适当性管理制度的规定主要体现在《证券期货投资者适当性管理办法》和《基金募集机构投资者适当性管理实施指引（试行）》中。

1.《证券投资基金法》

“合格投资者”概念第一次出现，是在2012年12月28日修订通过的《证券投资基金法》中。该法第八十八条规定：“非公开募集基金应当向合格投资者募集，合格投资者累计不得超过二百人。前款所称合格投资者，是指达到规定资产规模或者收入水平，并且具备相应的风险识别能力和风险承担能力、其基金份额认购金额不低于规定限额的单位和个人。合格投资者的具体标准由国务院证券监督管理机构规定。”由此可见，“非公开募集基金的合格投资者”的三个必备条件是：资产规模或者收入水平达到规定标准，具备相应的风险识别能力和风险承担能力，基金份额认购金额不低于规定限额。虽然《证券投资基金法》主要适用于私募证券基金，且对于合格投资者的具体认定标准没有做出明确规定，但对于当时的私募股权基金而言具有一定的借鉴意义。

2.《私募投资基金监督管理暂行办法》

证监会于2014年8月21日公布的《私募投资基金监督管理暂行办法》（以下简称《暂行办法》）正式确立了我国“私募投资基金合格投资者”制度。该规章设专章对“合格投资者”进行了规范，明确了合格投资者的具体标准。一方面，划定了私募投资基金的投资门槛：一是要具备相应风险识别能力和风险承担能力；二是投资于单只私募投资基金的金额不低于100万元；三是单位净资产不低于1 000万元，个人金融资产不低于300万元或者最近3年个人年均收入不低于50万元；另一方面，明确了几类“视为合格投资者”的投资者，包括：社会保障基金、企业年金等养老基金、慈善基金等社会公益基金；依法设立并在基金业协会备案的投资计划；投资于所管理私募基金的私募基金管理人及其从业人员；中国证监会规定的其他投资者。此《暂行办法》对这几类“视为合格投资者”未设定投资金额和资产金额标准。

3.《**私募投资基金募集行为管理办法**》

基金业协会于2016年发布的《私募投资基金募集行为管理办法》对合格投资者进行了实体性规定。其中，第二十八条对合格投资者的认定标准与《暂行办法》第十二条的规定相吻合，但《私募投资基金募集行为管理办法》第三十二条的规定却有别于《暂行办法》第十三条“视为合格投资者”的规定。

《私募投资基金募集行为管理办法》第三十二条规定：“私募基金投资者属于以下情形的，可以不适用本办法第十七条至第二十一条、第二十六条至第三十一条的规定：（一）社会保障基金、企业年金等养老基金，慈善基金等社会公益基金；（二）依法设立并在中国基金业协会备案的私募基金产品；（三）受国务院金融监督管理机构监管的金融产品；（四）投资于所管理私募基金的私募基金管理人及其从业人员；（五）法律法规、中国证监会和中国基金业协会规定的其他投资者。投资者为专业投资机构的，可不适用本办法第二十九条、第三十条、第三十一条的规定。”该条中的（三）为新规定，（二）、（五）则在《暂行办法》第十三条的基础上进行了一定的变动。按此条规定，除了《暂行办法》规定的四种视为合格投资者的情况外，只要属于“受国务院金融监督管理机构监管的金融产品、法律法规及中国基金业协会规定的其他投资者”，也应当直接视为合格投资者，如银保监会监管下的信托计划、股权投资计划等。

4.《**证券期货投资者适当性管理办法**》

于2017年7月1日起施行的《证券期货投资者适当性管理办法》(以下简称《投资者适当性管理办法》)是投资者适当性管理的基本规范，私募股权基金适用该管理办法。《投资者适当性管理办法》首次对投资者基本分类做出了统一划分，明确了产品分级和适当性匹配的底线要求，系统规定了经营机构违反投资者适当性制度的处罚措施。根据《投资者适当性管理办法》，投资者分为普通投资者与专业投资者，专业投资者之外的其他投资者均为普通投资者。

5.《**基金募集机构投资者适当性管理实施指引(试行)**》

2017年6月28日，基金业协会发布了《基金募集机构投资者适当性管理实施指引(试行)》(以下简称《实施指引》)。《实施指引》在《投资者适当性管理办法》的原则下，结合原有业务规范，统一了基金行业投资者适当性管理的具体要求，引导经营机构提高对投资者保护的主动性和自觉性。此外，《实施指引》还对普通投资者的风险承受能力等级、基金产品或者服务的风险等级划分做出了规定。

(二)合格投资者认定标准及投资者适当性管理标准

1. **合格投资者认定标准**

综合来看，我国对于合格投资者的认定主要是从能力标准、资产标准、人数标准三个方面来进行的。

(1)能力标准。私募股权基金投资是具有高风险性的投资，投资者需要具备足够的自我保护能力，如投资者一般应当具备一定的投资经验、知识储备、投资风险识别能力和风险承担能力。其中，“具备相应风险识别能力和风险承担能力”是合格投资者审核认定的“核心”标准。

但我国目前缺乏对于“能力标准”的具体认定标准，更多的是从审查程序角度来予以确认。《暂行办法》第十六条规定：“私募基金管理人自行销售私募基金的，应当采取问卷调查等方式，对投资者的风险识别能力和风险承担能力进行评估，由投资者书面承诺符合合格投资者条件；应当制作风险揭示书，由投资者签字确认。”可见，当前对于合格投资者的审核认定，主要包括三种手段：一是通过问卷调查对投资者的风险识别能力和风险承担能力予以评估；二是投资者签署载明合格投资者条件内容的《承诺书》，承诺其符合合格投资者条件；三是由投资者签字确认揭示产品风险的《风险揭示书》。

（2）资产标准。投资者资产标准是认定投资者投资能力的标准。一般而言，投资者积累的资产越多，往往意味着其抗风险能力越强，同时从主观角度出发，其投资的谨慎性也就越高。从相关规定来看，对合格投资者资产标准的认定，主要包括两个方面：一是“单笔最低认购金额”标准，即合格投资者投资于单只私募基金的金额不得低于一定的余额；二是合格投资者的资产规模或者收入水平须达到规定标准。

（3）人数标准。严格来讲，人数的限制并不属于合格投资者的认定标准范围，其强调的是私募股权基金实际投资者的人数，这主要是受到法律法规对不同组织形式的私募股权基金人数规定的约束。《暂行办法》明确提出，“私募基金应当向合格投资者募集，单只私募基金的投资者人数累计不得超过《证券投资基金法》《公司法》《合伙企业法》等法律规定的特定数量。”因此，根据私募股权基金所采用具体组织形式的不同，其在人数上须遵循的规定不同。

契约制私募股权基金需要遵守《证券投资基金法》的规定，合格投资者累计不得超过200人。公司制私募股权基金需要遵守《公司法》的规定，即有限责任公司制私募股权基金，股东（含投资者）人数不得超过50人；股份有限公司制私募股权基金，发起人（含投资者）人数不得超过200人。有限合伙制私募股权基金，则需要遵守《合伙企业法》的规定，合伙人（含投资者）人数不得超过50人。另需要特别注意的是，以有限合伙企业、契约等非法人形式，通过汇集多数投资者的资金直接或者间接投资于私募股权基金的，应当穿透核查最终投资者是否为合格投资者，合并计算投资者人数。

2. 投资者适当性管理标准

根据《投资者适当性管理办法》，符合表6.1所列条件之一的，属于专业投资者。

表6.1 专业投资者类别及条件

类别	具体主体类别/条件
金融机构、类金融类资产管理机构（经有关金融监管部门批准设立）	证券公司、期货公司、基金管理公司及其子公司、商业银行、保险公司、信托公司、财务公司等；经行业协会备案或者登记的证券公司子公司、期货公司子公司、私募基金管理人
金融机构、类金融类资产管理机构（经有关金融监管部门批准设立）面向投资者发行的资管产品	包括但不限于证券公司资产管理产品、基金管理公司及其子公司资产管理产品、期货公司资产管理产品、银行理财产品、保险资产管理产品、信托计划、经行业协会备案的私募基金
专业主体	社会保障基金、企业年金等养老基金、慈善基金等社会公益基金、合格境外机构投资者（QFII）及人民币合格境外机构投资者（RQFII）
高净值法人或者其他组织	①最近1年末净资产不低于2 000万元；且②最近1年末金融资产不低于1 000万元；且③具有2年以上证券、基金、期货、黄金、外汇等投资经历
高净值自然人	①金融资产不低于500万元，或者最近3年个人年均收入不低于50万元；且②具有2年以上证券、基金、期货、黄金、外汇等投资经历，或者具有2年以上金融产品设计、投资、风险管理及相关工作经历，或者属于本条第①项规定的专业投资者的高级管理人员、获得职业资格认证的从事金融相关业务的注册会计师和律师

根据《投资者适当性管理办法》的规定，专业投资者之外的其他投资者为普通投资者。因此，普通投资者在信息告知、风险警示、

适当性匹配等方面享有特别的保护。对于专业投资者，经营机构可以根据其业务资格、投资实力、投资经历等因素，对其进行细化分类和管理；但是对于普通投资者，经营机构则是应当按照有效维护投资者合法权益的要求，综合考虑其收入来源、资产状况、债务、投资知识和经验、风险偏好、诚信状况等因素，确定其风险承受能力，对其进行细化分类和管理。

在《实施指引》中，其对专业投资者的规定与《投资者适当性管理办法》一致。对于普通投资者，《实施指引》规定，基金募集机构要按照风险承受能力，将普通投资者由低到高至少分为 C1（含风险承受能力最低类别）、C2、C3、C4、C5 五种类型。对于基金产品或者服务的风险等级，《实施指引》规定要按照风险由低到高顺序，至少划分为 R1、R2、R3、R4、R5 五个等级，基金募集机构可以根据实际情况在上述所列等级的基础上进一步进行风险细分。

3. 合格投资者认定标准与投资者适当性管理标准之间的关系

合格投资者制度，是指只有满足一定条件的投资者才能投资私募股权基金。因此，合格投资者是一个准入门槛。投资者适当性管理制度则是对合格投资者根据其风险承受能力的不同进行的分类，即让投资者购买适合自己的投资产品。由此可知，在投资私募股权基金时，投资者首先应满足合格投资者的要求，之后再进行专业投资者和普通投资者的区分。

（三）我国合格投资者制度存在的不足及完善建议

1. 我国合格投资者制度存在的不足

（1）缺乏对自我保护能力的要求。我国合格投资者的现有认定标准虽然均强调了投资者的资产（收入），但暂未强调投资者保护自身的能力，而这一点对于降低投资风险、加强规范投资至关重要。

（2）合格投资者验证责任分离。《暂行办法》第十六条就合格投资者的验证责任做出了专门规定。根据该条规定，当私募投资基金由基金管理人自行销售时，相应的投资者验证责任由基金管理人承担；

当基金管理人委托销售机构进行销售时，相应的投资者验证责任应当由销售机构来承担。在后一种情形下，合格投资者的验证责任承担主体与需要甄别合格投资者的私募股权基金在一定程度上存在责任承担的分离，由此可能造成不当衔接，进而导致基金管理人与销售机构间的责任推诿。

（3）特殊合格投资者穿透核查认定存在盲区。根据《暂行办法》的规定，无须对“社会保障基金、企业年金等养老基金，慈善基金等社会公益基金，依法设立并在基金业协会备案的投资计划以及中国证监会规定的其他投资者”进行穿透核查。然而《私募投资基金募集行为管理办法》第三十二条就“视为合格投资者”范围进行了一定的修改，其中未明确列入《暂行办法》的“受国务院金融监督管理机构监管的金融产品”以及“法律法规、中国基金业协会规定的其他投资者”，是否能够豁免穿透核查尚需监管机构进一步明确。

2. 我国合格投资者制度的完善建议

针对我国当前合格投资者制度存在的不足，建议可以从合格投资者教育背景及经验要求、风险识别能力测试等方面对我国 LP 主体合法性制度做进一步的完善。

（1）明确合格投资者的教育背景及投资经验要求。针对当前我国合格投资者制度中缺乏对投资者自我保护能力的认定，以及投资实践中投资者专业投资知识不足、经验缺乏等问题，建议我国合格投资者的标准设定可部分借鉴海外的一些做法，如在相关立法中增加对投资者教育背景以及投资经验的要求，提高投资者的自我保护能力，促使投资者形成专业的投资理念。

（2）建立第三方强制风险识别能力测试机制。鉴于实践中私募股权基金管理人往往是形式上应付《暂行办法》关于风险测试的规定，任由投资者签订风险测评文件，而并不对投资者的风险识别能力进行实质性测试，建议可考虑引入第三方独立测试机构和测试标准，以增加风险测试的客观性和公正性。

（3）明确和细化规范性文件中存在的盲区。对于如前述提及的在规范性文件中存在的“特殊合格投资者穿透核查认定存在盲区”等类似问题，建议监管机构尽快做出明确的规定，便于投资者及投资管理机构在实际操作中对此类问题进行认定和处理。

二、LP 主体的市场化标准

满足合法性门槛只是 LP 进入私募股权基金市场的前提，除此之外，LP 还应当尊重市场规律，具备专业知识和一定的风险承受能力，符合行业自发形成的一些市场化标准。

（一）市场化 LP 的特征

1. 纯粹的出资人

市场化 LP 应当具备雄厚的资金实力并且能够承受一定的投资风险。单纯追求投资收益与财富增值是市场化 LP 最本质的表现，作为纯粹出资人的 LP 更受到 GP 的青睐。

2. 投资周期长

私募股权基金投资期限一般较长，需要与经济周期、产业周期以及企业发展周期相匹配。因此，一般情况下，市场化 LP 的投资周期也相应较长，与私募股权基金匹配。从 GP 的角度看，GP 也希望 LP 能够给予其足够的耐心，使其可以安心进行投资与运作，并在最佳的时机投资，用足够长的时间去支持、培育被投资企业，合理安排退出时机，以实现更大的投资价值。

3. 对 GP 提供附加值支持

LP 作为私募股权基金市场中的参与主体，除了提供资金支持外，还能够为 GP 提供更多附加值支持，这也是 LP 市场化的表现。GP 倾向于与具有一定专长或专注于某些领域的 LP 进行合作，LP 提供的附加值支持，能够帮助 GP 拓展资源并获得更广阔的业务发展空间。

（二）我国LP的市场化程度不足

1. LP介入GP的管理

在我国私募股权基金市场中，部分LP存在介入GP管理或向GP提出个性化要求的情况。这不仅影响了GP对于基金的正常运营管理，还可能制约GP的积极性，进而导致基金收益不甚理想。此外，部分LP具有一定的政策性，对GP的投资行业和投资地域会进行限制。

2. LP投资理念不成熟

我国LP仍处于发展阶段，与海外成熟的私募股权基金LP相比，我国LP结构存在着投资者类型单一、机构投资者比重较小等问题，导致LP投资理念不够成熟，偏好短期投资，缺乏市场化意识。

3. LP缺少高层次管理人才

LP的市场化发展需要大量高层次的管理人才，但目前我国LP的管理人才在专业背景、投资经验以及市场资源方面均较为欠缺。

（三）我国LP市场化完善之路

LP市场化程度不足，不利于其长足发展。因此，在不断完善外部环境的同时，也应当加强LP的自身建设，从内、外两方面提高LP的市场化程度，使之成为优质的投资主体，进而获得理想的投资回报。

1. 完善立法，强化监管

在立法及监管层面，应在吸取国外私募股权基金先进经验的基础上，建立健全我国有限合伙制私募股权基金的相关法律制度，强化相应的监管制度。同时，结合实际情况，不断完善私募股权基金合格投资者资格认定、权利和利益保障机制、私募股权基金设立登记备案、普通合伙人资质考核、信息披露、资产托管和审计、退出渠道、惩罚方式等方面的法律法规，为LP提高其市场化程度创造有利的环境和条件。

2. 重塑私募股权基金合格投资者结构

鉴于我国投资者结构失衡的现状，有必要对现有的私募股权基金合格投资者结构进行重塑。

第一，加强对机构投资者的培育。从机制上放宽对合格机构投资者的约束，提高机构投资者比例，特别是一些专业机构投资者；大力培育投资风格差异化明显、风险偏好不同和投资期限不一的机构投资者群体，逐渐壮大机构投资者的数量、规模和质量，促进机构投资者发展。

第二，引导中小投资者改变观念，规范其投资行为。引导中小投资者树立通过合伙协议来激励或约束 GP 的投资观念，并帮助其实施规范的投资行为；通过多种渠道和形式使投资者对私募股权基金有全面、正确的认识，避免出现 LP 过分干预基金管理和基金投资短期化等问题。

3. 完善私募股权基金内部治理结构，保障 LP 投资权益

为了保障 LP 的投资权益，助力其提高市场化程度，应当进一步完善私募股权基金的内部治理结构。为提高 LP 与 GP 的利益相关程度，可以考虑适当增加 GP 的出资份额和现金所占比例，且不允许其用管理费代替其在本金中的出资，以建立 GP 的风险承担机制。通过该种方式，可以从一定程度上保障 LP 的投资权益，实现 LP 与 GP 利益更紧密的捆绑。

第二节　崛起的机构 LP 在我国私募股权基金市场的发展

从行业发展情况来看，我国私募股权基金行业正在朝着一个更加成熟、完善的方向发展。而与中国本土 LP 相比，海外 LP 由于已经历长时间的发展和多个经济周期，在投资私募股权基金上实现了系统化、科学化，经验丰富。在海外已发展相对成熟的机构投资者包括主权财富基金、家族办公室、大学捐赠基金等。这些类型的机构投资者虽然在我国的私募股权基金市场占比较低且尚处于起步阶段，但是在未来将会呈现崛起的态势。

一、主权财富基金

主权财富基金是一种全新的专业化、市场化的机构投资者，已经成为跨国投资的重要力量，对国际私募股权基金投资和全球资本流动将持续产生重要影响。

（一）主权财富基金概述

主权财富基金（Sovereign Wealth Funds，SWFs），简称主权基金，是指由一些主权国家政府所建立并拥有，用于长期投资的基金。主权财富基金的资金主要来源为国家财富盈余、外汇储备盈余、自然资源出口盈余等，一般由专门的政府投资机构管理。

主权财富基金具有如下特点：第一，主权财富基金投资体现主权意志，跨国投资时将牵涉对国家主权和经济安全的考虑，贸易保护政策、地缘政治因素和意识形态歧视必然影响其投资准入；第二，主权财富基金规模巨大，投资风格不确定，运作的透明度不高，对国际金融市场的稳定具有重大影响；第三，基于其特殊背景，主权财富基金的公司治理结构难以商业化，运作方式难以市场化，在投资上很容易受到东道国的干预，难以实现投资风险与回报的最佳匹配；第四，主权财富基金的资产配置策略通常受到多种限制：比如，主要投资于海外，不投资于本国政府发行的本币或外币债券，不允许从事借贷业务，也不为政府债务提供担保等。

由于以上特点，主权财富基金的短期回报率一般都低于其他私募股权基金。但是，对主权财富基金的运作绩效应该从较长的期限来考核评价。

（二）主权财富基金的监管

从全球范围看，对主权财富基金的监管包括三个层面：母国监管、投资接受国监管以及国际监管。母国监管的目的在于保障海外投资的顺利进行，维护母国主权财富基金的稳定。投资接受国监管意在保护本国资本市场，对主权财富基金的投资行为进行监管与限制。国际监管的目的在于限制投资接受国监管的保护主义，建立有效的多边监管机制。

主权财富基金监管的趋势包括两个方面：第一，市场开放和审查趋严并行。在经济全球化发展的背景下，向外国资本开放本国市场是主要发展方向。但与此同时，维护本国的政治与经济安全也是所有国家机构必须履行的义务。由于主权财富基金普遍透明度较低，投资接受国在审查限制和要求信息披露方面均会加大力度。因此，对于主权财富基金的监管，会呈现出市场开放和审查趋严并存的发展趋势。第二，国际监管合作日益加强。随着主权财富基金在全球投资活动的不断开展，投资接受国单方的监管极易造成争议、引发不满。因此以多边合作的方式进行国际监管已成为诸多国家迫切的需要，并将得到进一步深化发展。

（三）我国主权财富基金的发展和投资现状

从广义的角度看，我国主权财富基金包括中国投资有限责任公司以及国家外汇管理局、香港金融管理局、社保基金管理的海外资产。从狭义的角度看，我国主权财富基金以中国投资有限责任公司为代表。本节所讨论的我国主权财富基金，仅指中国投资有限责任公司。

1. 中国投资有限责任公司的成立和发展

2007 年 9 月 29 日，财政部以发行特别国债的形式成立中国投资有限责任公司（以下简称“中投公司”），以服务于国家宏观经济发展和深化金融体制改革，旨在实现国家外汇资产多元化，获取风险调整后较高的长期投资回报。

2008 年，中投公司成为“主权财富基金国际工作组”成员，参与起草并签署了主权财富基金《圣地亚哥原则》；2009 年，中投公司成为“主权财富基金国际论坛”创始成员；2011 年，中投公司在北京承办了“主权财富基金国际论坛”第三次会议，该会议通过并发布了《北京宣言》。

2. **中投公司投资组合分布及收益**

中投公司在全球范围开展投资，资产类别包括公开市场股票、固定收益工具、另类资产以及现金产品。

根据中投公司 2017 年年报，截至 2017 年 12 月 31 日，中投公司境外投资组合分布及比例如图 6.1 所示。

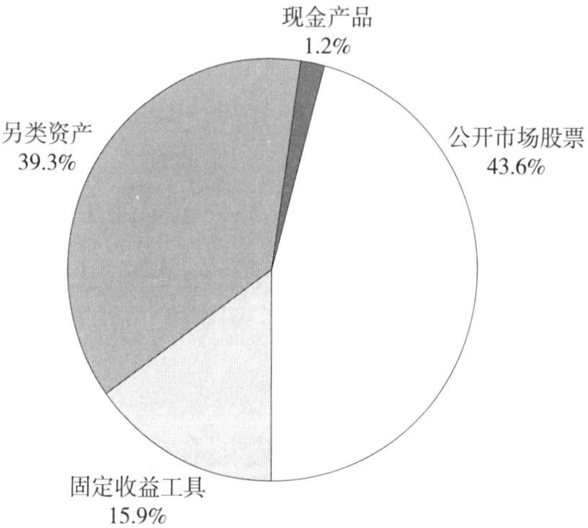

图 6.1　中投公司境外投资组合分布格式及比例

3. **中投公司投资现状及未来发展**

（1）中投公司投资现状。

中投公司的私募股权基金投资始于 2008 年，主要包括基金投资、管理人跟投以及联合开展直接投资三种形式。基金投资方面，中投公司成立伊始就积极与全球主要优秀基金管理人建立广泛合作关系，目前在全球范围聘用的外部管理人约为 80 家，并逐步形成了覆盖主要投资地域、领域和行业的全球管理人网络。跟投/共投方面，中投公司依托管理人和公司自身的网络平台资源，先后开展了30余个项目，重点领域包括科技、媒体、通信（TMT）、医疗、消费及商业服务等行业。

（2）中投公司面临的主要问题。

中投公司作为国有独资的有限责任公司，受《公司法》的保护和监管。但中投公司同时也是我国的主权财富基金，因此对其的保护和监管仅通过《公司法》来体现还稍显不足。我国还应当在法律层面，通过制定主权财富基金的保护机制、运行规范、操作指引及监管原则等，明确对主权财富基金的保护和监管。

投资接受国的金融保护主义是中投公司对外投资的一大障碍。其一方面来自西方国家对主权财富基金的约束和限制，另一方面源于中投公司对外披露的透明度不高。因此，中投公司应当积极使投资接受国和其他市场主体了解其投资理念、治理模式及风险防范措施等，以此来取得投资接受国的信任并减少海外投资的障碍。

（3）中投公司未来发展。

私募股权基金是中投公司开展长期资产投资的重点领域之一，未来将进一步在该领域加大投资力度。面对当前估值走高、竞争激烈的市场环境，中投公司一方面应依据对各类别管理人的全面评估，持续优化组合结构，注重深化与优秀基金管理人的合作，积极拓展跟投/共投项目来源，做好现有项目的投后管理工作；另一方面应充分发挥长期资本、国际平台、中国视角的比较优势，内引外联，与各类型合作伙伴共同挖掘优质投资机会，通过积极、务实的投资合作实现互利共赢。除此以外，中投公司还应从以下五个方面进行提升和改进：

第一，明确自身定位，调整投资策略。尽管中投公司将自己定位为纯粹追求经济利益的投资者，但由于其深厚的政府背景，实际投资领域具有一定的战略性。因此，中投公司在发展过程中，还应调整投资策略，从而减小在国际市场上的阻力。

第二，适度披露信息，博取市场信任。中投公司透明度不高、信息披露有限。因此，在保证自身运营需求的前提下，适度披露经营信息、建立公开透明的运营模式，不仅能够减少投资过程中的困难，也有助于其树立良好的投资形象。

第三，吸引专业人才，提升投资能力。中投公司成立时间尚短，人才梯队建设仍需加强。作为在高度市场化的金融领域运营的公司，中投公司对高水平投资者的需求显然是迫切的。中投公司可以通过合理的激励机制吸引专业的投资领域人才，从而提升公司的投资能力。

第四，扩展投资渠道、扩大新兴市场国家的投资规模。虽然从短期来看，发达国家的投资收益率较为可观，但考虑到主权财富基金长期配置资产的作用，新兴市场国家或许是更好的投资选择。与此同时，投资可以带动被投资国的就业，从而实现双赢。

第五，积极参与规则制定，保障自身权益。中投公司作为排名靠前的主权财富基金，在规则制定上应当享有一定的话语权，应当主动参与市场规则的制定，从而优化我国主权财富基金的投资环境。

二、家族办公室

家族办公室，是指专为超级富有的家族提供全方位的财富管理和家族服务，以使家族的资产得以持续增长，并能够顺利地进行跨代传承和保值增值的机构。

（一）家族办公室概述

1. 家族办公室简介

家族办公室在西方国家已有上百年历史，是一个有着规范体系的成熟行业。国外的众多顶级富豪家族都采取这种模式进行财富管理，如洛克菲勒、默多克、比尔·盖茨、希尔顿等家族。

2. 家族办公室的类型

由于家族财富的总规模、多元化程度不同，准继承人各方面的因素及其需求也不同，家族办公室可据此分为单一家族办公室（Single FO，简称为 SFO）和联合家族办公室（Multi FO，简称 MFO）两种类型。

（1）单一家族办公室。

单一家族办公室只为某一特定家族提供个性化服务，它一般是由富有家族自己设立的法人实体，主要进行财富管理、财富规划以及为该家族成员提供其他服务。各家族的财富规模、资产类别、优先排序、文化风格和治理复杂性的差异使得每一个单一家族办公室都独具特色。

（2）联合家族办公室。

联合家族办公室为多个家族提供服务，并提供多种专业技术方面的服务，服务范围更广。对于家族成员而言，在享受联合家族办公室服务的过程中，还能够接触到更多行业的专业人员。

（二）家族办公室在国内外的发展现状

1. 家族办公室在国外的发展现状

瑞银与 Campden Wealth Research（坎普登财富研究）在研究访问了全球 242 个家族办公室的负责人及管理人员后，于 2016 年 11 月 14 日联合推出《2016 年全球家族办公室报告》。根据该报告，参与研究的家族办公室代表了全球资产管理规模超过 1 800 亿美元的财富；而在亚太地区，参与研究的家族办公室占全球样本总数的 19%，平均管理资产规模达 4.92 亿美元，全球的平均管理资产规模则为 7.59 亿美元。

2. 家族办公室在国内的发展现状

（1）我国高净值家庭及个人资产规模。

根据胡润研究院发布的《2017 胡润财富报告》，截至 2017 年 1 月 1 日，大中华区拥有 600 万元人民币资产的家庭数量已经达到 460 万户，比 2016 年增加 27.4 万户，增长率达 6.3%，其中拥有 600 万元人民币可投资资产的家庭数量达到 161 万户。根据招商银行和贝恩公司联合发布的《2017 中国私人财富报告》显示，2016 年中国个人可投资资产达 1 000 万元人民币以上的高净值人群规模已达到 158 万人，中国个人持有的可投资资产总体规模达到 165 万亿元人民币，2014—2016 年的年均复合增长率为 21%。可见，受益于经济发展的红利，我国高净值家庭及个人的财富在较短的年限内实现了可观的增长。

对于现阶段的高净值家庭及个人来说，如何合理配置资产，实现家庭财富的保值增值及家庭成员的传承等将越来越重要，市场上对家庭专业服务机构的需求也将越来越多。

（2）我国家族办公室的特点。

2016 年，国内多家专业咨询机构联合发布了首份《中国家族办公室活跃度调查报告》。根据该报告，我国的家族办公室主要呈现以下特点：

第一，规模较小，员工人数较少。多数国内家族办公室的员工数量在 15 人以内，仅有 30% 的家族办公室人数超过 15 人。

第二，在市场营销方面，56% 的家族办公室拥有微信公众号，但内容主要以知识性、教育性为主，无产品信息。

第三，在赢利模式上，55. 56% 的调研对象是通过向家族成员收取顾问费的方式实现赢利，其余 44. 44% 采取收取管理费与产品佣金并行的方式实现赢利。

第四，专业人才匮乏，家族律师发展处于起步阶段。国内家族律师仍处在起步阶段，且 60% 出身于婚姻法专业，这一点与海外家族律师的专业背景有很大差异，也反映出国内家族律师在起步阶段只能以最为接近客户隐私的专业作为切入口。目前，44% 的国内家族律师服务对象超过 100 人，这说明国内家族律师离欧美成熟的家族律师专属服务于极少数家族客户的阶段还有较远一段距离。

第五，客户层面也存在诸多问题，如客户的自我定位、财富传承目标不够明确，客户信任度低等。

（三）我国家族办公室未来发展趋势

1. 私募股权基金是未来家族办公室必配资产

家族办公室作为高净值家庭及个人财富管理的顶层架构模式，以长期财富保值和资产增值为目标。近年来，私募股权基金在家族资产配置中所占比重稳步上升。此外，近几年国内的私募股权基金投资经历了“全民”急速发展期，散户化趋势明显。有数据显示，目前有84.3%的高净值人士配置了私募股权基金，23.7%的高净值人士的配置比例超过30%，有7.8%的高净值人士配置比例甚至超过50%。

伴随着高净值家庭及个人资产配置理念的加深、为专业服务付费的习惯逐渐形成，在私募股权基金市场专业化程度越来越高的背景下，高净值家庭及个人将更倾向于把自己的财富集中交给专业人士进行投资管理，以实现财富的保值增值和顺利传承。

2. 未来国内家族办公室有待升级

近年来，我国的财富传承行业虽已起步，国内财富传承市场不断升温，客户需求持续上升，参与机构日益多元，但实际上目前我国仍处于培育市场、打造品牌的阶段，许多机构实际上主要仍以投资产品销售为目的，而非真正意义上的财富传承安排。究其原因，一方面是由于部分法律制度不完善，导致国内财富传承的工具种类受到诸多限制；另一方面是从业机构综合服务能力不足，专业人才稀缺。因此，展望未来，我国家族办公室的发展需要从多方面做出努力。

第一，制度建设层面。虽然《信托法》奠定了良好的法律基础，但是仍然需要相关部门不断完善信托所有权认定、信托登记制度的具体规范指引，以及《税法》《婚姻法》《公司法》等直接相关的法律，为家族办公室行业的规范发展提供制度保障。

第二，客户教育层面。伴随家族财富传承需求蓬勃发展的应该是传承理念更深层次的认知。首先，财富传承不等同于金融资产投资，家族财富传承是通过信托等工具从顶层规划开始的一揽子综合解决方案；其次，高净值家庭及个人需对境内相关法律法规有比较准确的认知，了解国内外传承工具可以实现的功能和潜在的不确定性，以更好地进行家族财富传承；最后，要逐渐认可专业人才提供专业服务的价值，并接受为服务付费的理念，只有这样，才能更好地助力行业整体的健康发展。

第三，对于志在财富传承行业的各类专业机构而言，一方面，应当根据市场需求及发展趋势，明确自身的战略发展方向；另一方面，要持续进行专业人才的培养，特别是在法律、税务、全球资产配置等境内非传统业务领域，更需要恒心和持续的投入。

三、教育基金会

教育基金会，在欧美等国家被称为“大学捐赠基金”，在我国也称之为“大学教育基金会”。国外的教育基金会已成为大学获取资金的重要渠道，其投资运营模式已日趋成熟，资产配置体系也较为完善。

（一）教育基金会概述

教育基金会通过资金募集和增值，为高校的发展提供资金支持，其资金主要来源于社会捐赠、政府拨款，用途主要为高等教育支出。

（二）教育基金会在国内外的发展现状

1. 教育基金会在国外的发展现状

美国顶尖高校多为私立性质，重视财务独立，政府财政拨款占办学经费份额较低，因此主要靠校友捐赠运营。同时，美国顶尖大学普遍将校友捐赠率视为衡量办学水平的一个重要指标，故美国的大学捐赠基金在西方国家大学捐赠基金中最为典型和成熟。

美国大学捐赠基金的发展之所以走在世界前列，一方面，是基于美国大学捐赠基金的资金规模较大，其发展受资金条件约束小；另一方面，美国大学通常会成立专门的公司或机构并且聘请专业人员来负责基金的管理运作，因此基金运作有活力并且能够根据市场进行多元化投资。美国大学捐赠基金的投资组合一般包括股票、固定收益工具、另类投资、短期证券与现金资产等几种类型。

2. 我国教育基金会的发展现状

我国教育基金会起步较晚，1994 年清华大学教育基金会成立，之后高校教育基金会逐步发展起来。2004 年，国务院常务会议通过《基金会管理条例》，为高校建立教育基金会提供了法律依据。之后我国高校教育基金会进入快速成长期。

基金会中心网公示的数据显示，截至 2015 年底，全国已有 484 所高校成立基金会。其中，清华大学教育基金会、北京大学教育基金会、浙江大学教育基金会分别位列高校教育基金会净资产规模（2015 年）的前三名。就投资收益而言，清华大学教育基金会、上海交通大学教育基金会和北京大学教育基金会分列前三位（2015 年）。

此外，清华大学、浙江大学等少数高校的校友先行开展了以校友自有基金投资的全部或部分回报形成高校教育基金会可持续资金来源的做法。

（三）我国教育基金会的未来展望

目前，我国已有高校教育基金会尝试投资私募股权基金，并在投资的创新之路上不断前行。例如，复旦大学教育基金会向鼎晖一期投资 2 000 万元，清华大学教育基金会向南华创业投资基金投资 2 000 万元。2009 年 11 月，启迪创投与清华大学教育基金会签约，成为国内首家获得教育基金会注资的创投机构，启迪创投也成为国内首个教育基金会控股的风险投资基金公司。2017 年 5 月 21 日，在同济大学 2017 全球校友大会上，同济校友基金正式发布，这也是中国高校教育基金会投资模式的创新之举。该基金拟与市场上最优秀的基金管理人合作，欲通过实施长期稳健的资产配置策略为同济大学的可持续发展提供更多支持。

但当前我国高校教育基金会的发展也存在一些问题和限制性因

素，主要体现在：第一，我国高校教育基金会规模普遍较小，在私募股权基金投资方面的发展受到束缚。第二，我国高校教育基金会多为行政化的管理方式，缺乏灵活性，与市场接轨较少，这导致我国高校教育基金会的资产配置偏于保守，基金投资收益率较低。第三，我国高校教育基金会普遍缺乏专业的投资团队进行管理运作，难以取得良好的投资收益。

第七章

政策型LP和市场型LP在中国的博弈和融合

根据资金来源及投资价值取向不同，投资者可以分为政策型LP和市场型LP。在当前中国很多大型私募股权基金的投资者中，政策型LP和市场型LP的身影常会同时出现。推动二者在投资市场上的合作，可以优化供给结构、实现经济高质量发展。在私募股权基金的投资过程中，政策型LP和市场型LP既存在矛盾，也存在可以合作和协商的利益基础。如何在差异中寻找融合之道，在博弈中达成双赢，是政策型LP和市场型LP都需要重点关注的问题。

第一节 政府引导基金的正本清源与发展升级

政府引导基金是指由政府设立并按市场化方式运作的政策性基金，主要通过扶持创业投资企业发展，引导社会资金进入创业投资领域。政府引导基金是政府支持地方经济发展、培育战略性新兴产业领域创业企业的重要手段。一方面，随着供给侧结构性改革、创新驱动发展等国家战略的实施，我国政府引导基金呈现大规模增长态势，其资金量之庞大以及背后的政策力量已经越来越表现出对中国经济市场产生重大影响的能力。但另一方面，政府引导基金在发展壮大过程中暴露出诸多困境和问题，政府引导基金的正本清源迫在眉睫。对于政府引导基金来说，何为“本”“源”，如何“正”“清”，我们认为，要从充分发挥作为机构投资者的功能价值入手。

一、政府引导基金的正本清源

政府引导基金从设立之初就担负着特殊的使命。政府引导基金和国家政策同根同源，着重于将投资领域的热点与国家经济战略规划相统一，使高新中小企业的发展进入良性绿色的经济生态圈。这就使得政府引导基金在扶持新兴行业、中小企业、创新型企业的生存和发展，引导资本市场上的资金走向等方面与国家政策相一致。有效引导社会资本服务实体经济，紧扣国家经济社会发展和经济改革的总体方向，是必须贯彻始终的“本”和“源”。尤其是在投资过热的大环境中，面对仍在扩大的资金规模，只有看清现实，意识到问题之所在，才能让政府引导基金在正确的轨道上行稳致远。

（一）政府引导基金的使命

政府引导基金作为一种公共资源，其产生目的、自身性质决定了它不同于一般基金。政府引导基金具有强烈的政策导向性，主要体现在引导资本去向、弥补市场自身弊端、平衡地区发展三个方面。

1. 引导社会资本，优化资金来源

政府引导基金的设立能够有效地改善创业资本的供给，解决创业投资的资金来源问题。创业投资想要得到收益，必须经过长时间的运营管理，不具有短期投机性。另外，创业投资的周转期限较长，不能迅速转换为货币现金收益，且流动性差、风险高，导致民间资本对其的偏好较低。如果完全靠市场机制进行资源的配置，就会导致投资供应不足的问题。所以，政府设置引导基金，借助自身信誉，吸收社会资本汇集，形成资本供应进入创业投资领域，为创业投资提供了很好的资金渠道。

目前，我国创业投资者偏好于投资期短且收益率高的IT（信息技术）、教育、餐饮等领域，而较少投资于投资期长、项目收益风险大的领域，如生物医药、节能环保等。通过设立政府引导基金，以政府信用吸引社会资金，可以改善和调整社会资金配置，引导资金流向生物医药、节能环保、新能源与新材料等战略性新兴产业领域，并培育出一批以市场为导向、以自主研发为动力的创新型企业，将有利于我国产业结构的调整升级，发挥创业投资对产业调整和发展的长期促进作用。

2. 弥补市场失灵，引导投资方向

2008年，发改委、商务部、财政部联合发布的《关于创业投资引导基金规范设立与运作的指导意见》（国办发〔2008〕116号）就明确提出，引导基金的宗旨是发挥财政资金的杠杆放大效应，增加创业投资资本的供给，克服单纯通过市场配置创业投资资本的市场失灵问题，特别是通过鼓励创业投资企业投资处于种子期、起步期等创业早期的企业，弥补一般创业投资企业主要投资于成长期、成熟期和重建企业的不足。

在市场机制配置资源的过程中，社会资本先天的逐利性会造成投融资领域的“市场失灵”。设立政府引导基金，通过政府注资增信和适当让利，吸引社会资金，可以有效弥补这种“市场失灵”。一方面，通过政策实现定向支持创业初期的新兴战略性产业、高新技术产业发展，促进相关产业的成熟，提升产业竞争力，推动产业结构优化升级；另一方面，通过直接或间接推动基金向融资困难、经济发展落后地区倾斜，引导社会资金投资于上述地区，有利于减少区域间经济发展差距，促进区域经济协调发展。因此，发展政府引导基金，目的是引导和带动社会资本“补短板”，投资重点领域和薄弱环节，并克服市场失灵的问题。

3. 引导资本聚集，促进地方产业发展

我国存在严重的区域经济发展不平衡情况，如果单纯依靠市场机制进行资源配置，经济发展不均衡只会继续加剧。在资本市场上，经济发展迅速、资源丰富的东部地区，相对更容易获得创业投资企业的青睐，融资更为便利；中西部地区由于经济、生活条件落后，难以吸引优秀的企业和人才，地方政府自身又很难提供足够的软硬件支持，因此投资风险较大，不符合绝大部分创业投资企业的投资原则。这种投资分布不均的状况如果得不到调整，会使区域经济发展差距进一步扩大。

政府引导基金通过建立政府引导机制，为中西部地区争取更多的投资项目，有利于缓解区域经济发展不平衡，促进区域经济进一步协调发展。鉴于政府引导基金多由当地政府参与，可以为企业在当地提供最大限度的便利，为创业投资企业投资当地产业提供信心支持。

4. 配合国家政策导向，扶持高新中小企业

政府引导基金发挥导向作用，主要依靠引导民间资本流向国家政策所支持和鼓励的新兴行业，帮助符合国家政策导向的潜力大、高成长的创新型优秀企业获取发展所需的资金，以解决优秀的初创企业的融资难问题。

一方面，政府资金的进入为一般的创业投资企业起到风险担保、资金示范的作用，鼓励了很大一部分创业投资企业对种子期和初创期中小企业的关注和投资。另一方面，政府引导基金还可以对已经投资初创期高新技术中小企业的创业投资企业给予一定的补助，增强创业投资机构抵御风险的能力。此外，政府引导基金还可以指导相关机构的后续投资，以“接力”的方式将高新技术中小企业做大做强，建立起创业投资体系的政府资金和商业资本的相互促进、相互依赖的关系。

（二）政府引导基金的现状与困境

1. 发展现状

自2002年第一只政府出资设立、具有引导性质的基金正式落地，政府引导基金已历经十余年的发展。随着2015年11月财政部发布《政府投资基金暂行管理办法》，政府引导基金进入井喷式发展阶段。

除传统的环渤海地区、长江三角地区及珠江三角地区等经济发达地区以外，湖南、湖北、江西、安徽、河南等中部地区设立政府引导基金的热情同样高涨，西部地区也逐渐开始进行设立政府引导基金的尝试。根据清科研究中心私募通的统计数据，截至2017年7月底，国内共成立1 660只政府引导基金，目标规模超过8万亿元。其中，2016年新设立政府引导基金547只，披露的总目标规模超过3.5万亿元；2017年1—7月，共设立政府引导基金102只，披露的总目标规模超过5 000亿元，政府引导基金进入发展新阶段。

2. **发展困境**

（1）政府引导基金可能引起的产能过剩。

在市场经济条件下，供给适度大于需求是市场竞争机制发挥作用的前提，有利于调节供需，促进技术进步与管理创新。但产品生产能力严重超过有效需求时，将会造成社会资源巨大浪费，导致出现降低资源配置效率，阻碍产业结构升级等问题。一些地方过于追求发展速度，设立多只政府引导基金并盲目投向众多领域，助推了重复投资和产能扩张；还有一些政府引导基金管理方式不完善，导向作用和市场机制作用未能有效发挥，落后产能退出渠道不畅直接引发产能过剩问题的出现并不断加剧。

从各级地方政府的角度出发，当地的GDP（国内生产总值）增长速度是影响当地经济发展指标的重要因素。为了大幅度提高GDP增长率，增加财政收入，突显政绩，各地方政府引导基金会竭力将投资目标放在一些中央大力倡导的新兴产业上。大批量资金和利好政策都一齐涌向这些行业，看似可以促进这些新兴行业的迅猛发展，但更有可能造成产能过剩，进而摧毁一个行业。例如已经从“朝阳”变为“夕阳”的光伏产业。1998年，我国第一个光伏项目就是在政府的引导下建立的。之后，许多地方政府以资金支持、土地支持、税收优惠等方式为光伏企业提供扶持，其中就有多地多只政府引导基金的身影。这造成在全国范围内光伏企业数量迅速增长，行业竞争愈演愈烈。光伏产业在市场和政府双重导向机制下，由于政府的推动而过快发展，过早进入产业成熟期，甚至衰退期。

（2）政府引导基金对地方特色的忽略。

政府牵头设立政府引导基金的重要使命是促进地方经济的发展。因此，要想利用好政府引导基金的“引导”功能，首先要做的是准确把握地方特色。只有凭借明确清晰的地方发展思路，政府引导基金才能将社会资本引向富有地方特色和符合当地经济发展趋势的优势行业中去。

实践中，部分地方政府忽视了这一点，一味追求大力发展国家鼓励的、前景可观的、对GDP指标影响大的行业，导致很多政府引导基金千篇一律。在2010年国务院发布《国务院关于加快培育和发展战略性新兴产业的决定》后，地方政府、企业纷纷抢先布局战略性新兴产业，投资热潮遍布各地。多个省份也先后出台省级战略性新兴产业规划，着力打造包括光伏、核能、新能源、新材料、生物医药等行业在内的七大新兴产业，希望地方政府可以从这七个方向中，选择各自的长项并进一步发展。但在实际操作中，各省都会设立一只创业引导基金，投资规划涵盖中央确定的七大战略新兴产业，重合度在90%以上。也就是说，几乎所有省份的创业引导基金投资都包含了这七个领域。

（3）政府引导基金对市场的扭曲修正不足。

政府引导基金进行投资时，应当根据当地的具体情况投向市场自身无法调节的领域。政府设立引导基金就是为了对早期创新创业企业融资难的“市场失灵”现象进行纠错，发挥杠杆调节效应而非进行干预。

政府引导基金应当在正确认识其本质使命的前提下着重关注“市场失灵”的领域。但是，在实际操作中，受限于地方政府财政资金属性及当前的管理思路，政府引导基金被赋予了过多的政策性目标。很多地方政府引导基金对被投资基金注册地、投资地域、投资范围等做了限制，对投资当地的资金也提出了要求。一方面，这使得政府引导基金寻找合适的投资对象变得更加困难，基金资金出现沉淀、闲置现象，资金利用效率低下；另一方面，由于在当地找不到好的投资项目，一些优秀的创业投资企业不敢与政府引导基金合作。长此以往，政府引导基金的引导作用受到严重制约，无法达到其引导创业投资的目的。

此外，政府引导基金在市场化运作过程中，创业投资企业与政府存在利益诉求的分歧，政府出资考虑以资本安全为先，创业投资企业则追求更高的投资回报。投资者之间利益不一致，就会导致“利益共享，但风险不共担”的局面出现，严重影响政府引导基金的运作效率，同时也会对政府引导基金收益及风险控制等各方面造成不利影响。

（4）政府引导基金的资金结存情况。

基金设立规模不应该基于政府意愿和财政出资能力，而更多应该视当地经济发展情况和创业项目储备而定。在政策红利的驱动下，各地区纷纷跟风设立政府引导基金，但发展效果参差不齐。资金猛增和管理能力不足、资金运用政策束缚等造成政府引导基金大量结存。此外，常见原因还包括：第一，在没有足够项目储备的情况下，一些政府引导基金陷入无项目可投的尴尬境地；第二，引导基金对投资地区有严格界定，可能暂时遭遇无项目可投的情况；第三，过于重视资金安全性，没有足够能力掌控资金的运作和管理。

另外，政府引导基金适用政府公共财政考核体系，被行政、经济双重捆绑，导致无法对其做出正确评价，从根本上影响了其后续投资决策。

（三）正本清源的意义

正本清源体现出政府引导基金对促进地方经济发展和基金本身赢利双重使命趋向平衡的追求。对于政府引导基金来说，促进地方经济发展是第一要义，基金本身的赢利使命是最低需要。但既然以基金的形式管理部分政府资金，就需要在尽量保证基金本身赢利的基础上去考量政策性的要求和地方经济发展的要求。从这一角度要求政府引导基金正本清源，实际上是给政府引导基金的管理者带来了更大的挑战。把握促进地方经济发展和基金本身赢利使命的平衡不仅仅要有科学的依据，更要根据地方经济的特色进行调整，根据所涉及领域的性质进行最终确认，不能重复选择投资方向，更不能只求全面覆盖而不顾自身条件。

政府引导基金在发挥导向作用的同时还要重视撬动社会资本的杠杆作用，同时更需要引入市场化运作的体制和机制，做到“软硬兼施”。政府引导基金的市场化运作就是以母基金为杆杠，不仅需要引入社会资本作为“硬件”，放大政府引导基金规模，更需要引入市场机构的开发投资、专业调查、市场化运作、投后管理与监督等“软件”。通过“软硬兼施”，实现政策目标与经济效益的双赢。

从国家层面看，政府引导基金正本清源是国家经济政策的重要事件；从经济市场的层面看，政府引导基金正本清源有利于弥补市场失灵，引导资金投向。近年来，从政府引导基金发展的总体状况可以看出，政府引导基金对产业转型升级和技术创新发展产生了积极影响，但也要注意到发展过程中的“短板”“壁垒”对经济的消极影响，只有把握好这把“双刃剑”才能最大限度地履行使命。

二、政府引导基金与社会资本的博弈

随着产业升级需求不断加强，政府引导基金与社会资本深入合作的需求也愈来愈强烈。一方面，政府引导基金希望撬动更多的资金发挥引导作用；另一方面，社会资本方想利用自身行业背景优势和人才优势，在项目挖掘、项目储备及技术判断上给基金的管理提供强有力的支持，间接实现战略调整与产业整合。

政府引导基金虽然实行市场化运作，但是作为政策型 LP，它具有政策上的导向性目标。社会资本作为市场型 LP，在资本收益最大化驱动下偏好投资处于成长期和成熟期的风险相对较小、更有赢利前景的行业。为了保障政策性目标的实现，政策型 LP 通常会对共同参与私募股权基金的市场型 LP 设置一些特殊要求，比如，在出资时间点上，政府引导基金一般会要求晚于所投资基金的其他 LP 缴纳出资，这导致本就处在观望中的社会资本更加犹疑不决。近年来，政府引导基金设立子基金时，由于政策性目标和商业性目标存在冲突，导致市场型 LP 参与的积极性普遍不高。

具体来说，政府引导基金的特殊要求体现在以下几点：

第一，出资要求。在出资比例上，政府引导基金主要是通过政府财政资金撬动社会资金，因此政府引导基金对单个子基金投资的比例都不会太高，且通常不会作为基金的第一大股东/合伙人。例如《沈阳市政府投资引导基金管理办法》第十四条规定："引导基金对专项基金出资额不超过专项基金规模的 30%，且不作为第一大股东或最大出资人。我市各级政府出资总额不超过专项基金规模的 50%。引导基金直接投资出资额不超过被投资企业总股本的 30%，且不作为第一大股东。"如果某只基金在接受政府引导基金投资后，由于基金运作中的变动导致政府引导基金投资比例突破相关上限，一般政府引导基金会要求通过同比例缩减出资规模、转让部分份额、不缴付后续出资等方式进行调整。这就需要在基金相关文件中明确相应机制或保留相关调整权限以应对这一类要求。作为共同投资的社会资本，要对此有一定的预见性和充分的准备，提前做好相应预防措施。

但值得注意的是，这种出资比例小的情形可能会限制导向作用的发挥，最终导致政策型 LP 出现被同化的风险。比如，在子基金及子基金投资的项目中，市场型 LP 是主要出资方，政策型 LP 只占出资额的较小部分。这将导致在子基金及子基金投资项目的运营中，政策型 LP 的最终投资偏好与市场型 LP 无法抗衡，引导作用将被大大弱化。同化风险是引导基金发展中最大的系统性风险，必须制定相关政策予以妥善应对。

第二，期限要求。政府引导基金通常采用公司制或合伙制，设立之初就规定或约定了相应的运营期限，若它的存续期需要延长则将涉及有关政府部门的审批，变得具有不确定性。所以在基金设立之初，政府引导基金会考虑被投对象的存续期限是否在政府引导基金运作期限范围内。如果有超期可能，则会在事前要求约定期限届满时可以通过份额转让、退伙等方式保证政府引导基金的退出。这就要求市场型LP在投资之初，就应该考虑到政策型LP参与基金的存续期限具有不确定性。

从理论上讲，私募股权基金的退出渠道包括份额转让、股权转让、回购、并购、挂牌、IPO等多种形式；其中，通过IPO退出能够获得较高收益，是较理想的退出方式。但IPO是一个非常不确定的退出方式，数量如此庞大的政府引导基金及其子基金，期望完全通过IPO或并购退出并不现实。如果约定的退出方式为IPO，那么政府引导基金的管理人就应当针对到期无法退出的情形提前做好应对准备。

第三，投资要求。政府引导基金一般对于被投资基金的底层资产所处的行业、区域有明确要求，有些基金对具体行业和区域可能还有投资比例的限制。一般而言，为了发挥引导作用，投资阶段主要集中在早期、早中期。

第四，投资限制。作为政策性基金，政府引导基金的政策导向性十分明显。为有效避免“钱炒钱”，保证资金流向实体经济，切实达到优化产业结构、促进经济全面发展的目的，政府引导基金被限制投向某些领域或行业。一般的地方创业投资引导基金管理办法都会规定，引导基金不得从事以下业务：（1）融资担保以外的担保、抵押、委托贷款等业务；（2）投资二级市场股票、证券投资基金、评级AAA级以下的企业债、信托产品、理财产品、证券公司或基金公司或保险公司及其子公司的资产管理计划产品、期货及其他金融衍生品、房地产业以及国家政策限制类行业；（3）向任何第三方提供赞助、捐赠（经批准的公益性捐赠除外）；（4）吸收或变相吸收存款，或向第三方提供贷款和资金拆借；（5）承担无限连带责任的对外投资；（6）发行信托或集合理财产品募集资金；（7）法律法规禁止从事的其他业务。

同时，还有一种限制也存在于政策型LP与市场型LP之间。我国存在投资主体歧视和产业投资主体壁垒的问题，如我国政策法规目前在一些基础设施建设项目和高新技术产业中设置了投资主体进入壁垒，多数情况下政策型 LP 在政府引导基金内部拥有绝对的垄断地位。

针对上述特殊要求，政策型 LP 可以采取以下措施吸引市场型 LP，并消除其疑虑。第一，让渡自己的收益，调动市场型 LP 的投资积极性，将其权益以优惠价转让给其他 LP 或 GP；第二，提供风险保障机制，对处于种子期、起步期的创业企业发生亏损的给予定额风险补助，鼓励市场型 LP 在此阶段进入基金。

在政府引导基金中，政府资金作为基石可以利用杠杆撬动更多的市场型 LP 资金，保证资金的充足和流动性，从而充分发挥机构投资者的力量。政策型 LP 在政府引导基金中的重要性毋庸置疑，但也要看到市场型 LP 的重要性。政府引导基金要善于激发市场型 LP 在资金调动、投资地域以及项目储备等方面的灵活性，运用其在管理或者产业投资等方面的能力和经验，更好地发挥政府引导基金的市场化作用。

可以预见，在未来一段时间里，政府引导基金引导社会资金流向，帮助国家完成产业升级和经济转型的定位不会发生变化，政策型 LP 在政府引导基金中的主导地位也不会产生本质变化。通过政策型 LP 与市场型 LP 的合作，政府引导基金将继续借助专业投资管理机构对特定产业的企业或项目进行投资，达到促进产业升级和经济结构调整并获取投资收益的目的。未来，随着我国经济转型的完成，政府引导基金在大量积累运作经验后，势必成为兼具政策引导效益和经济效益的重要私募股权基金。

三、政府引导基金的发展升级

随着一系列国家利好政策的出台，政府引导基金不仅注重发挥撬动社会资金的杠杆作用，更重视自身作为杠杆的撬动效果。正本清源的政府引导基金越来越明确自身引导投向和撬动社会资本的使命以及最终实现高质量经济发展的目的。

（一）尊重市场规律

发展政府引导基金是实施供给侧改革的重要举措，目的是引导和带动社会资本投资重点领域和薄弱环节，起到“补短板”的作用。政府引导基金在发挥其作用的过程中应当尊重市场规律，弥补市场失灵的领域，而非干预市场的正常发展。现阶段，我国政府引导基金仍处于比较基础的摸索阶段，部分政府引导基金过于强调政策性和政府干预，导致对市场经济发展形成了限制。例如，部分政府引导基金实际上是扭曲了价格调整的信号，通过基金替换银行贷款，导致国家通过货币政策调控宏观经济的手段失灵。政策型 LP 必须尊重市场决定资源配置这一市场经济规律，把政府引导基金作为协助市场配置资源的一种补充性手段，共同努力实现资源配置最优化和效益最大化。

因此，在发展政府引导基金时需要保证政府引导基金的市场性，把政府引导基金的重要作用定位为“调节”，而非“干预”。

（二）调整政府行为模式

第一，政府应弱化其在市场竞争中的非市场优势地位，保证市场的公平性，不滥用自身的非市场优势地位排挤社会资本。按照政府产业发展导向选择一些更专业的市场型 LP 参与投资，能够更精准地扶持创新创业企业和引导新兴产业发展。政府引导基金与社会资本共同承担风险，引导更多的社会资本在双创企业发展和市场经济转型的投资活动中发挥重要作用。

第二，进一步制定新的规则和考核标准，以坚持市场化运作方式破解政府引导基金运行中的“政基”不分。政府引导基金应当独立于政府，采取符合市场化标准的运营模式。首先，要做到用市场化运作标准选择项目的投放、人才的招聘，组建一支专业化、精英化的管理队伍。其次，应当建立完善的治理结构，规范政府引导基金的内部管理，保证政府引导基金的独立性。最后，必须加强政府与市场的协调配合，把有为政府与有效市场结合起来，既体现政府的扶植态度又按照市场机制运作。

第三，政府引导基金往往具有一定的政策导向，但在某些情况下，这种政策导向与市场需求存在一定差距，所以要在实际执行中不断调整，保障各方面的利益均衡。比如在扶持中小企业时，是扶持传统中小企业，还是扶持创新型中小企业，要综合考虑。一方面，创新型中小企业具有更强的潜在价值和更好的发展前景；但另一方面，政府引导基金也应当适度关注传统中小企业的发展，它们在激烈的市场竞争中往往无法占据上风，需要政府引导基金的特别关注。另一方面，区域发展不平衡是我国经济发展的现状。政府引导基金应适当关注不发达地区，可以在选择投资目标时适度放宽条件，将发达地区的优质经营模式和管理经验带到欠发达地区，以投资的形式从多个方面促进欠发达地区的发展。

总之，当下还需进一步厘清政府和政府引导基金的边界，加快基金市场化进程。政府、金融机构、基金管理公司应当通力协作、群策群力，进一步提升政府引导基金的专业化、科学化投资管理水平，更大程度、更高效率地发挥政府引导基金的作用。

（三）审慎扩大资金来源

虽然我国政府引导基金本身资金量相较于其他国家已经足够庞大，但是为了发挥政府资金的引导作用，针对政府引导基金的资金来源，我国应该采用多元化的资金募集策略，扩大资金渠道，按照市场化的手段推动政府引导基金的发展。

政府引导基金的资金来源一般包括财政资金、金融资本、社会资本三大部分。首先，政府拨付的财政资金应当作为种子资金；其次，应更多依靠政府的公信力，赢得金融资本和社会资本对其资产管理能力和机会判断能力的认可，吸引金融机构和社会资本投入、获得出资承诺，为政府引导基金提供充足的资金支持，发挥财政资金“四两拨千斤”的引导放大作用。扩大资金渠道是政府引导基金未来发展的重中之重，但对于资金渠道的扩充同样需要审慎对待。在运作初期，如果缺少募资能力，财政资金可以优先考虑与具有一定资金规模和风险承受能力的市场化基金管理机构合作，以实现优势互补和资源共享。

（四）推进优秀项目库建设

优秀的投资项目，对于政府引导基金的募集往往能起到推动作用。项目库建设是投资的重要环节，对于各地政府引导基金来说，增强项目库中储备的大量优质项目可以保障政府引导基金投资方向的准确性。通过对项目库中的企业进行动态管理，完善项目概况、亮点、风险点、资金需求、立项信息等资料，可以为政府引导基金投资提供充足的储备资源。

政府引导基金只有发挥自身的资源优势，储备大量优质项目，才能增强对社会资本的吸引力，发挥资金引导与放大影响的作用，最终完成自身历史使命。

（五）选择合适的管理模式

政府引导基金应坚持管理团队的市场化运作模式，健全激励引导机制，严格限制政府直接参与政府引导基金管理的行为。通过优秀的基金团队进行管理，完成政府引导基金促进地方经济、扶持新兴种子期企业的重大使命。

管理团队引入方面，应当通过公开招投标选择专业的基金管理团队，按市场化、专业化的标准对基金管理机构的资格和实际业绩进行严格审查。

管理团队考核方面，应当强化对基金管理机构日常管理各类重大风险事项的审查，以此来确保基金管理团队的市场判断力和投资准确度，从而最大限度地保护投资者的利益，提高基金管理效果。

激励机制方面，应当从基金收益分配方式、时间等方面采取多样化的奖励激励方式，这样既可以吸引一大批优秀人才和资本，又可以防范基金管理人员出现违法违规操作行为。同时，可以吸引大批优秀的基金管理人才加入政府引导基金管理队伍，提高政府引导基金的管理水平。

第二节　PPP 系统运作中的私募股权基金运用空间和功能扩张

自 2014 年底开始，国家陆续出台了一系列有关 PPP（政府和社会资本合作）模式的政策法规，引起了我国建设工程和投资市场上的 PPP 投资热潮。继中国邮政、中信集团等企业集团试水 PPP 项目后，PPP 基金开始蓬勃发展。中央和地方政府相继引导相关基金的发展，各类私募股权基金、产业基金也纷纷涉足轨道交通、高速公路、棚户区改造等项目，在 PPP 发展过程中发挥了重要作用。

一、私募股权基金在 PPP 项目中的运用

PPP，英文全称即 Public-Private-Partnership，意为公私合伙或合营，又称公私协力，是一种政府与社会资本共同合作开发建设社会公共基础设施并运营社会公共服务体系的一种合作模式。近年来，PPP 在国内日渐盛行并已初步形成相关法规政策的规范体系。由于 PPP 项目投资规模大、期限长，通常会借用一些金融工具保证项目的顺利实施，私募股权基金是其中的热门选择之一。

（一）PPP 项目发展需要私募股权基金

据财政部政府与社会资本合作中心数据，PPP 项目库于 2016 年初正式启动运行，截至 2017 年 9 月末，按照要求审核纳入项目库的项目即全国入库项目有 14 220 个，累计投资额达 17.8 万亿元，覆盖

31 个省（自治区、直辖市）、新疆兵团和 19 个行业领域。其中，6 778 个项目处于准备、采购、执行和移交阶段，均已完成物有所值评价和财政承受能力论证的审核，纳入管理库，投资额达 10.1 万亿元；7 442 个项目处于识别阶段，尚未完成物有所值评价和财政承受能力论证的审核，是地方政府部门有意愿采用 PPP 模式的储备项目，将其纳入储备库，可为市场提供更多可选项目，投资额为 7.7 万亿元。

2015 年 3 月 28 日，国家发改委、外交部、商务部联合发布《推动共建丝绸之路经济带和 21 世纪海上丝绸之路的愿景与行动》，标志着“一带一路”倡议正式开始实施。在“一带一路”倡议的实施过程中，需要进行大量的基础设施建设，如果完全依靠政府投资几乎无法完成，但这类代表国计民生的重大项目也不可能完全由社会资本来提供支持。因此，我国为解决“一带一路”融资缺口问题积极推动建设新平台和新模式，包括倡导建立亚洲基础设施投资银行、丝路基金及金砖国家新开发银行等，但是仍面临较大的资金缺口。因此，PPP 模式的出现为解决“一带一路”倡议中的基础设施建设资金短缺问题提供了重要支撑。

（二）PPP 基金的概念及作用

1. 概念

PPP 基金并非法律概念，是政府与市场互动产生的一种私募基金形态。PPP 基金通过股权、债权或投贷联动方式，投资政府纳入 PPP 框架下的项目公司，由项目公司负责具体 PPP 项目的设计、建造、运营，在基金存续期届满时通过特定方式使项目公司、基金投资者从基金中顺利退出。与传统的银行贷款相比，PPP 基金的投资门槛低，募集时间与规模更灵活，资金的利用效率更高，有助于实现资金募集与项目运营管理需求的无缝衔接。

2. 作用分析

近几年，PPP 项目以井喷态势迅猛增长，项目资金需求量也随之暴增，银行、信托等传统融资渠道因种种限制性条件已无法完全满足

PPP 项目的融资需求。在政府一系列鼓励性政策推动下，PPP 私募股权基金开始介入 PPP 项目运作，并逐渐起到了不可替代的作用。PPP 私募股权基金的主要作用体现在以下两个方面：

（1）减轻地方政府偿债压力。

传统经济模式下，地方政府承担了社会公益性项目的融资职能，这不但使地方政府承担了巨大的债务压力，也直接导致社会资本方作为市场主体的参与度不高。

新经济模式下，国家大力推进供给侧结构性改革，《国务院关于加强地方政府性债务管理的意见》（国发〔2014〕43 号）明确提出了“剥离融资平台公司政府融资职能，融资平台公司不得新增政府债务”的指导意见，即不再主要由政府资金向社会公益性项目提供融资，转由通过 PPP 产业基金的模式引进有实力的社会资本方共同参与城镇化建设。这一转变，不论对我国地方政府财政还是对我国社会公益项目建设均具有非常重要的意义。

首先，以私募股权基金形式融资更能够撬动社会上大量闲置资金，有利于引入期限长、成本低的金融资产，拓宽融资渠道，解决 PPP 项目资金缺口问题。其次，以私募股权基金进行 PPP 项目投资，政府部分出资在私募股权基金中作为 LP 能够提振社会资本参与 PPP 项目的信心，还能够解决以往政府直接投资产生的资金利用效率低的问题。最后，由基金管理人管理基金运作，借助基金管理人先进的管理理念和管理方法，有助于提高 PPP 项目的投资决策科学性、规范 PPP 项目公司的运作，使私募股权基金具有更强的风险识别能力和项目管理能力。

（2）拓宽新建项目融资渠道。

我国传统融资途径对资金需求方要求较高，因此往往无法满足 PPP 项目融资的需要。另外，PPP 项目的增信条件无法与传统融资机构的要求完全匹配，致使 PPP 项目的资金需求长期无法真正得到满足。例如，我国商业银行要求严格的担保条件，但 PPP 项目涉及建设、运营及移交等多个环节，法律关系多样，无法满足质押物权属关系明确的贷款要求；PPP 项目中极具优势的特许经营权、收费权等权益性担保在不同的银行放贷政策理解执行上也存在争议；在实际操作中，银行还会对项目资金方提出诸如补充性担保措施等限定条件，还可能收取高额的服务费用等，这都给 PPP 项目融资增加了很多负担。通过设立 PPP 基金，运用规模化及专业化的运营方式降低融资成本，很好地解决了传统融资方式的困境。不仅如此，PPP 基金所募集的资金不计入发起人的资产负债表，不仅规避了监管机构和金融机构对基金发起人财务杠杆率红线的考量，而且增强了发起人的再融资能力。通过结构化设计，PPP 基金放大了资本投资能力，吸引保险资金等长线金融资本进入股权投资领域，充分发挥了金融支持实体经济的功能效应。

（三）PPP 基金相关法律法规

从 2014 年开始，国务院及下属各部委就 PPP 项目引入投资基金出台了一系列规定，为私募基金参与 PPP 项目铺平了道路。

2014 年出台的《国家发展改革委关于开展政府和社会资本合作的指导意见》（发改投资〔2014〕2724 号）明确提出，鼓励项目公司或合作伙伴通过成立私募基金、引入战略投资者、发行债券等多种方式拓宽融资渠道。2015 年 5 月 19 日，《国务院办公厅转发〈财政部、发展改革委、人民银行关于在公共服务领域推广政府和社会资本合作模式指导意见〉的通知》（国办发〔2015〕42 号）发布，该文件表明，PPP 基金汇集政府与社会资本，通过母子基金架构或单一基金架构，投资于政府纳入 PPP 框架下的项目公司，以满足 PPP 项目的融资需求。其中，母子基金结构是明确推行的 PPP 基金运作方式。《国家发展改革委、国家开发银行关于推进开发性金融支持政府和社会资本合作有关工作的通知》（发改投资〔2015〕445 号）再次强调："各省（区、市）发展改革部门要加强协调，积极引入外资企业、民营企业、中央企业、地方国企等各类市场主体，灵活运用基金投资、银行贷款、发行债券等各类金融工具，推进建立多元化、可持续的 PPP 项目资金保障机制。”

二、政策型 LP 与市场型 LP 在 PPP 项目中的融合

按照有关规定，根据资金来源的不同，PPP 基金可以分为“单一政府出资的基金”“政府与社会资本共同出资的基金”，实践中，选取后一种形式的基金越来越多。其中，代表“政府出资”LP 的资金来源，主要是由中央、地方政府及其相应部门通过财政预算安排出资；代表“社会资本”LP 的资金来源，主要包括：国有企业自有资金出资，民营企业出资，政策性银行资金支持，商业银行理财资金以及资管计划、私募基金、信托计划、保险资金计划等资管产品资金。政策型 LP 与市场型 LP 在 PPP 项目中可充分发挥各自对供给结构的优化作用，加快短板互补、实现共赢。

（一）PPP 基金中典型市场型 LP 法律分析

按照最新的 PPP 政策要求，在 PPP 项目中，政府不得兜底、不得形成政府债务、不得以债务性资金充当资本金或由第三方代持社会资本方股份。这不但加大了 PPP 项目的融资难度，而且使金融机构常用的“小股大债模式”退出了历史舞台，更是对政策型 LP、市场型 LP 提出了具体细致的要求。

1. 商业银行理财资金

商业银行为 PPP 项目提供资金，过去最常见的方式是直接发放贷款，后来逐渐转变为通过向社会公众发行理财产品募集资金，设立合法的理财资金池，利用募集到的资金对接 PPP 项目资金需求。这种资金运用方式极受商业银行青睐。首先，作为银行表外资金的理财资金不受贷款总额的限制，规避了监管要求；其次，即使一期理财资金到期，银行还可以通过滚动发行新的理财产品保证 PPP 基金有稳定的现金流。但是，这种模式增加了商业银行的资金风险，给我国金融监管体系造成了隐患。2017 年发布的《中国银监会关于银行业风

险防控工作的指导意见》（银监发〔2017〕6号，以下简称“银监发6号文”）对商业银行运用理财资金对外投资做出了一些新规定。

（1）禁止“多层嵌套”。

大资管背景下，“多层嵌套”曾作为常见的资金运用手段被多方频繁使用。新规发布前，银行理财资金投向PPP基金时一般需要借助同业资管产品作为投资通道，即以银行理财资金购买信托计划、证券资管、保险资管份额，间接投资于PPP基金。银监发6号文要求，新开展的同业投资业务不得进行多层嵌套。随着对商业银行监管的加强，该规定对PPP基金使用银行资金将产生一定影响。

（2）禁止实质性增加政府债务。

财政部等监管部门对市场上存在的“名为PPP，实为借贷”的PPP基金、PPP项目采取了否定的态度。这对于政府资金、政策型LP、市场型LP、基金管理人等参与PPP基金方案设计的各方提出了更高挑战和要求。

财政部在2016年发布的《关于在公共服务领域深入推进政府和社会资本合作工作的通知》（财金〔2016〕90号）以及《关于印发〈政府和社会资本合作项目财政管理暂行办法〉的通知》（财金〔2016〕92号）中均禁止PPP基金采用“名股实债”的方式保障本金及收益。银监发6号文还要求银行业金融机构要依法合规开展专项建设基金、政府与社会资本合作、政府购买服务等新型业务模式，明确各方权利义务关系，不得通过各种方式异化形成违规政府性债务。

2. 保险资金

保险资金投资PPP基金的优势在于，保险资金周期长、规模大的特点与PPP项目建设周期长、大规模的资金需求非常契合，一般不存在资金端与负债端期限错配的问题。

2016年6月发布的《保险资金间接投资基础设施项目管理办法》中增加了“政府和社会资本合作模式”，即允许保险资金成为PPP基金和PPP项目重要的资金来源。保险监管机构统计的数据显示，截至2017年初，保险资金通过债权投资计划、股权基金、信托等形式，直接投资国家重大基础设施建设以及民生工程累计金额已超过 4 万亿元。

2017 年 5 月 4 日，《中国保监会关于保险资金投资政府和社会资本合作项目有关事项的通知》（保监发〔2017〕41 号）正式发布，该文件进一步明确了保险资金投资 PPP 项目、PPP 基金的形式以及资质等具体问题，为保险资金进行 PPP 投资开辟了绿色通道，有利于解决 PPP 项目公司融资难题。《中国保监会关于保险资金投资政府和社会资本合作项目有关事项的通知》的要点包括：明确保险资金可以通过“基础设施投资计划”形式，向 PPP 项目公司提供融资；取消对作为特殊目的载体的 PPP 项目公司的主体资质、信用增级等方面的硬性要求；明确保险资金可以采取债权、股权、股债结合方式进行投资；鼓励优先向符合国家“一带一路”、京津冀协同发展、长江经济带、脱贫攻坚和河北雄安新区等发展战略的 PPP 项目开展投资。

3. 政府出资产业投资基金专属的“PPP 项目专项债券”

《关于印发〈政府和社会资本合作项目财政管理暂行办法〉的通知》规定，中央各部门及其直属机构设立的政府出资产业投资基金母基金中，除政府外的其他股东或有限合伙人可以按规定申请发行企业债券。这种方式再次为 PPP 项目资本规模扩大提供了依据，增强了 PPP 项目的筹资能力。

2017 年 5 月 3 日，国家发改委发布《国家发展改革委办公厅关于印发〈政府和社会资本合作（PPP）项目专项债券发行指引〉的通知》（发改办财金〔2017〕730 号，以下简称《PPP 债券指引》），对发行 PPP 项目债券做出进一步规定，允许 PPP 项目中的项目公司或社会资本方发行 PPP 项目专项债券。同时规定，PPP 项目专项债券在核定发债规模时不考察非金融企业债务融资工具的规模，并且允许发行企业使用不超过 50% 的债券募集资金用于补充自身营运资金（但以项目收益债券形式发行的 PPP 项目专项债券除外）。尽管《PPP 债券指引》只针对进入发改委传统基础设施领域政府和社会资本合作项目库的 PPP 项目，并未覆盖全部种类的 PPP 基金，但《PPP 债券指引》的出台对 PPP 基金为补充流动资金进行二次募资而言，仍然是利好消息。

（二）政策型 LP 与市场型 LP 参与 PPP 基金的主要模式

私募股权基金参与 PPP 项目，主要通过投资 PPP 项目公司股权的方式进行间接投资。按照 LP 持有基金份额的不同，PPP 基金主要分为金融机构主导型 PPP 基金，政府主导型 PPP 基金和 PPP 项目施工、运营企业主导型 PPP 基金三种。

1. 金融机构主导型 PPP 基金

金融机构主导型 PPP 基金，是指金融机构 LP、政策型 LP 及项目运营方签订基金合同，针对能够产生稳定现金流并且收益率较为合理的基建项目进行合作，通过设立有限合伙制基金的形式参与基础设施建设。金融机构可以通过自有资金或募集资金设立 SPV，作为有限合伙制基金的优先级 LP；政策型 LP（主要是地方国企或平台公司）作为劣后级 LP，由金融机构指定的股权投资管理机构担任 GP。

厦门轨道交通 PPP 项目就是采用金融机构主导型基金形式。2015 年，兴业基金管理有限公司与厦门市轨道交通集团采用私募股权基金的形式进行合作，由兴业基金全资子公司兴业财富资产管理有限公司（以下简称“兴业财富”）通过设立专项资管计划，与厦门市政府共同出资成立“兴业厦门城市产业发展投资基金”有限合伙企业。兴业财富和厦门市轨道交通集团各出资 70% 和 30%，分别担任优先级 LP 和劣后级 LP，厦门市轨道交通集团按协议定期支付收益给优先级 LP，并负责在基金到期时对优先级 LP 持有的权益进行回购，厦门市政府提供财政贴息保障。

2. 政府主导型 PPP 基金

政府主导型 PPP 基金是指由中央部委牵头或省级政府层面出资成立引导基金，在引导基金层面吸引社会资本合作成立产业基金母基金。针对各类地方申报的 PPP 项目，经过参与机构及有关政府部门审核后分别成立相应项目子基金，由母基金作为优先级 LP、地方财政作为劣后级 LP 对子基金进行出资。

河南省新型产业投资基金（母基金）是典型的政府主导型 PPP 基金。2014 年，河南省政府与建设银行、交通银行、浦发银行合作成立母基金。功能类子基金的出资比例分别是母基金占比 10%、地方政府占比 20%、金融机构占比 70%。子基金设立前将由市县政府和省级投资公司进行项目推荐，随后交由金融机构和省豫资公司履行调查程序，一旦出现风险，将采取优先劣后的退出机制，保证金融机构的本金和收益。

3. PPP 项目施工、运营企业主导型 PPP 基金

有建设运营能力的 PPP 项目施工、运营企业在与政府达成框架协议后，通过联合银行等金融机构发起设立 PPP 基金，投资 PPP 项目。

比较典型的是上海建工建恒股权投资基金（母基金），该基金的操作模式为：2015 年，上海建工集团股份有限公司与中国建设银行股份有限公司上海市分行合作设立上海建工 PPP 产业基金，用于投资城市建设项目。首期募集资金用于投资温州市瓯江口新区一期市政工程 PPP 项目。在该基金中，上海建工股权投资基金管理有限公司作为 GP，出资 100 万元，占 0.03% 的份额；上海建工建恒股权投资基金合伙企业（有限合伙）作为 LP，出资 80 000 万元，认购 19.99% 有限合伙企业份额；易方达资产管理有限公司作为 LP，出资 320 000 万元，认购 79.98% 有限合伙企业份额。其中，易方达资产管理有限公司系建行的资金通道，资金最终将由建行通过资管计划投资于合伙企业。

三、私募股权基金参与 PPP 项目的发展趋势

近期不断出台的 PPP 相关新政将加快现有 PPP 市场发展方式的转变，逐步改善目前的市场格局，将对 PPP 市场各参与主体产生深远影响。对金融机构而言，新规进一步规范了金融机构参与 PPP 项

目资本金的业务范围，同时也促使PPP项目逐步走向市场化、透明化和规范化。随着国家全方位加强对PPP项目和PPP基金的管控，PPP市场将从粗放式发展向规范、集约式发展转变。

（一）回归民营资本与政府合作本源

通过政策自身的不断调整，PPP项目运作逐渐结束过去市场粗放的竞争发展模式，投资收益、合作模式、风险分配等趋于合理并向质量更高的集约式发展转变；同时，优化的市场资源配置将吸引更多的民营资本参与其中，回归PPP项目的本源。在央企参与PPP项目总量控制的背景下，未来央企参与PPP项目的活跃度将下降，民企和地方企业参与PPP项目的比重将大幅提升。

《关于印发〈政府和社会资本合作项目财政管理暂行办法〉的通知》对PPP项目提出了严格要求，强调项目全周期的规范建设和运营，这将使规范、专业且具备全生命周期服务能力的社会资本获得更大的市场份额，并进一步推动PPP市场社会资本的重新洗牌。随着PPP项目快速推进阶段的结束，PPP市场将进入一段时期的调整。

（二）发展方向更加细化、专业化

目前，PPP基金管理相对粗放，同质化倾向较强。《基础设施和公共服务领域政府和社会资本合作条例（征求意见稿）》等系列文件的发布，标志着政府和社会资本合作得到了政府的大力支持，并在立法层面取得了实质性的进展。

2017年7月18日，财政部等四部门联合发布《关于政府参与的污水、垃圾处理项目全面实施PPP模式的通知》（财建〔2017〕455号）要求“政府参与的新建污水、垃圾处理项目，要全面实施PPP，存量项目也要逐步转型为PPP模式”。《国家发展改革委关于加快运用PPP模式盘活基础设施存量资产有关工作的通知》（发改投资〔2017〕1266号）公布了44个重大市政工程领域重点PPP项目。可以看出，在政府层面，国家在逐步引导PPP基金往专业化方向发展，同时提出了以下几方面要求：一是择优选择存量项目，着力化解政府性债务；二是简化项目审批流程，释放市场主体潜力；三是加大财税扶持力度，引导社会资本方积极介入；四是实行多样化土地政策，保障项目建设用地。

（三）多部门配合实行综合改革

PPP 模式是基础设施和公共服务供给侧改革的重要抓手之一，由于涉及财政、金融、税收、土地等领域的多部门政策联动，如果没有各部门改革举措的配合，单独 PPP 领域的改革也很难往深层次推进。

随着地方政府债务拆解的深入、平台公司转型的推进，以及 2017 年下半年金融领域监管力度的加大，财权和事权的划分、税收管理体制改革、土地管理制度改革、金融领域去杠杆等各方面的协同推进，为 PPP 项目向纵深发展铺平了道路。PPP 项目逐渐成为我国基础设施和公共服务领域一种长期适用的供给模式，具有较强投资能力、专业运营能力、综合管理能力的社会资本将在 PPP 领域发挥越来越大的作用。未来，PPP 项目要参与示范项目的评选不仅要关注法律合规性、财务合规性、财政合规性、立项必要性等基本问题，更要从项目的运营模式、市场化收益模式的创新等方面进一步努力。

随着我国经济下行压力加大，财政收入又进入中低速增长新常态，创新政府投融资机制尤为必要。政府将更多地利用现代化金融手段推动经济发展，PPP 基金将成为政府大力推动经济发展的“利器”并发挥巨大的作用。

第八章

国际实践对中国私募股权LP的影响和启发

相对于境外成熟市场，中国的私募股权投资起步较晚，现阶段仍存在许多现实问题和发展障碍。因此，本章将基于中国私募股权 LP 与国际私募股权 LP 的异同点比较，从国际视角借鉴发达国家私募股权投资发展的成功经验，探析我国私募股权 LP 的发展困境和机会，并根据我国现行法律规定分析 LP 进行跨境投资私募股权的渠道及目前监管环境。

第一节　中国私募股权 LP 与国际私募股权 LP 的异同

基于私募股权基金的特点，中国私募股权 LP 与国际私募股权 LP 具有一些共同点，但由于国内外经济形势、私募股权市场发展成熟度等方面的差异，私募股权 LP 在投资理念、主体构成等方面也存在差异。

一、中国私募股权 LP 与国际私募股权 LP 的相同点

私募股权基金的运作流程是其实现资本增值的全过程。从资本流

动的角度出发，资本首先从 LP 流向私募股权基金，经过 GP（通常担任基金管理人）的投资运作投向被投资企业。在投资之后的阶段，GP 通常会对被投资企业进行监控并以各种方式参与到其管理当中，待企业发展壮大后，选择合适的时机和方式再从被投资企业退出，进行下一轮资本流动循环。

无论是在境外的成熟市场还是在中国本土新兴市场，促使 LP 投资私募股权基金的主要因素是其高收益。从资产配置角度来看，私募股权投资的长期回报要远超股票、债券等投资产品的回报。当然高收益不可避免地伴随着高风险。除了高收益，LP 投资私募股权基金还可以间接为创新与创业做出贡献。私募股权基金所投企业多为新兴行业的高科技创新企业，LP 投资私募股权基金能够间接投资这类企业，从而推动创新与创业。

与此同时，境内外 LP 投资私募股权基金也面临诸多共同的困难和挑战，主要反映在以下三个方面：第一，筛选优秀私募股权基金较困难。在目前投资市场上，不同私募股权基金的回报水平差距非常大，LP 必须经过慎重、严谨筛选，才有可能获得预期收益。第二，好的投资机会有限。市场上优秀的私募基金管理人有限，多数情况下 LP 只能通过被动受邀才有机会参与投资。第三，流动性相对较差。尽管私募股权基金二级市场的迅速发展让其流动性差的情况有所缓解，但与公开市场金融产品相比，私募股权基金的流动性仍然相对较差。

二、中国私募股权 LP 与国际私募股权 LP 的不同点

由于国内外经济形势、私募股权市场发展成熟度等方面的差异，中国私募股权 LP 与国际成熟市场的私募股权 LP，在投资理念、主体构成等方面均存在差别。

（一）投资理念

近年来，随着我国私募股权投资行业发展日益成熟，LP 的投资

理念也有所变化。中国私募股权 LP 对于基金的存续期要求更加放宽，这表明 LP 作为投资者更加理性，为了长远利益其更加愿意参与周期更长、规模更庞大的长期投资项目，以获得最大化的回报。中国私募股权 LP 的投资理念的转变还体现在：多数 LP 希望能够在合理区间内提高其优先回报率；GP 团队素质依旧是 LP 评估私募股权基金的最重要指标，其次才是投资团队过往业绩以及风险控制和投资策略；LP 在作为基金投资者的同时，还希望 GP 能够提供更多的跟投机会，直接参与到投资当中。

从海外成熟市场私募股权基金 LP 的投资实践来看，无论是养老金、捐赠基金、家族办公室还是母基金，或者其他类型 LP（如保险公司、高净值个人、政府机构、上市公司等），它们都遵循一套严格的、长期的投资组合理念。这种理念最早起源于美国的一些大学捐赠基金，如耶鲁大学、哈佛大学等捐赠基金。各类 LP 基于此理念并结合自己的特征采取相应的投资管理措施，获得了出色的长期投资回报。广而言之，海外成熟机构投资者对于所有资产类别（不只包括私募股权投资）的投资组合管理遵循了几个核心的配置原则：长期价值投资，多元化配置资产以分散风险，高配权益类资产并勇于探索复杂的新兴资产类别，以及委托专业投资管理人等。基于这些投资理念，LP 最大限度地发挥了包括专业知识、资源等在内的自身优势，并最终获得了较高的长期投资回报。

此外，从投资阶段来看，海外成熟市场私募股权基金较多投向处于种子期、起步期等早期阶段的企业，而中国的私募股权基金则普遍集中投资即将上市的企业。在投后管理方面，国外的私募股权基金能够更好地协调资源并提供更为专业的投后管理服务。

（二）主体构成

投中研究院公布的《2016 年私募股权投资基金 LP 研究报告》显示，2016 年中国股权投资市场 LP 类型主要有企业投资者、私募股权和风险投资基金机构、政府机构、银行、保险公司、信托公司、资产管理公司、引导基金、FOF、大学基金会、公共养老金、家族基金。其中，企业投资者占比高达61%，是目前最主要的投资者；排名第二位的是私募股权和风险投资基金机构，占比达17%；其后为政府机构，占比达10%。而养老金、家族基金、保险、捐助基金等欧美市场成熟的机构投资者，在我国私募股权LP市场中占比依然较低。

在美国、日本等发展较早的私募股权投资市场，基金的资金来源主要是母基金、养老金、保险资金等成熟的机构LP，真正的长期资金占比很高。美国证券交易委员会发布的《2016年四季度私募基金行业统计报告》显示，各类养老基金在私募股权投资基金当中的出资占比达到34.8%，且在持续提升，成为私募股权基金最重要、最稳定的资金来源。

（三）LP与GP的关系

在有限合伙制私募股权基金中，国际惯例是LP仅投入资金，不负责经营管理；GP只投入少量资金，依靠自身专业能力全权负责运营管理。这种模式可以有效整合两者优势资源，实现双赢。

但在我国的实际操作中，则形成了LP与GP携手“共同出资，一起出力”的中国式关系模式。出于“利益捆绑”的考虑，我国的LP对GP的出资比例要求通常高于国际惯例的1%，一般希望GP出资比例达到基金总规模的5%～10%，个别新成立基金甚至出现过LP要求GP出资30%的情况。我国的LP还多倾向于干预私募股权基金的运作管理，原因在于：政府、国有企业参与投资基金时，可能基于监督国有资产的管理使用进行干预；企业型LP也天生具有保护并监督其资产管理使用的本性；而资金雄厚的个人投资者往往是通过实业发展逐渐积累起资本的一代，出于对自身毕生心血和积蓄的珍爱，对其资金的使用具有天然的保护欲，因而也很容易干预基金的运作管理。

三、机构有限合伙人协会及相关规则对我国私募股权 LP 的启发

在美国，与私募股权投资有关的自律监管组织包括美国金融业监管局（The Financial Industry Regulatory Authority，简称 FINRA）、全美风险投资协会（National Venture Capital Association，简称 NVCA）以及机构有限合伙人协会（Institutional Limited Partners Association，简称 ILPA）。ILPA 是最早专注于保护私募股权 LP 的著名行业组织。

ILPA 于 2009 年 9 月首次发布《ILPA 私募股权投资行业规则》，概括了处理 LP 与 GP 之间关系的重要原则，其中，LP 对 GP 在管理费、收益率等方面提出了自己的主张。后来该规则于 2011 年更新，除了延续第一版中的基本原则，新版本更注重对核心问题的关注，增强了有关原则的明确性和实用性。目前，该规则得到了国际上大量机构投资者的认可。

《ILPA 私募股权投资行业规则》旨在强调 GP 和 LP 之间利益一致的价值理念，内容包括三个指导原则和三个附件。三个指导原则分别为"利益一致原则""基金治理原则""透明度原则"，构成了私募股权投资行业 GP 和 LP 关系的最核心内容。在阐述指导原则时，此文件的每一部分首先就三个主导原则的适用情况进行一般性讨论，然后进一步就主导原则中的具体或重点问题展开讨论，该展开讨论的内容从属于主导原则。附件内容则是对相关复杂具体问题的进一步深度挖掘。

（1）利益一致原则。

当 GP 的财富主要来自基于其对基金做出的可观的资本认缴而取得的资本回报和收益提成，以及 GP 在 LP 回报要求已经达到的基础上提取的特定百分比的利润分成时，LP 和 GP 之间的利益一致达到最大化。返还全部出资加优先回报的分配模式是最优做法。根据单个投资项目进行分配的同时设立收益提成托管账户和/或有效追回机制，

将有利于保证LP在GP收到了其不该获得的收益提成时能够按时获得全额退款。

（2）基金治理原则。

由于私募股权基金的有限合伙协议不能提前对所有的情况和结果做出规定，LP需要保证有妥善的机制处理不可预见的冲突以及GP投资团队或其他投资参数变化的情况。基于此，《ILPA私募股权投资行业规则》提出LP咨询委员会制度，以促使LP履行其由合伙协议定义的职责并且在基金存续期内向GP提供合理建议。

在有限合伙制私募股权基金的治理结构中，有限合伙人咨询委员会并没有有限责任公司/股份有限公司董事会的类似地位，其正式职责由有限合伙协议约定，并且大致上局限于审核和批准以下事项：

第一，存在利益冲突的交易，例如跨基金投资或关联方交易。

第二，批准被投资公司的估值方法（及在某些情况下批准估值结果）。

第三，有限合伙协议约定应当由有限合伙人咨询委员会同意或批准的其他事项。

同时，有限合伙人咨询委员会应与GP就基金运营事项保持密切沟通。但是，有限合伙人咨询委员会并非LP的代理人或代表，有限合伙人咨询委员会也不能取代LP和GP之间的经常性，开放式的交流。

（3）透明度原则。

GP通常是私募股权基金的实际控制人，控制并了解基金日常运营的所有信息。LP作为投资者，往往更多地关注最后投资收益以及分配比例，对基金运营过程中的相关信息所知甚少。因此，《ILPA私募股权投资行业规则》建议，GP应当提供与基金投资有关的财务、风险管理、运营、投资组合和项目信息等细节。这些信息能够使LP有效履行其勤勉责任并且对有限合伙协议的修改或赞成等提案做出回应。收到敏感信息的LP应履行保密责任，LP应支持GP对任何违反保密协议的 LP 采取适当的惩罚措施。前述敏感信息主要包括管理费和其他费用、缴款通知和分配通知、与 GP 有关的披露、风险控制、财务信息、LP 信息等。

（4）最佳实践模式简介。

2011 年版《ILPA 私募股权投资行业规则》中，附件 A“有限合伙人咨询委员会”所提及的最佳运作模式是对 2009 年版的重新修订，体现了来自 GP 的意见；附件 B“业绩提成回拨的最佳运作模式”则为全新内容；附件 C“财务报告”介绍了 GP 报告制度的最佳模式。

尽管只有 LP 享有会员资格，但是不同性质的成员组织使得 ILPA 成为一家能代表广泛利益的多元化机构。实践中，《ILPA 私募股权投资行业规则》为 LP 与 GP 的谈判提供了强有力的依据，为维护 LP 利益、调整 LP 与 GP 关系起到了重要作用。

《ILPA 私募股权投资行业规则》对我国私募股权 LP 有很好的借鉴意义。与美国机构投资者占私募股权投资者主流相比，我国私募股权投资发展起步较晚，LP 较为分散，机构 LP 占比偏少，至今未出现类似专由 LP 组成的行业协会，也没有主要从 LP 利益和投资实践出发制定且普遍适用的行业规则。但是，基金业协会已注意到这些问题并开始相关探索，基金业协会于 2017 年底翻译并发布了《机构有限合伙人协会（ILPA）尽职调查问卷》，预计后续将推出符合我国私募基金行业需要的尽职调查指引，帮助机构 LP 更加高效地开展对 GP 的尽职调查并建立展业标准，降低展业成本。随着私募股权投资在我国的快速发展、机构 LP 的增加和投资经验的丰富，期待我国相关自律组织配合政府监督管理，通过制定适应我国私募行业发展的行业规则，总结推广最佳实践经验，推动行业治理回归信用决定和市场化博弈的本质，促进私募股权基金行业的合法合规、稳健运行和长远发展。

第二节 从国际私募发展历程看中国私募股权LP的发展困境与机会

纵观国际私募基金的发展历程，美国是最早开展私募基金投资的国家，对全球私募股权基金的发展具有举足轻重的影响。本节关于国际私募基金的发展将以美国为代表，简要梳理美国私募股权基金的发展历程，并结合我国现状，分析我国私募股权 LP 的发展困境和机会。

一、国际私募股权基金的发展沿革及监管概况

私募股权投资起源于美国，后在各国发展情况略有差异，但基于私募股权基金的本质特点，各国在监管方面也存在共同点。

（一）国际私募股权基金的发展概况

以美国为代表的国际私募股权基金的发展主要经历了以下几个阶段：

第一阶段，萌芽时期（19 世纪末至 20 世纪 60 年代）。私募股权投资起源于创业投资。从 19 世纪末开始，美国就有不少富有的个人通过律师、会计师的介绍和安排，将资金投资于风险较大的石油、钢铁、铁路等新兴领域。这类投资完全是由投资者个人决策，没有专门的投资管理机构组织，是私募股权基金的雏形。1946 年成立的美国研究与发展公司（ARD）被公认为全球第一家以公司形式运作的创业投资基金，自此股权投资开始基金化运作。创业投资基金在政府政策扶持下迅速发展起来，很好地解决了当时美国中小企业融资困难的问题。

第二阶段，成长阶段（20 世纪 60 年代至 70 年代）。这一阶段的重要事件是有限合伙制的出现，这不仅使私募股权投资的形式更加灵

活，而且客观上使得投资者只需承担有限的投资风险并能享受到税收优惠。当时，美国私募股权投资采取的组织形式多数是依据 1940 年通过的美国《投资公司法案》提到的投资公司形式。但是按照该法案规定，上市风险投资公司的经理不能获得股票期权以及其他形式的以绩效为基础的奖励，仅能获取工资报酬。为了改善这一局面，大量公司设置有限合伙企业作为对公司高管的激励平台，行业内慢慢引入有限合伙制基金，逐步发展为私募股权投资的主流形式。这一阶段的另一重大事件是 1978 年美国通过法案，允许养老基金以 LP 身份投资私募股权基金，从而拓宽了私募股权基金的募资渠道，也让私募股权基金行业进入了全新的发展阶段。

第三阶段，快速发展阶段（20 世纪 80 年代）。这一阶段美国私募股权投资市场呈现蓬勃发展的态势。其中，最为活跃和瞩目的是专门从事杠杆并购（LBO）业务的 KKR（科尔伯格・克拉维斯）集团。LBO 是企业兼并形式的一种，由一家投资管理公司发起，向符合投资资格的个人或机构募集资金，专门投资于未上市公司的股权。投资对象主要以具有创业和扩张融资需求的中小企业为主，并于公司成功上市后在二级市场退出，或是直接寻找买家以高价出售退出。在这一阶段，私募股权基金管理人充分展现了其专业性与业务创新探索的能力，并为投资者带来了惊喜回报。

第四阶段，繁荣时期（20 世纪 90 年代至 21 世纪初）。这一阶段的私募股权基金处于高峰调整阶段。私募股权投资行业的每个分支在 20 世纪 90 年代都获得了高增长，投资者获得了极好的回报。这种增长归因于几个因素：第一，新兴科技企业发展和迅速壮大使私募股权投资有了新的投资对象和获利点；第二，证券市场发展势头良好，使得投资者可以较容易通过证券市场退出私募股权投资；第三，许多缺乏经验的投资者的退出使剩余的投资者面临的竞争弱化。然而，在网络泡沫破灭后的 2001 年、2002 年，机构投资者对私募股权投资的规模出现了下降，但私募股权基金的整体势头仍在增长。

进入 21 世纪，私募股权基金的高回报吸引了越来越多的机构或个人投资者持续跟进，投资者队伍也日益壮大。2011 年，全球私募股权投资金额约为 2 740 亿美元，其中美国私募股权投资金额达到了 1 440 亿美元，占到全球总额的一半以上。时至今日，美国仍是全球最大的私募股权投资市场，私募股权投资在美国已经成为仅次于银行贷款和 IPO 的重要融资手段。

我国私募股权基金行业的发展很大程度上体现了我国经济发展的特点。政府推动对早期私募股权基金发展起到了关键性的作用。我国探索发展私募股权投资的过程，始于 20 世纪 80 年代。其后十多年间，由于受制于法律体制和市场环境等因素，私募股权投资一直未能取得实质性进展。直到进入 21 世纪，我国私募股权投资才进入快速发展阶段。

（二）各国对私募股权基金的监管

纵观各国对私募股权基金的监管重点和监管模式，可以发现其具有共同点。

第一，从监管重点来看，各国一般从以下 4 个方面对私募股权基金进行监管。（1）对投资者的监管。主要体现在要求投资者具有一定的资金实力和风险识别能力，特别是对保险公司、商业银行等机构投资者，监管层常常对其投资进行严格的比例限制以防范风险。（2）对基金的监管。主要体现在对投资者数量的限制和基金募集发行方式的限制，例如通常对私募股权基金的公开宣传、推广做出限制。（3）对基金管理人的监管。主要体现在通常要求管理人应具备一定的资质，并需在相关金融监管部门进行注册/备案及定期年检，定期向监管机构报告其主要投资地域及产品、业绩数据和风险集中度等信息。

第二，从监管模式来看，各国通常对私募股权基金采取适度监管原则，即采取法律约束下的自律监管模式，行业协会自律监管为主、政府监管为辅。这是由私募股权基金的以下特点决定的：（1）私募股权基金的投资者通常具有一定的资金实力，具有较好的风险识别和风险承担能力；（2）私募股权基金投资期限较长，不会对短期市场产生冲击；（3）基于促进市场活跃程度和经济发展的需要，监管部门倾向于让市场发挥决定性作用，由各参与主体在互相博弈制衡中优化升级。

自2013年以来，我国私募股权基金进入统一监管下的规范化发展阶段，证监会统一行使监管职责。基金业协会从2014年初开始对包括私募股权基金管理人在内的私募基金管理人进行登记，对其所管理的基金产品进行备案，并陆续发布相关自律规则对包括私募股权基金管理人在内的各类私募基金管理人实施行业自律。中国私募股权投资行业呈现快速发展态势，中国私募股权LP既面临一定的发展困境，又迎来了前所未有的发展机会。

二、中国私募股权LP面临的困境

和绝大多数金融产品一样，私募股权基金在中国市场也是“舶来品”。在我国，私募股权基金自20世纪80年代末起步，经过30多年发展，呈现出规模不断增大、质量不断提升、监管与自律不断规范的发展态势。但是，与发展历史悠久、规模庞大、有着近70年实践运作经验的美国私募股权基金相比，我国私募股权基金行业还处于起步发展阶段。私募基金管理人水平良莠不齐，养老基金投资私募股权政策迟迟不能推出，成为中国私募股权LP目前面临的突出困境。

（一）私募股权基金管理人水平良莠不齐

基金业协会公布的数据显示，截至2017年12月，基金业协会已登记私募股权、创业基金管理人达13 200家，管理正在运作的基金28 465只，管理基金规模7.09万亿元。仅就私募股权基金管理人的数量来说，我国远高于美国，但管理的基金规模仍逊于美国。

对于“手握重金”的我国私募股权LP来说，从海量的基金管理人中选出优秀的合作伙伴至关重要。但是，由于我国私募股权基金发展历程较短，私募基金管理人水平良莠不齐，优秀的私募股权基金管理人还是稀缺资源，这成为我国私募股权 LP 面临的困境之一。具体来说，我国私募股权基金管理人普遍存在以下问题：

一是投资策略单一。大量私募股权基金追求 Pre-IPO（拟上市公司首次公开募股前）项目，通过 Pre-IPO 投资和突击入股拟上市公司来实现一二级市场间的短期高额套利。这一投资方式的流行，致使我国私募股权基金产品同质化现象非常严重，投资策略较为单一。在资本市场出现调整或国家宏观调控的情况下，一旦 IPO 推迟或失败，基金的退出就变得难以预测，投资风险骤然加大。同时，基金竞相入股此类企业，也引发了私募股权基金行业内低水平竞争，这既不利于中小企业成长，也压低了 LP 的回报水平，并使二级股票市场出现大量低质上市公司。

二是投后管理能力有限。在项目相对有限的情况下，专业化服务水平高、能够提供良好投后增值服务的基金管理人更容易获得项目，从而实现风险与回报之间的平衡。而专业化程度不足、增值服务缺乏正是很多私募股权基金管理人存在的问题，LP 如将资金委托给此类管理人管理，投资亏损的风险将会加大。

（二）养老型基金全面放开仍需时日

国际上，大型养老基金纷纷将私募股权投资纳入战略资产配置的范畴，并逐步提高股权投资的配置比例。美国私募股权基金的发展正是得益于美国养老基金于 20 世纪 70 年代被允许作为 LP 投资私募基金。以养老基金为代表的机构投资者是美国私募基金行业发展的基石和稳定器。通过这些机构投资者对私募股权基金长期、稳定、连续的投资配置，有效促进了美国的创新创业、中小型企业管理水平的提升和商业价值增长，也为养老基金提高收益提供了重要渠道。

在我国，一般将全国社保基金和基本养老保险基金都归入养老型基金范畴，狭义上的养老基金仅指基本养老保险基金。如本书第二章第一节介绍，社保基金投资私募股权基金已没有法律法规上的障碍。

实际上，近年来，全国社保基金也加快了配置股权投资基金的步伐，并收到了较为可观的收益。但是，不同于社保基金，基本养老保险基金参与私募股权投资仍面临制度上的障碍。2015 年发布的《国务院关于印发〈基本养老保险基金投资管理办法〉的通知》（国发〔2015〕48 号）作为养老保险基金投资的顶层设计规定了其仅限于境内投资，且投资范围不包括私募股权基金。2016 年 10 月，国务院发布《国务院关于积极稳妥降低企业杠杆率的意见》（国发〔2016〕54 号），提出鼓励保险资金、年金、基本养老保险基金等长期性资金按相关规定进行股权投资，但后续迟迟没有推出配套政策。现实中，一方面，2016 年末，基本养老保险基金累计结存超过 4 万亿元；另一方面，基本养老保险基金参与私募股权投资尚未得到政策支持，使得中国的基本养老保险基金还无法在私募基金配置方面担当重任。目前来看，这也是我国与美国私募生态最大的差别。

三、中国私募股权 LP 的发展机会

当下，面对“一带一路”的经济新格局，“大众创业、万众创新”时代的转型升级，如何紧密契合经济动向与洞悉政策导向，尤其是重点关注未来具有强劲增长潜力的优质行业和企业，利用股权投资实现稳健财富增长，已成为私募股权投资行业关注的焦点。对于中国私募股权 LP 来说，也蕴含着发展机会。

（一）“一带一路”融资体系急需私募股权基金

党的十九大将推进“一带一路”建设写入党章，更加充分体现了我国坚定推进“一带一路”国际合作的决心和信心。“一带一路”倡议的推动，少不了资金融通的大力支持。当前，“一带一路”融资体系已初具规模，资金来源主要有以下几个：一是世界银行、亚洲开发银行和亚洲基础设施投资银行等传统和新兴的多边国际金融机构；二是包括中国进出口银行和国家开发银行等在内的国内政策性金融机

构和开发性金融机构；三是以中资商业银行为代表的商业性金融机构；四是为“一带一路”专门设立的投资基金，如丝路基金等；五是发行“一带一路”债券。可见，目前，“一带一路”融资体系虽已初具规模，但还存在进一步优化的空间，具体表现为：政策导向性的资金较多，纯粹商业化的资金投入不足；中资金融机构仍是融资主力，“一带一路”沿线国家资本参与尚不充分；债权融资特别是银行贷款居多，股权融资的占比较少。这就为私募股权基金及其 LP 带来了机会。

“一带一路”建设融资需求巨大，据测算，“一带一路”沿线国家在 2020 年以前仅在基础设施领域的年均资金需求额就高达 1.6 万亿至 2 万亿美元。如果完全依靠政策性资金及债权融资，将难以有效满足如此庞大的资金需求。因此，必须调动各种类型金融资本加入，才能使“一带一路”建设获得更加充分的资金保障。《“一带一路”融资指导原则》强调，市场机制在金融资源配置中应发挥决定性作用。与多边国际金融机构和国内政策性、开发性金融机构相比，私募股权基金可进一步提升“一带一路”建设的市场化程度。私募股权基金作为市场化资本平台能汇聚各具特点的投资者，从而使更多的 LP 有机会参与到“一带一路”建设中，切实享受到这一政策的实惠。私募股权基金的具体参与方式既可以是对服务“一带一路”的国内企业进行股权投资，也可以在“一带一路”沿线进行跨境股权直接投资。

此外，私募股权基金这种完全市场化的融资模式除了有助于动员更多社会资金支持“一带一路”建设，改变目前政策性债权融资比例过高的现状外，还可以淡化“一带一路”的政治色彩，激发沿线国家按市场化原则参与“一带一路”共商、共建、共享的全过程。

总之，私募股权基金有着先天优势，借政策之机和市场之力，参与到“一带一路”建设当中，使资金在精准投入中释放出更大的社会效益和经济效益，在为 LP 创造价值的同时也将更好地推动“一带一路”倡议顺利实施。

（二）产业结构转型为私募股权基金带来新机遇

随着中国经济发展模式及产业结构转型，需要通过市场资源整合的方式来淘汰落后产能和消化过剩供给，私募股权基金也因此迎来较好的发展机遇，行业逐步走向成熟化和专业化。同时，国内的经济增长模式开始由要素驱动转向创新驱动，区块链、大数据、物联网、人工智能等创新元素的加入使得各产业逐渐升级。私募股权基金作为资本支持平台和专业的增值服务机构，在迎来众多良好投资机会的同时，将推动被投资企业完善自身产业链，在调整和改善经济结构，产业重心向高附加值和高技术含量转移的过程中发挥重要作用。在此经济发展新常态的大背景下，私募股权 LP 通过参与投资私募股权基金有望获得良好收益并间接为实体经济发展以及创新、创业提供支持。

第三节　中国私募股权 LP 的跨境投资与监管

根据目前相关法律规定，我国私募股权 LP 直接参与跨境私募股权基金投资的渠道通常包括以合格境内有限合伙人（QDLP）投资、合格境内投资者境外投资（QDIE）及通过离岸基金投资，其相同点是满足了国内 LP 的境外股权投资需求。

一、以合格境内有限合伙人投资

QDLP 是 Qualified Domestic Limited Partner 的简称，意为合格境内有限合伙人。QDLP 是人民币基金海外运作模式中的一种，其基本运作方式如下：允许注册于海外且符合条件的外资基金或管理人，先在试点城市（如上海、天津、青岛）注册一个“联络基金”，再由该“联络基金”在境内以人民币形式向符合条件的境内合格投资者募集人民币资金，将募集到的资金结汇后交给境外注册的基金，最后由境外基金投资于境外市场。

（一）QDLP起源于上海

2012年4月，上海市金融服务办公室、上海市商务委员会、上海市工商行政管理局共同发布《关于本市开展合格境内有限合伙人试点工作的实施办法》（以下简称《上海试点办法》），首次在国内启动QDLP试点工作，允许注册于境外的对冲基金通过申请QDLP资格在中国境内设立投资基金管理企业（即QDLP管理企业），由QDLP管理企业在中国境内发起设立可面向境内合格投资者募集人民币资金的投资基金（即QDLP基金），并将所募集的资金投资于境外市场。根据《上海试点办法》，QDLP基金在境外应主要从事二级市场投资业务。

（二）天津、青岛拓宽QDLP投资范围

2014年8月，天津市金融工作局及其他相关部门共同发布《关于本市开展境外投资基金试点工作的试行办法》（以下简称《天津试点办法》）及配套细则；2015年2月，青岛市发布《关于印发青岛市开展合格境内有限合伙人试点工作暂行办法的通知》（以下简称《青岛试点办法》），均试点开展QDLP资格的审批，其政策内容与《上海试点办法》中规定的QDLP资格相近。但天津、青岛两地试点办法将可投范围进行了一定的拓宽。

《天津试点办法》规定QDLP基金除投资境外二级市场外，还可投资境外未上市企业或境外不动产、矿产资源等资产。《青岛试点办法》规定，QDLP基金可以境外二级市场投资为主要经营业务，并审慎探索境外一级市场投资并购业务和有监管的大宗商品交易市场业务。《天津试点办法》对境外发起方也不再限于对冲基金管理人。

（三）对 LP 的要求

以《天津试点办法》为例，QDLP 基金 LP，即合格境内投资人应符合以下条件："（一）合格境内投资者出资方式限于货币形式；（二）合格境内投资者应当以自有资金出资，且不得接受多个投资者委托认缴境外投资基金企业资本；（三）合格境内出资人原则上以机构投资者为主，单个合格境内投资者认缴出资应不低于人民币 1 000 万元；（四）以信托计划、证券公司资产管理计划、公募基金专户或专项资产管理计划、银行理财产品等非法人形式作为合格境内投资者的，该产品应符合相应金融监管部门的规定，其发行机构要以法人的名义承诺资金的募集合法合规，并承诺承担相关风险；（五）所有合格境内投资者均应签署自愿承担投资风险的承诺书，承诺风险自负；（六）基金管理机构和基金企业不得向合格境内投资者承诺任何固定回报；（七）国家和联席会议规定的其他条件。"

（四）QDLP 的优点、局限性分析

通过 QDLP 基金进行跨境投资的优势在于可在批准的额度范围内在境内托管/保管银行直接办理购汇手续，无须就各个投资项目分别单独申请商务部、发改委、外汇管理局等部门审批。

通过 QDLP 基金进行跨境投资的局限性包括以下三个方面：

第一，尽管根据《天津试点办法》《青岛试点办法》，QDLP 基金可以投资境外未上市企业，但实际操作中 QDLP 基金仍多为对冲基金所利用，未能真正成为国内私募股权 LP 进行跨境私募股权投资的渠道。目前，已审批的 QDLP 资格的企业主要集中于在全球具有较强影响力和优秀声誉的大型专业投资机构。

第二，QDLP 还面临双重纳税以及结汇效率问题。双重纳税是指在资金结汇返还境内期间，除了按境外国家税法缴纳利得税与资产转移税外，LP 还得按照国内税收规定缴纳所得税。另外，由于涉及人民币和美元结汇，国家外汇管理局结汇审批流程比较复杂，投资者难

免需要等待较长时间才能完成份额赎回手续并取回资金。

需要注意的是，QDLP 基金不得通过任何形式投资于中国境内企业，其政策旨在方便境外优秀的基金管理人到中国境内募资，让中国境内合格投资者通过此种方式进行境外投资。但自 2016 年初以来，受中国趋紧的外汇环境和资金外流趋势影响，上海、天津、青岛的 QDLP 资格审批已暂停。目前，就 QDLP 资格审批是否重新启动及何时启动仍没有定论。

二、合格境内投资者境外投资

QDIE 是 Qualified Domestic Investment Enterprise 的简称，意为合格境内投资者境外投资。截至目前，中国尚未就 QDIE 制度出台任何全国性的法规政策，以下仅对试点地区 QDIE 政策进行介绍。

（一）《深圳 QDIE 试点办法》主要内容

2014 年 12 月 8 日，《深圳市人民政府办公厅转发市金融办关于开展合格境内投资者境外投资试点工作的暂行办法》（深府办函〔2014〕161 号，以下简称《深圳 QDIE 试点办法》）发布，随后 QDIE 成为 2015 年深圳市力推的一项金融创新业务。根据《深圳 QDIE 试点办法》，境内外机构在深圳市发起设立的投资管理机构可向深圳市合格境内投资者境外投资试点工作联席会议（以下简称“联席会议”）申请“境外投资基金管理企业”试点资格，继而在获批外汇额度内向符合条件的中国境内合格境内投资者募集资金，在深圳市发起设立并受托管理境外投资主体，运用所募集的资金直接投资于境外投资标的。

（二）对 LP 的要求

根据《深圳 QDIE 试点办法》，合格境内投资者可以是机构，也可以是自然人，且应当具备一定的风险识别能力和风险承担能力并符合以下标准：净资产不低于1 000万元人民币的机构投资者，或金融资产不低于300万元的境内自然人等；同时，单个合格境内投资者认缴的出资应当不低于人民币200万元（或等值外币）。

（三）深圳QDIE的运作

根据《深圳QDIE试点办法》，符合条件的内资或外资机构均可参与QDIE试点资格的申请，但对外资和内资机构的要求有所不同。相关资料显示，成功获得试点资格的机构（QDIE机构）主要集中在境内金融企业的下属单位（例如，南方基金旗下的南方资本管理有限公司，中诚信托旗下的深圳前海中诚股权投资基金管理有限公司等）。

获得QDIE试点资格后，QDIE机构可以在获批准的额度范围内，向符合条件的合格境内投资者募集资金并发起设立境外投资主体（QDIE基金）来作为境外投资的载体（QDIE基金可以采用公司制、合伙制、契约制、专户等形式）。

QDIE基金完成募集之后，QDIE机构应向联席会议申请进行境外投资主体的备案。联席会议同意QDIE基金备案的，将对QDIE机构出具核准QDIE基金备案的正式函件，同意QDIE基金的备案并列明核准的外汇额度，同时将此函抄送前海管理局和深圳外管局。然后，QDIE机构即可凭此函件进行境外投资主体设立（如需）和换汇对外投资。

（四）QDIE的优势、局限性分析

由于国家外汇管理，QDIE仍然采用的是额度审批制，由国家外汇管理局根据申请情况进行特别审批。QDIE通道单一额度非常有限，单个管理人可以同时申请几个项目，但总额度不得超3 000万美元，所以只适合中小型项目。

QDIE的最显著优势是在投资范围上并未做出任何明确的限制和要求。《深圳QDIE试点办法》对QDIE基金可以投资的境外投资标的具体范围并无任何明确规定。一般认为，除我国相关法律法规中明令禁止或限制的投资标的外，QDIE 基金既可以对境外债券、股票进行投资，也可以对境外非上市股权、境外基金（包括对冲基金和私募股权基金）以及不动产、实物资产等其他标的资产进行投资。因此，QDIE 被通道业务大量利用。

QDIE 投资范围的放开，实际上相当于打开了一扇面向境外进行私募基金投资的大门。从这个意义上而言，QDIE 制度对于境外私募股权基金投资是一项具有开创意义的制度。它的建立，实际上首次开辟了向境外私募股权市场投资的通道，可以预见此通道的打开将会激发一大批境内投资者启动对境外一级市场的投资。

三、通过离岸基金投资

离岸基金是指注册于投资者所在国以外的基金，这类基金通常设立在开曼群岛、英属维尔京群岛、百慕大等离岸群岛。选择上述地区设立离岸基金主要有三个原因：第一，当地对于基金的监管相对宽松；第二，当地政府豁免基金来自非当地收入的税收；第三，设立周期短，速度快，部分地方还允许基金在全球范围内公开发行。其中，在开曼群岛设立基金又是包括中国在内的众多国家 LP 及基金管理人的首选。

（一）开曼离岸基金简介

除前面提到的离岸基金的共同优势外，由于开曼群岛在跨境交易方面具有稳定的政治环境、完善的法律制度和司法争议解决机制、可靠的监管体系、专业成熟的服务配套机构，因此全球 80% ~90% 的离岸基金都设在开曼群岛。

一般来说，在开曼设立离岸基金的基本流程为：（1）根据投资项目，确定所成立的基金类型；（2）确定基金架构；（3）设立基金及管理人实体；（4）各方协商确定关键条款，形成基金法律文件；（5）按照开曼法律法规，对基金文件进行备案登记；(6) 完成基金设立。

(二) 私募股权基金一般采取的形式

开曼离岸基金的实体类型主要包括可豁免公司（Exempted Company，简称 EC）、可豁免合伙企业（Exempted Limited Partnership，简称 ELP）和单位信托（Unit Trust，简称 UT）。其中，可豁免公司又分为有期限的可豁免公司（Exempted Company of Limited Duration）和独立投资组合公司（Segregated Portfolio Company，简称 SPC）。就目前实践来看，私募股权基金多采用可豁免合伙企业和独立投资组合公司形式。

1. 可豁免合伙企业

在实践中，在开曼设立的私募股权基金多采用 ELP 的形式，而对冲基金往往采用可豁免公司的形式。

ELP 类似于国内的有限合伙企业，其中可豁免指经免税资格申请，满足条件的合伙企业无须向开曼群岛本地政府缴纳任何税费，前提条件是合伙企业不在开曼群岛面向开曼居民经营业务。

ELP 对合伙人的国籍和组织形式无限制。人数上要求至少 1 名 GP，并默认其为执行事务合伙人。如 GP 是自然人，则该自然人应为开曼居民；如由公司或合伙企业担任 GP，可直接注册并在开曼群岛或在境外设立后按照规定在开曼群岛登记。实践中，GP 一般为开曼群岛当地的豁免有限公司。

从程序上来说，设立一个 ELP 需要缴纳设立登记费用，书面承诺主要经营业务在开曼群岛境外（即不在开曼境内面向开曼居民经营业务），说明企业的名称、经营范围、开曼境内地址、期限，GP 的地址、名称、营业执照或身份证明等基本情况。

2. 独立投资组合公司

SPC 是可豁免公司的一种。近年来，SPC 逐渐成为公司制私募股权基金的首选。SPC 要求股东有一名以上，但对董事人数无要求，所有董事或其全权代理人必须在公司设立登记时同时登记。

SPC 形式灵活，具有以下特点：第一，SPC 具有投资隔离、股权分级的特点；第二，单个 SPC 可设立一定数量的独立投资组合，以投资不同国家、地区或不同产业；第三，SPC 创设的投资组合系其内部基金产品，投资组合本身并非独立法人；第四，每个投资组合的资产与负债相互独立，与其他投资组合的资产与负债以及 SPC 一般资产与负债相隔离。除此之外，SPC 也必须在开曼群岛有注册办公室。

设立 SPC 的主要程序包括：提供所有发起人签字的公司章程；提供经发起人之一签字的承诺函，承诺主要经营业务在开曼境外；登记全部董事或其全权代理人。

离岸基金账户一般有两种，一个是以基金名义开设的现金账户，一个是基金实际运作时投入到其他金融机构中的账户。所有的投资在进入投资账户之前，都要进入现金账户，并经过管理员的核准才能进入投资账户。账户一般优先考虑开在中国香港和新加坡等地，而不会开在开曼群岛当地。

维持离岸基金的费用，以私募股权基金为例，主要包括年检费用、顾问费用、基金管理费用等。对冲基金的费用则较私募股权基金的费用要高。

（三）监管要求

需要特别注意的是，目前我国对对外投资的投资方向有所限制。

2016 年 12 月 6 日，发改委、商务部、人民银行、外汇局四部门负责人在就当前对外投资形势下中国相关部门将加强对外投资监管答记者问时，强调监管部门密切关注在房地产、酒店、影城、娱乐业、体育俱乐部等领域出现的一些非理性对外投资的倾向，并特别指明，“大额非主业投资、有限合伙企业对外投资、母小子大、快设快出等类型对外投资中存在风险隐患”。2017 年 8 月 4 日，《国务院办公厅转发国家发展改革委、商务部、人民银行、外交部〈关于进一步引导和规范境外投资方向指导意见〉的通知》，将“房地产、酒店、影城、娱乐业、体育俱乐部等境外投资”和“在境外设立无具体实业项目的股权投资基金或投资平台”作为限制类境外投资，并要求提交境外投资主管部门核准。2018 年 1 月 31 日，前述行业被列入《境外投资敏感行业目录（2018 年版）》。根据发改委 2017 年 12 月 26 日发布的《企业境外投资管理办法》，投资主体直接或通过其控制的境外企业开展敏感行业投资时，须经发改委核准。因此，私募股权 LP 通过离岸基金对外投资时，应特别注意前述法规政策对投资方向的限制。

私募股权 LP 通过离岸基金投资私募股权基金时，设立离岸基金依然会涉及资金出境问题，在当前外汇管制严格的情况下，此种方式目前存在较大难度。

另外，2014 年中国政府已决定加入 CRS（Common Reporting Standard，共同申报准则），并决定于 2018 年 9 月举行首次对外交换信息。所以，对于存在海外资产配置、设立离岸公司从事国际贸易的人员来说，其海外资产信息将无处遁形。